知行果统一：增强高校思想政治理论课实效性研究

ZHIXINGGUO TONGYI
ZENGQIANG GAOXIAO SIXIANG ZHENGZHI
LILUNKE SHIXIAOXING YANJIU

陈红英　著

中国农业出版社

北　京

图书在版编目（CIP）数据

知行果统一：增强高校思想政治理论课实效性研究/
陈红英著. —北京：中国农业出版社，2022.7
ISBN 978-7-109-29701-2

Ⅰ.①知… Ⅱ.①陈… Ⅲ.①高等学校－思想政治教
育－教学研究－中国 Ⅳ.①G641

中国版本图书馆 CIP 数据核字（2022）第 123212 号

中国农业出版社出版
地址：北京市朝阳区麦子店街 18 号楼
邮编：100125
责任编辑：姚 佳 文字编辑：王佳欣
版式设计：杨 婧 责任校对：刘丽香 责任印制：王 宏
印刷：北京中兴印刷有限公司
版次：2022 年 7 月第 1 版
印次：2022 年 7 月北京第 1 次印刷
发行：新华书店北京发行所
开本：700mm×1000mm 1/16
印张：10.75
字数：210 千字
定价：68.00 元

序 言

　　高校思政课是开展大学生思想政治教育工作的主阵地，也是国家对高等人才进行意识形态教育的重要途径。虽然国家和高等学校都非常重视思想政治理论课的建设和创新，取得了令人瞩目的成绩。但相较于专业课而言，思政课的内容相对抽象，教学班级人数太多，教学方法相对保守，思想政治理论课课堂教学效果不能令人满意。同时，当下的思想政治理论课考核仍然主要采用考试的形式，虽然越来越多的高校也加入了小论文、课堂互动等过程性考核内容以及开卷、闭卷的考查形式，但是传统的课程考试仍然聚焦在只重视对学生的知识灌输，却轻视了思想政治理论课的内化过程。此外，社会实践教育重程序而轻实效，社会实践教学效果考核仅仅局限于程序上的参与，至于学生是否真正参与，是否有所感、有所体会，却缺乏有效的监督机制。因此，社会实践教育的思想政治教育功能实际上只影响到了少部分学生，更多的学生只是在应付学校的各种程序性检查。总之，由于思政课的内容抽象、大班教学、教学方法缺乏创新性、考试方式单一以及社会实践偏重于程序等原因造成目前高校思政课的实效性不佳。

　　2016 年 12 月，习近平总书记在全国高校思想政治工作会议上强调，"要提升思想政治教育亲和力和针对性"。2019 年 3 月 18 日，习近平总书记在学校思想政治理论课教师座谈会上进一步提出，要不断增强思政课的思想性、理论性和亲和力、针对性。我们高校思政课教师必须认真学习领会、切实贯彻落实习近平总书记在全国高校思想政治工作会议以及学校思想政治理论课教师座谈会上的重要讲话精神，明确思政课的指导思想，掌握思政课的规律，聚焦教材、教学、评价，切实提升思政课的亲和力，使思政课被学生真心喜爱；以围绕学生、关照学生、服务学生为关键，提高思政课的个性化，着力增强思政课的针对性，使思政课切实管用；要坚持"八个统一"，切实推动思政课教学改革创新，不断增强高校思政课的思想性、理论性和亲和力、针对性。

　　为增强思政课的思想性、理论性和亲和力、针对性，作者始终坚持教学科学研究相结合，教学科研相互促进的方法，把科学研究引入教学工作，以教学带科研，以科研促教学。20多年的思政教学科研经验和实践研究成果表明：首先，认真学习马列主义、毛泽东思想、邓小平理论、"三个代表"重要思想、科学发展观和习近平新时代中国特色社会主义思想，以马克思的社会正义思想、人的全面发展思想、社会主义荣辱观以及中国特色社会主义理论道路下的人才思想和新时代人才强国战略等引导学生树立正确的价值观，努力推进习近平新时代中国特色社会主义思想进教材、进课堂、进头脑；坚持不懈用习近平新时代中国特色社会主义思想铸魂育人，让学生接受这些思想并内化为个人的理想信念和精神品质，从而更好地引导学生了解世情、国情、党情和民情，增强他们对党的创新理论的政治认同、思想认同、情感认同，从而坚定中国特色社会主义道路自信、理论自信、制度自信、文化自信，以培养学生坚定的理想信念，达到增强高校思政课的思想性目的。其次，通过研读马克思主义经典著作，领会马克思主义经典著作的深刻理论内涵，努力做到思政课不再是照本宣科，而是做到思政课不仅让学生知其然而且让学生知其所以然，真正做到给学生答疑解惑、以理服人，以切实提高大学生的理论素养。再次，加强师德修养，以教师职业道德规范为行动指南，以培育和践行社会主义核心价值观为崇高境界，加强对教师的心本管理，强化思政课教师在中国梦、习近平新时代中国特色社会主义思想"三进"工作中的作用分析，让每一位思政课教师都明白只有以德立身、以德立学、以德施教、以身作则，才能以道德风范感染学生，才能增强高校思政课的亲和力。最后，"大智移云"时代，通过海量数据整合、挖掘和分析，借助人工智能、移动互联网、云计算等技术手段，可以科学研判学生个体的思想状态和行为特征，从而根据学生个人实际制定和采取有针对性的思想政治教育手段和方式，在教育观念、内容、手段和方法等方面与时俱进、改革创新，实现了作者所承担的五门思政课程都成为校级在线精品开放课程的目的，从而达到了切实提高学校思政课针对性的目标。

　　二十多年来，作者一直行走在"知行合一"的思政课教科研改革道路上，许多教科研成果得到了领导、同行和学生的肯定与称赞。2012年专著《理性主义政治批判——奥克肖特政治哲学研究》获得南京市第十一次哲学社会科学优秀成果一等奖，同时获得江苏省第十二届哲学社会科学优秀成果三等奖；2013 年《基于"知行合一"的高校思想政治理论课实践教学模式的探索与创新》荣获江苏省优秀教学成果二等奖；《高校思政课教师在"中国梦""三进"工作中的作用分析》荣获 2015 年南京市优秀思政成果一等奖；《毛泽东荣辱观探析》一文荣获 2008 年江苏省高校思想政治教育优秀科研成果三等奖；《马克思的社会正义思想探析》一文荣获 2008 年度南京市思想政治工作研究优秀论文三等奖；2009 年指导朱丽晔同学创作《新课标下初中思想品德课中城市化问题探析》获江苏省优秀毕业论文三等奖；2017 年《哲眼看观世界：马克思主义基本原理概论实践模式创新研究》获南京晓庄学院优秀教学成果特等奖。此外，作者于 2008 年被评为江苏省"青蓝工程"优秀青年骨干教师；2013 年荣获江苏省"333 工程"第三层次人才；2013 年 12 月获得第五届"南京市优秀哲学社会科学工作者"荣誉称号；2019 年被评为南京晓庄学院"身边的感动"优秀人物；2015 年和 2021 年两次荣获南京市优秀教育工作者荣誉称号。

　　本书是二十多年来作者一直行走在"知行合一"的思政课教科研改革道路上的一些成果和见解，对于增强高校思政课的思想性、理论性和亲和力、针对性具有一定的借鉴作用。新时代高校思想政治教育已经开启了新征程，增强高校思想政治教育课程的实效性还有待各位同仁携手奋进，上下求索，愿与各位同仁继续行走在"知行合一"的思政课教科研改革道路上，为思想政治教育学科的发展和创新做出自己的贡献。

陈红英

2021 年 12 月

目 录

序言

>>> 第一章 学理论：强化思想价值引领，增强高校思政课的思想性

第一节 马克思社会正义思想

与个人正义相比，社会正义无疑具有优先性和普遍有效性，有着个人德性所无可取代的独特功能。诚如美国学者约翰·罗尔斯所言，"正义是社会制度的首要价值，正像真理是思想体系的首要价值一样"[①]。在现代社会中，社会正义、社会合理性越来越显示出比个人德性更为重要的价值。马克思作为科学社会主义的奠基人，他毕生追求的是人类社会的正义事业。他一生给我们留下了许多光辉的著作，他的全部理论著作充满着正义的呼声，他的社会正义思想已经并将长期影响着整个世界。因此，本书试图对马克思社会正义思想进行探讨，以丰富对马克思社会正义思想的研究。

一、马克思的社会正义思想以现实的人为出发点

罗尔斯在《正义论》中明确指出，"社会正义的原则的基本主题是社会基本结构，是一种合作体系中的主要的社会制度安排……这些原则要在这些制度中掌管权利和义务的分派，决定社会生活中利益和负担的恰当分配。适用于制度的原则决不能和用于个人及其在特殊环境中的行动的原则混淆起来。这两种原则适用于不同的主题，必须分别加以讨论"[②]。就是说，谈到正义，既有个人正义，也有社会正义，两者必须分别对待。马克思是从个人与社会两者的关系来论证社会正义的。他认为，个人正义与社会正义是密切联系的，社会正义应以现实的人为出发点。这是因为社会是由个人之间的交往组成的，人是社会生产力中最重要的、活跃的、起决定性作用的因素，是一切社会活动和一切社

---

① ［美］约翰·罗尔斯著；何怀宏译：《正义论》，中国社会科学出版社，2003年，第3页。
② ［美］约翰·罗尔斯著；何怀宏译：《正义论》，中国社会科学出版社，2003年，第54页。

会关系的承担者、表现者和实现者。人的主体性和创造能力能否得到实现和发展，可以直接影响社会正义的发育程度和成熟程度，人的发展状况是什么样的，社会正义的发展状况也就是什么样的。

西方思想家特别是资产阶级思想家在理解社会历史、批判社会不合理现实、构架自己阶级的理想社会时，总是基于所谓人类理性，以抽象的人、"一般人"的"平等""自由""权利"和"人道"等作为社会正义理论的主要范畴，从作为主观价值出发。这种唯心主义的历史解释与社会批判图式不仅在理论上是错误的，而且在实践上带有欺骗性和不可行性。马克思、恩格斯对其进行了深刻的揭露和批判。在 1877 年致弗里德里希·阿道夫·左尔格的信中，马克思批判德国党"流行着一种腐败的风气"，批评他们同拉萨尔分子、同杜林、同一帮不成熟的大学生和"过分聪明的博士"妥协，"这些人想使社会主义有一个'更高的、理想的'转变，就是说，想用关于正义、自由、平等和博爱的女神的现代神话来代替它的唯物主义的基础"①。为此，马克思大声疾呼："先生们，不要受自由这个抽象字眼的蒙蔽！这是谁的自由呢？这不是一个普通的个人在对待另一个人的关系上的自由。这是资本压榨劳动者的自由。"②恩格斯就此深刻地指出，"'正义''人道''自由'等等可以一千次地提出这种或那种要求，但是，如果某种事情无法实现，那它实际上就不会发生，因此，无论如何它只能是一种'虚无缥缈的幻想'"③。

为了对这种唯心主义的社会正义思想进行彻底的批判，马克思认为社会正义理论应以"现实的人"为出发点，牢固地建立在唯物主义的基础之上。马克思为了批判青年黑格尔派空洞抽象的、原子式的人和费尔巴哈的"一般人"，在《德意志意识形态》中提出了"现实的个人"的概念，并指出只有现实的个人才是观察社会正义问题的出发点。在马克思看来，青年黑格尔派和费尔巴哈无论是从一般的、抽象的、原子式的个人出发还是从总体的类本质出发来说明自由、平等、权利、人道等社会正义都是根本不合理的。因为个人"不是处在某种虚幻的离群索居和固定不变状态中的人，而是出于现实的、可以通过经验观察到的、在一定条件下进行的发展过程中的人"④。这就是说，现实的人就

---

① 中共中央马克思恩格斯列宁斯大林著作编译局编：《马克思恩格斯选集 第四卷》，人民出版社，1995 年，第 627 页。

② 中共中央马克思恩格斯列宁斯大林著作编译局编：《马克思恩格斯选集 第四卷》，人民出版社，1995 年，第 227 页。

③ 中共中央马克思恩格斯列宁斯大林著作编译局编：《马克思恩格斯选集 第四卷》，人民出版社，1995 年，第 325 页。

④ 中共中央马克思恩格斯列宁斯大林著作编译局编：《马克思恩格斯选集 第四卷》，人民出版社，1995 年，第 73 页。

是生活在现实的社会关系中的人，只有从物质生产和交换活动中，从现实的社会结构中，才能确定个人的本质。正如马克思所指出的，"人的本质不是单个人所固有的抽象物。在其现实性上，它是一切社会关系的总和"①。关于这一点，我们也可以从马克思对青年黑格尔派和费尔巴哈的批评中得到说明，"如果他们把'人'从这些词句的统治下——而人从来没有受过这些词句的奴役——解放出来，那么'人'的解放也并没有前进一步；只有在现实的世界中并使用现实的手段才能实现真正的解放；没有蒸汽机和珍妮走锭精纺机就不能消灭奴隶制；没有改良的农业就不能消灭农奴制；当人还不能使自己的吃喝住穿在质和量方面得到充分保证的时候，人们就根本不能获得解放。'解放'是一种历史活动，不是思想活动，'解放'是由历史的关系，是由工业状况、商业状况、农业状况、交往状况促成的"。既然人是生活在现实的社会关系中的人，那么自由、平等、权利等正义观念必须从反思现实的社会关系中获得。正如马克思指出的：人们"归根到底总是从他们阶级地位所依据的实际关系中——从他们进行生产和交换的经济关系中，获得自己的伦理观念"②。这就说明正义是特定的历史与社会的经济结构所派生的意识形态的一个组成部分，正义"决不能超出社会的经济结构以及由经济结构所制约的社会的文化发展"③。由此可见，正义既不是来自于神、上帝，也不是来自于抽象的人性，而是在以现实的个人为出发点的现实的社会历史过程中形成的。

二、马克思的社会正义原则：真正的自由、平等原则

黑格尔认为世界历史发展的本质就是自由发展的过程。自由是人的本质特征，"人作为人是自由的"④，而自由的实现是一个过程，即世界历史的过程。世界历史的整个过程和世界历史的每一个阶段都表现为并实现着人的自由。他把世界历史进程分为三个阶段：第一阶段以东方世界为标志。东方世界只知道一个人的自由。第二阶段以古希腊罗马世界为标志。古希腊罗马世界只知道一部分人的自由。第三阶段以日耳曼世界为标志。日耳曼世界知道一切人的自由。这样黑格尔就把历史视作"世界精神"不断自我解放、自我扩展的过程，把历史描述为一个由东方到西方、由个体自由到特殊自由再到普遍自由的过

---

① 中共中央马克思恩格斯列宁斯大林著作编译局编：《马克思恩格斯选集 第四卷》，人民出版社，1995年，第60页。

② 中共中央马克思恩格斯列宁斯大林著作编译局编：《马克思恩格斯选集 第三卷》，人民出版社，1995年，第434页。

③ 中共中央马克思恩格斯列宁斯大林著作编译局编：《马克思恩格斯选集 第三卷》，人民出版社，1995年，第305页。

④ ［德］黑格尔著；王造时译：《历史哲学》，三联书店，1956年，第113页。

程。在黑格尔看来，人类是按精神自由来创造世界历史的，世界历史的过程是人类从自然界走向社会、从必然王国走向自由王国的过程。

针对黑格尔用"绝对精神"臆造的世界历史，从而使全部人类历史被歪曲地转化为"绝对精神"的运动史的观点，马克思对其进行了唯物主义的批判，同时对黑格尔世界历史的自由本质论进行了扬弃。马克思阐述了人类在追求自由和自身全面发展的历史过程中表现为三大历史形态，即与自然经济形态相适应的"人的依赖关系"、与市场经济形态相适应的"以物的依赖性为基础的人的独立性"和"建立在个人全面发展和他们共同的社会生产能力成为他们的社会财富这一基础上的自由个性"①。在前两个阶段都没有也不可能真正实现人的自由。马克思特别指出了即使是由资本主义开创的世界历史，也不是人的普遍自由解放的理想境界，而只是世界历史初级的、自发的发展阶段，它必将为更高的、每个人自由发展的自觉世界历史阶段——共产主义社会所代替。"真正的自由和真正的平等只有在共产主义制度下才可能实现，而这样的制度是正义所要求的"②。

一方面，马克思对资本主义社会及以前的私有制社会中的自由和平等原则进行了批判和揭露。马克思指出，"在中世纪，权利、自由和社会存在的每一种形式都表现为一种特权"。③因而在中世纪根本不可能有真正的自由和平等。虽然自由、平等是资产阶级政治革命的口号，是资产阶级的意识形态，是资产阶级追求的社会正义原则，但马克思认为这也只是形式上的、抽象的社会正义，其自由和平等也只是形式上的、抽象的。马克思在《资本论》中对此精辟地分析道："劳动力的买和卖是在流通领域或商品交换领域的界限内进行的，这个领域是天赋人权的真正乐园。那里占统治地位的只是自由、平等、所有权和边沁。自由！因为商品例如劳动力的买者和卖者，只取决于自己的自由意志。他们是作为自由的、在法律上平等的人缔结契约的，契约是他们的意志借以得到共同的法律表现的最后结果。平等！因为他们彼此只是作为商品所有者发生关系，用等价物交换等价物。所有权！因为他们都只支配自己的东西。边沁！因为双方都只顾自己。"④马克思在揭露了资本主义的形式的、抽象的自由、平等的社会正义原则之后，又分析了它们不可能是每个人的真正的自由和平等。马克思在《共产党宣言》中明确指出，资产阶级社会的阶级和阶级对立

---

① 中共中央马克思恩格斯列宁斯大林著作编译局译：《马克思恩格斯全集 第四十六卷 上册》，人民出版社，1972年，第1104页。

② ［德］马克思，恩格斯著：《马克思恩格斯全集 第一卷》，人民出版社，1956年，第582页。

③ ［德］马克思，恩格斯著：《马克思恩格斯全集 第一卷》，人民出版社，1956年，第381页。

④ 中共中央马克思恩格斯列宁斯大林著作编译局译：《资本论》，人民出版社，1975年，第199页。

的本质特征是：第一，它使人和人之间的关系变成了利害关系、金钱关系和利己主义关系；第二，它使个人受剥削并受资本统治，从而使个人失去自由和个性；第三，每个人不能平等地得到或实现自由而全面的发展，反而使社会发展以牺牲个人自由而全面的发展为代价。同时，马克思也已经注意到，资本主义在开创世界历史的过程中"使未开化和半开化的国家从属于文明的国家，使农民的民族从属于资产阶级的民族，使东方从属于西方"①，这说明马克思已经注意到国际交换中的"不平等交换"问题，即处在有利条件下的国家，在交换中会以比较少的劳动换回较多的劳动。因而在资本主义社会，自由只是"作为孤立的，封闭在自身的单子里的那种人的自由"②，平等也无非是上述抽象的人的平等，即每个人都同样被看作是孤独的单子。可见，资产阶级的自由、平等的正义原则只是形式的、抽象的和虚伪的，它回避了人的现实社会关系的不自由、不平等的本性。

另一方面，马克思正是在对资本主义社会及其以前的私有制社会中的自由和平等原则进行批判和揭露的基础上，从现实的个人出发，阐述了真正的自由、平等的社会正义原则只有在消除私有制进入到正义的共产主义社会才能实现。马克思指出，"作为过去取得的一切自由的基础的是有限的生产力；受这种生产力所制约的、不能满足整个社会的生产，使得人们的发展只能具有这样的形式：一些人靠另一些人来满足自己的需要，因而一些人（少数）得到了发展的垄断权；而另一些人（多数）经常地为满足最迫切的需要而进行斗争，因而暂时（即在新的革命的生产力产生以前）失去了任何发展的可能性。由此可见，到现在为止，社会一直是在对立的范围内发展的，在古代是自由民和奴隶之间的对立，在中世纪是贵族和农奴之间的对立，近代是资产阶级和无产阶级之间的对立。"③可见，以前的一切社会不具有提供社会正义的基本条件，只有在共产主义社会，当社会生产力高度发展，可以为社会每个人的自由和平等的发展提供充分条件，整个人类的自由平等发展和每个个人的自由平等发展相统一时，才具备真正自由平等的社会正义的条件。马克思非常重视人的自由、平等问题，将之置于极为重要的位置，认为这是社会发展过程所要解决的核心问题。对未来共产主义社会真正自由、平等的社会正义原则，马克思进行了描述，他指出自由原则主要包括：人们自由地选择自己的职业、工作岗位、行为

① 中共中央马克思恩格斯列宁斯大林著作编译局编：《马克思恩格斯选集 第一卷》，人民出版社，1995年，第277页。

② 中共中央马克思恩格斯列宁斯大林著作编译局译：《资本论》，人民出版社，1975年，第199页。

③ 中共中央马克思恩格斯列宁斯大林著作编译局译：《马克思恩格斯全集 第四十六卷 下册》，人民出版社，1972年，第507页。

和生活方式；劳动之余有充足的时间让人的心灵自由；由于消除了城乡对立和体脑对立的差别，人的智力、体力能够充分健康地发展；造就德、智、体、行诸方面全面发展的新人。平等原则主要包括：人人劳动，人人尽社会义务；共同占有生产资料和生活资料，人人共享劳动成果，按照需要分配由人人劳动带来的足够的消费品，任何人无须为自己和家人生活担忧，无需用欺骗、偷窃、抢劫、暴力手段攫取财富；人人享受平等的教育权。

三、马克思社会正义的最终目标：人的自由全面发展

社会正义是人类社会的基本价值追求和基本行为准则。在某种意义上可以说，人类对正义的追求过程就是人类社会由落后到发达，由不合理到合理的无限发展过程。正义的实现过程，也为人的全面发展不断开辟新的道路，为人的全面发展提供一个有益的外部环境，并决定着人全面发展的程度和最终目标与归宿。实现社会正义，归根结底是解放人，实现人的自由全面发展。马克思对正义的最大关注就是从现实的人出发，阐述了其社会正义的目标是维持生命存在与自然所赋予的潜能的全面发展的统一，维持生命存在是最基本的和首要的目的，而每个人的能力的自由而全面发展则是最终的和最高的目标。这两个方面的统一在于，维持生命存在是全面发展的前提，而全面发展也只是这一生命存在的全面发展。

马克思指出，只有在共产主义社会这个最理想的正义社会形态中才能实现人的全面发展。"共产主义是作为否定的否定的肯定"是世界历史发展的最高级阶段①。只有在共产主义社会才能真正实现人的全面发展。马克思这一思想深刻地批判了黑格尔资本主义制度永恒的论断和世界历史的自由本质论，并为世界历史发展的导向和本质指出了光明的前景。马克思还认为，地域性的共产主义不是真正的共产主义，生产和交往的普遍化为消灭地域性的共产主义、为建立真正的共产主义准备了条件。资本主义市场经济条件下物化社会关系对人的统治，会随着共产主义生产的自觉调节而消除，异己力量将被克服，人们将成为自己社会关系的支配者和主人，使自己作为个性的个人确立下来。这就是由自发的世界历史向自觉的世界历史的转变。马克思认为，"共产主义是私有财产即人的自我异化的积极的扬弃，因而是通过人并且为了人而对人的本质的真正占有；因此，它是人向自身、向社会的（即人的）人的复归，这种复归是

---

① 中共中央马克思恩格斯列宁斯大林著作编译局译：《马克思恩格斯全集 第四十二卷》，人民出版社，1979年，第131页。

完全的、自觉的而且保存了以往发展的全部财富的"①。这就是说，在共产主义社会中，人已经把异化后果当作新的实践对象对其进行了新的改造，个人之间的依存关系将由于社会革命转化为对异己力量的自觉驾驭，具体普遍的个人联合起来占有生产力的总和，旧分工和社会关系对个人创造性才能的压抑将被彻底废除，每个人都能得到不受阻碍的、全面自由的发展。之所以共产主义社会能实现人的全面发展，具体来说是由于：第一，生产力高度发达，物质财富极大丰富，人们只需用少量时间就能解决生活问题，因而有余暇从事他所愿意从事的事情。第二，生产力的高度发展，打破了社会的旧式分工，人们将可以在各种职业间自由流动。第三，阶级和阶级差别的消灭，私有制和剥削制度的消灭，脑力劳动与体力劳动之间、城乡之间和工农之间三大差别的消灭，真正实现了人与人的平等，使人们能够在完全平等的起点上发展自身。第四，科学和文化的高度发达，人的精神境界的极大提升，使人们对全面发展有了自觉的追求。劳动已经不再是为谋生而不得已为之的活动，而是成为生活的第一需要。因此，全面发展劳动能力，发展体能和智能，发展社会交往能力，就成为人的生活的目标。

人的全面发展主要包括两个方面：一方面是指社会中的每一个人都得到普遍的、全面的发展；另一方面是指人的自然机体潜能、个体素质、丰富个性和社会关系都得到充分的发展。马克思认为共产主义社会是社会正义实现的最高境界，同时也是人全面自由发展的阶段。一方面，只有在共产主义社会，才能最终实现每一个人的全面发展。因为在共产主义社会，生产资料公有，消灭了剥削，人人平等，实行按需分配，而且生产力得到了巨大的发展，生产力的发展在满足人们日益增长的物质需要的同时，又缩减劳动时间，相应地增加自由劳动时间。当社会生产力高度发展，整个社会用于物质生产劳动的时间不断缩减，游离出大量的、足以供社会全体成员使用的自由时间和供社会全体成员自由发展所需的物质手段时，"由于给所有的人腾出了时间和创造了手段，个人会在艺术、科学等等方面得到发展"②。所以每一个人都可以通过自由全面的活动，全面发挥和发展自己的才能，成为具有"自由个性"的人，也即成为自由、平等和全面发展的人。另一方面，只有在共产主义社会，才能实现个人自身各方面的全面发展。因为在正义的共产主义社会里，能保证人人共享社会财富，使每个社会成员普遍受益，从而为每个人的全面发展提供物质保障。每个

---

① 中共中央马克思恩格斯列宁斯大林著作编译局译：《马克思恩格斯全集 第四十二卷》，人民出版社，1979年，第1120页。

② 中共中央马克思恩格斯列宁斯大林著作编译局译：《马克思恩格斯全集 第四十六卷 下册》，人民出版社，1972年，第219页。

人均生活在真实的而非虚假的联合体内，"这种联合把个人的自由发展和运动的条件置于他们的控制之下"①，可以免受外在力量的支配与摆布。"每个人都可以在任何部门内发展，社会调节着整个生产，因而使我有可能随自己的兴趣今天干这事，明天干那事，上午打猎，下午捕鱼，傍晚从事畜牧，晚饭后从事批判，这样就不会使我成为一个猎人、渔夫、牧人或批判者"②"在真正的共同体的条件下，各个人在自己的联合中并通过这种联合获得自己的自由"③。在获得自由的基础上，每个人都是平等的，都是根据自己的意愿、爱好来发展自己，从而使自己成为真正全面发展的个人。

总之，马克思的社会正义思想是在对西方资本主义的正义思想和实践进行扬弃的基础上提出来的。马克思从现实的人出发，阐述了真正自由和平等的正义原则，进而论证了只有在共产主义社会才能实现社会正义的最终目标——人的自由全面发展。

第二节　万民法与全球正义的局限性

美国学者约翰·罗尔斯在《正义论》中，第一次提出了作为其政治哲学和伦理学的核心理念——"作为伦理的公平正义"，这一理念在 1993 年的《政治自由主义》中，又被表述为"作为政治的公平正义"。他依据自己的思路，以其集西方政治哲学之大成的深刻综合天才，把政治自由主义从国内运用到国际社会，于 1999 年春天出版了《万民法》。在这里，他的政治哲学和伦理学的核心观念被表述为"更为普遍"的"作为人民社会的公平正义"。万民法确实是可能的，因而它具有现实性，但万民法以具有鲜明西方文化历史背景的宪政民主社会之"公平正义"观念作为其逻辑起点，因而并不为国际社会所普遍接受。罗尔斯的学生托马斯·博格（Thomas Pogge）等人突破了万民法的局限性，提出并构建了"全球正义"（global justice）。全球正义主张所有国家、所有民族和所有人民都具有平等的权利，因而具有普遍性，但基于政治的多元性、文化的差异性和价值的多样性的事实，全球正义的真正实现并不具有现实基础。

---

① 中共中央马克思恩格斯列宁斯大林著作编译局编：《马克思恩格斯选集 第一卷》，人民出版社，1995 年，第 121 页。

② 中共中央马克思恩格斯列宁斯大林著作编译局译：《马克思恩格斯全集 第三卷》，人民出版社，1956 年，第 37-38 页。

③ 中共中央马克思恩格斯列宁斯大林著作编译局编：《马克思恩格斯选集 第一卷》，人民出版社，1995 年，第 119 页。

一、万民法的提出

当下是一个全球化的时代。这是一种所有人都无法回避的生存环境，它时刻影响着我们人类的生存和发展。全球化一般可分为经济的、政治的、文化的层面，而经济层面则是最基本的。全球化一方面表现为全球资本、产品、人力和信息在各国的自由流动以及网络世界的崛起；另一方面，全球化又表现为穷国与富国之间的冲突，不同地区和国家之间的利益冲突，经济政治领域中的各种纠纷和矛盾，甚至于民族和宗教之间的冲突、各种文化之间的冲突、恐怖主义、环境问题、核武器威胁问题等，从而促使正义善良的人们思考这样一个问题，即在经济全球化和文化多元化的今天，如何构建一个和谐有序的地球村。正是在这种时代背景之下，罗尔斯秉承他的由道德领域而政治领域、由国内政治而国际政治的思维之路，在《万民法》中，他提出了作为"人民社会的公平正义"的思想。罗尔斯在《万民法》中一开始便指出，"当政治哲学之扩展至于普遍认为实际政治可能的限度，并且使我们与我们的政治与社会条件相协调，这样的政治哲学实际上就是乌托邦"①。万民法就是一个非常重要的和吸引人的"现实乌托邦"（realistic utopia）。因为万民法确实是可能的，所以它是"现实主义的"；然而现实的人类世界状况仅仅只有组织良好的人民达到了"人民社会"的理想状态，而另一部分（非自由人民）却还处在"非理想的"状态，因而它仍然是一种"乌托邦"。

罗尔斯在《万民法》中所探讨的基本主体是人民（peoples），而不再是国家（states）。罗尔斯在《万民法》中摈弃了民族国家利益至上的功利主义原则，从全球普遍正义的规范出发，认为自由国家的人民的根本利益，不是对其自身及领土安全的自利性关注，而是按照全球正义的原则，给予其他国家的人民以同等的尊重和承认。他把人民社会的权利当作基本事实和重要原则，把自由民主国家内部公民之间的平等原则扩展到国际社会，强调不同国家的人民之间相互的承认和尊重，表达了他对建立全球普遍正义原则的期待和信心。罗尔斯在《万民法》中强调指出，"如果合理正义的人民社会——其成员将自己的力量从属于社会的合理目标——不可能实现，而人类多半不符合道德，如果犬儒主义和自我中心已至不可救药，我们便会和康德一样问上一句：人类在这地球上生存下去，是否还有什么价值？"②《万民法》的内容、论证是从他的《正义论》和《政治自由主义》中的基本观念发展而来的，万民法乃是将国内体制的正义自由理念扩展到"人民社会"（peoples）中去，或者说，把"作为公平

---

① ［美］约翰·罗尔斯著；张晓辉等译：《万民法》，吉林人民出版社，2001年，第12页。
② ［美］约翰·罗尔斯著；张晓辉等译：《万民法》，吉林人民出版社，2001年，第137页。

的正义"扩展到国际法中去。万民法的目的是要建立一套能为国际社会成员共同接受、公开认可的正义原则。罗尔斯认为，只有当人民社会共同接受、公开认可了一套国际正义原则，国际社会才可能获得永久的和平与稳定。

二、万民法的局限性

自从《万民法》发表以来，罗尔斯的人民正义思想引起了广泛的讨论和争议，尽管它确实为建立公正合理的全球正义提供了很好的建议，但罗尔斯力图建立的适用于全球的正义原则是否真的具有普遍性、是否能为国际社会所接受，这是值得怀疑的。

第一，关于"万民法"和"人民社会"。罗尔斯使用"万民法"一词，"系指运用于国际法与实践之原则与准则中权利与正义的一种特殊政治总念"。"人民社会"一词，"意指在相互关系当中遵循万民法的理想与原则的所有人民。这些人民有自己的国内政府，该政府或者是宪政自由民主制，或者是非自由然而合宜的政府"①。由此可见，罗尔斯的"万民法"不是指所有人、所有民族法律的共同部分，而是指处理各民族相互之间关系的政治—道德原则。"人民"是指能够遵守万民法、成为"人民社会"的合格成员的某些民族，而并不包括世界上的所有民族。罗尔斯根据其自由民主原则将国际社会划分为5种类型："合理的自由人民""合宜的人民""法外国家""负担不利条件的社会""仁慈专制主义"②。其中，自由人民和合宜人民并称为"组织良好的人民"，只有他们才享有人民社会的资格，其他3种非自由人民不是人民社会的正式成员。由是观之，这样的"人民社会""万民法"是不具有普遍性的。在他看来，这些人民具有自己的国内政府，而没有类似于国内政府的国际政府，因而"人民社会"实际上是一种国际无政府社会或罗尔斯所说的现实主义乌托邦。

第二，关于万民法的基本原则。在《万民法》中，罗尔斯提出了万民法的基本原则：①人民要自由独立，其自由与独立要受到其他人民的尊重。②人民要遵守条约与承诺。③人民要平等，并作为约束他们的协议的各方。④人民要遵守不干涉的义务。⑤人民要有自卫的权利，除为自卫之外，无权鼓动战争。⑥人民要尊重人权。⑦人民在战争行为中要遵守某些特定的限制。⑧人民要有义务帮助其他生活于不利条件下的人民，这些条件妨碍了该人民建立正义或合宜的政治及社会体制③。

这些原则构成了罗尔斯万民法的主要内容，并且他相信，这是最有可能为

---

① ［美］约翰·罗尔斯著；张晓辉等译：《万民法》，吉林人民出版社，2001年，第3页。
② ［美］约翰·罗尔斯著；张晓辉等译：《万民法》，吉林人民出版社，2001年，第4页。
③ ［美］约翰·罗尔斯著；张晓辉等译：《万民法》，吉林人民出版社，2001年，第30页。

当今世界诸民族共同接受、公开认可的一套全球正义原则。如果将前几条原则和国际法的主要条款或者和"和平共处五项原则"相比较，确实相去不远。但他的这些原则只适用于"组织良好的人民"，而并不包括那些非自由的人民。可见，罗尔斯的万民法原则体系并不具有普遍性。

第三，关于战争的问题。战争问题也是罗尔斯《万民法》中关注的一个重要问题。在作为万民法主要内容的8项原则中，第四、五、六、七项就是与战争有关的原则。他还在第三部分正义战争学说中论述了战争中的正义，但他的"限制战争行为原则"和"法外国家"概念原则是十分值得商榷的。罗尔斯根据正义战争行为的目的，提出了限制战争行为的6大原则，指出由正义而组织良好的人民进行的战争是正义的，而相反的战争则是非正义的。"组织良好的人民不会相互进行战争"①。这实际上是认为限制战争行为的原则只是针对非自由人民的，这种区分战争正义与非正义的标准带有很大的主观性。罗尔斯认为，"法外国家"是指"某种体制拒绝奉行合理的万民法"的国家②，"法外国家富于侵略性和危险性"③。他主张以这种美国式人权为核心的万民法"约束所有的人民和社会，包括法外国家"。如果法外国家不遵守美国式人权标准的万民法，那么，"法外国家将受到谴责，在严重情形下可能遭到强行制裁甚至干涉"④。可见，罗尔斯区分"法外国家"和"法内国家"的标准及他所提出的"人权"标准都带有明显的偏见，是不公正的。

第四，关于四个基本的事实。罗尔斯相信"万民法"在整个"人民社会"的实现是可能的。使他坚信这种政治信念的基本理由是因为他所提出的4个基本事实：其一，合理多元主义事实。"它是其自由制度文化的正常结果"，也支持社会各方享有平等自由。其二，多样性之民主统一的事实。"表现为在宪政民主社会，政治和社会的统一并不要求其公民统一于一种完备性学说（不论是宗教学说或非宗教学说）之下"⑤。在自由社会存在着理解的公共基础，各种价值观念又能依据公共理性而进行争论达成一致。其三，公共理性的事实。"在多元主义自由民主社会当中，公民们承认他们无法达成共识，甚至不能相互理解，这乃是基于他们互不相容的完备性学说的缘故"⑥。只有超越他们的互不相容的完备性学说，寻求公共理性才能达成共识。其四，自由民主和平的事实。"它是指组织良好的宪政民主社会不会相互进行战争，而只是为了自卫

---

① ［美］约翰·罗尔斯著；张晓辉等译：《万民法》，吉林人民出版社，2001年，第100页。
② ［美］约翰·罗尔斯著；张晓辉等译：《万民法》，吉林人民出版社，2001年，第5页。
③ ［美］约翰·罗尔斯著；张晓辉等译：《万民法》，吉林人民出版社，2001年，第84页。
④ ［美］约翰·罗尔斯著；张晓辉等译：《万民法》，吉林人民出版社，2001年，第86页。
⑤ ［美］约翰·罗尔斯著；张晓辉等译：《万民法》，吉林人民出版社，2001年，第132页。
⑥ ［美］约翰·罗尔斯著；张晓辉等译：《万民法》，吉林人民出版社，2001年，第133页。

而作战，或在联盟中保卫其他自由或合宜的人民"①。基于这 4 个基本事实，他相信"人民社会"确实有可能实现。从上述 4 个基本事实可以看出，他讨论的仍然是组织良好的宪政民主社会，保卫的是这些自由社会的人民的自由，实现的也只是自由社会的和平和自由社会的正义。

第五，关于人民社会的正义建构。罗尔斯认为人民社会的正义建构应是"将万民法扩展到非自由人民，其主要的工作之一，是确定自由人民将在何种程度上宽容非自由人民"②，接受帮助非自由人民并引导他们遵守万民法，最终使非自由人民成为组织良好的"人民社会"的成员。应该说，如何对待且始终关心人类社会中的弱势群体，是罗尔斯万民法中的一项重要内容，也是他的正义理论的一大特色。但令人遗憾的是，罗尔斯没有把他用于国内的穷人和富人之间的"差别原则"运用于国际上的穷国和富国之间，这就使得他的论证明显带有以"自由社会"为中心的痕迹，万民法、人民社会中的人民正义不是通过相互协商对话，而是通过扩展出来的，在这里，存在着宽容与被宽容、主体与客体的等级关系，因而，明显存在着建构上的错误。另外，为了划分法外国家，他为人权的普世化作了多元论证，但像在《政治自由主义》中一样，他仅仅在政治和法律层面论证了人民社会正义，而对万民法的伦理基础缺乏必要的考虑和论证。人权原则若不能在各个民族国家的文化传统中获得善的支持，万民法就仅仅是一种法律规则。

从上面对罗尔斯《万民法》所构建的"人民社会的公平正义"的分析中，罗尔斯是以具有鲜明西方文化历史背景的宪政民主社会之"公平正义"观念作为万民法的逻辑起点，是以人民而非国家作为万民法的主体，凭借着社会契约论保证的公正推理过程把国内正义观念推广到各自由人民之间。生活在组织良好的社会中的理性或合宜的人民二者相辅相成，在"人民社会的公平正义"的原则指导下，把国内正义扩展到国际关系领域，从而实现了政治自由主义从国内领域向国际领域的转变。但罗尔斯带有西方价值标准的政治自由主义不能使各种文化既保持其特性又有足够的自由空间，也不能使万民法最终摆脱"文化霸权"的意识形态。

三、全球正义对万民法的突破及其局限性

正是为了突破罗尔斯《万民法》的局限性，罗尔斯的学生托马斯·博格第一次提出了"全球正义"的概念，并对全球正义进行了探讨。他认为，全球正义是一个极为重要的时代课题，"现在全球政治和经济的秩序是富裕国家及其

---

① ［美］约翰·罗尔斯著；张晓辉等译：《万民法》，吉林人民出版社，2001 年，第 133 页。
② ［美］约翰·罗尔斯著；张晓辉等译：《万民法》，吉林人民出版社，2001 年，第 63 页。

公民强加的，而这个秩序成为实现人权的主要障碍，因此，他们有责任重造这个秩序，从而使所有人类都能够成为它们的共同体、社会和整个世界的充分而受尊重的成员"①。当博格强调每一个人都需要成为整个世界的充分而受尊重的成员时，正是他对罗尔斯《万民法》局限性的突破，也正是他修正的全球正义的最强主张。美国的哈士曼对全球正义的概念做了界定，"就当代伦理学、政治哲学和社会哲学而言，全球正义属于有关人权、全球性饥饿、环境保护，以及和平问题的范围。从全球正义的立场出发来看，为当今的世界所面临的种种问题寻求各种解答，这是所有各个民族的人们的责任，而不仅仅是某些个别的民族国家所关注的事情。全球正义把存在于民族国家自治和保卫人权之间的优先权问题突出表现了出来。"② 这些论述明确地指出，实现全球正义是各个民族的人民的责任，而不像罗尔斯所主张的只是"组织良好的人民"的责任。杨国荣进一步明确指出，"全球正义既有以国家为关注中心的维度（the dimension of states-focused），又有以人为关注中心的维度（the dimension of people-focused）"③。从这个意义上，全球正义意味着所有国家和所有国家的人民都应享有平等或共同的权利，或者说，他们都有权利在经济、政治、文化等领域中被公正、平等地加以对待。这应该是全球正义优越于万民法的根本之所在。

　　然而，要使万民法为国际社会所普遍接受，走向全球正义，必须满足3个基本条件，即体制正义、法律正义和道德正义。它们分别指通过经济、政治和其他各种社会体制改革的途径、通过法律规则的途径以及通过伦理道德的途径来实现和维护社会生活中人与人之间的合理关系。因此，我们是否可以这么理解：要实现全球正义，既要依靠社会体制和法律这种外在途径来规范社会关系和人类的行为，又要从伦理道德这种内在的途径来规范和调适人们的心理和行为。只有这样，全球正义才有可能真正实现。从现实看，情况如下。

　　第一，现实社会无法真正达成关于全球正义的普遍共识。因为全球正义首先强调的是人与人之间的关系，所有国家的人们都享有平等的或共同的权利，所有独立的国家具有独立的道德尊严。正如康德所言："国家是一个人类社会，除了它自己本身而外没有任何人可以对它发号施令或加以处置。它本身像树干一样有它自己的根茎。然而要像接枝那样把它合并于另一个国家，那就是取消它作为一个道德人的存在并把道德人弄成了一件物品，所以就和原始契约的观念相矛盾了；而没有原始契约，则对于一国人民的任何权利都是不可思议

---

① Thomas Pogge：Human Rights and Human Responsibilities，Pablo De Grieff，Ciarian Cronin，In Global Justice and Transnational Politics，Cambridge：The MIT Press，2002。
② ［美］哈士曼：《全球正义——日益扩展的行动范围》，《世界哲学》，2004 年第 2 期，第 18 页。
③ 杨国荣：《全球正义：意义与限度》，《哲学动态》，2004 年第 3 期，第 4 页。

的。"① 具体说来就是，在经济上，每一个国家都应在平等互利的基础上实现资源和市场的共享，达到双赢或多赢；在政治上，各国都应有在国际事务中参与对话、讨论以及在国际社会中表达自己意见的平等权利，而最基本、最重要的问题是对国家主权的相互尊重，即任何国家都不应当以强制的方式干涉其他国家的体制和政权。现实状况却是人与人之间、民族与民族之间及国与国之间都是不平等的，强权政治、干涉别国内政的事时有发生。

第二，现实社会不能构建合理且普遍有效的正义原则体系。全球正义原则体系不像罗尔斯所阐述的那样，是由自由国家向非自由国家"扩展"而成的，而是要通过平等协商、和平对话机制来构建人人都遵守的、规范各种社会关系和所有社会成员的法律规则体系，来实现和维护人与人之间的和谐合理的关系。这种原则体系是绝对性和相对性的统一，就其合理性来说是相对的，会随着时间的变化而变化；就其普遍有效性来说是绝对的，它规范约束所有社会成员的行为。但政治的多元性、文化的差异性和价值观的多样性的现实，再加上各民族风俗习惯的迥然不同，使得在全世界范围内建立一套人人都遵守的法律规则体系只能是一种空想。

第三，现实社会不能建立与全球正义原则体系相适应的有效运作的国际政治组织。为了实现经济领域的互利、资源的共享、对文化平等的确认、政治上特别是军事上的平衡等目的，我们就必须通过平等、协商、沟通、理解等方式走出"国际无政府"制度支持的困境，逐步完善、建立支持全球正义原则的国际组织，它对于促使国际关系准则的公正化、从道义上制约国家间的行为等，都有积极的作用。众所周知，联合国以及联合国安理会、海牙国际法庭和国际维和部队等为全球正义的制度建设提供了相当有益的经验，并且它在相当大的程度上乃是此种制度的基础之一。但是，联合国成立以来几十年的运作表明，它未能成为平等有效的全球正义主持机构，至多只是少数国家实行强权政治的工具。

第四，现实社会不能构建一种全球性伦理。如果没有一种全球性伦理，便不可能有美好的全球性秩序，更不可能实现全球正义。从某种程度上说，全球正义作为一套政治原则和法律原则，它需要伦理和价值上的依据，需要所有社会成员之间的平等对话和相互理解，并由此达成共识。但当代社会尚未出现罗尔斯提出的公正的"社会基本结构"② 这一全球伦理得以建立的前提，构建全球伦理就失去了基础。由于缺乏公正社会制度的保障，无论是罗尔斯构建的

---

① ［德］康德著；何兆武译：《历史理性批判文集》，商务印书馆，1996年，第99页。
② ［美］约翰·罗尔斯著；何怀宏等译：《正义论》，中国社会科学出版社，2003年，第7页。

全球性"契约伦理"①，还是哈贝马斯所构建的全球性"商谈伦理"②，都是无本之木、无源之水，最终都是不可能实现的。因此，构建全球性伦理也就成为一种乌托邦。

综上所述，现实的人类状况仍然是"非理想"的状态，人与人之间、民族与民族之间、国与国之间根本不可能完全平等，霸权主义、强权政治依然存在，以"人权"为幌子，干涉别国内政、侵略别国的事情屡见不鲜。国际社会的现实状况和根本问题仍然是：由于国际社会无法形成有效的公共权力机构，国际社会的无政府状态使得各个国家和民族之间的公民权利与公民义务之平等交换得不到普遍公正的制度安排和保障，因而在国际交往的舞台上，扮演主要角色的仍然是国家的政治权力，甚至是国家政治领袖们的权威，他们之间的交往和对话常常是某种国家权力甚至是国家势力的博弈和较量，政治权力和权威与国家政治和军事势力成为他们对话的基本语汇。因此，建立在所有国家和所有人民完全平等基础上的全球正义乃是一种虚幻的乌托邦。

第三节　马克思世界历史理论视域中的人的全面发展思想

世界历史理论和人的全面发展思想在马克思思想宝库中占据了十分重要的地位，可以说，世界历史理论是马克思研究人的全面发展问题的着眼点和方法论，而人的全面发展是马克思研究世界历史的根本价值目标，本书旨在探讨马克思的世界历史理论与人的全面发展思想二者之间的内在联系，认为只有把人的全面发展纳入世界历史的视野中来考察，才能完整准确地理解马克思的世界历史理论，也才能真正有效地促进人的全面发展。

一、马克思的世界历史理论是研究人的全面发展思想的理论前提

马克思关于世界历史理论是在批判资产阶级思想家关于世界历史思想的基础上，并在考察近代世界历史的经验事实基础上提出的。马克思在《德意志意识形态》中指出，生产力、分工和社会交往的交互作用不断发展，就是历史。历史不仅仅表现为时间的延续，而且表现为空间的扩展。人类历史发展到资本主义阶段，就越来越发展成为世界历史了。但世界历史绝非是维科、黑格尔的"世界精神"发展的历史，而是物质生产和交往的普遍性、世界性的发展，是历史由狭隘的、地域的、民族的历史向普遍的世界历史的转变。特别是指资本

---

① 石元康著：《罗尔斯》，广西师范大学出版社，2004年，第148页。
② 许纪霖著：《全球正义与文明对话》，江苏人民出版社，2004年，第25页。

主义生产关系产生以来，随着生产力和与此相关的世界交往的普遍发展，世界开始由相互分隔、彼此隔绝的民族历史和地域历史转变为相互依存、相互联系的统一的历史，是由各民族和各国家间纵横交错的联系所构成的有机整体。这主要是因为，随着资本主义生产方式的出现以及向世界的扩张，世界各个国家在经济、政治和文化上才有了真正密切的联系，人们的交往才在世界范围内展开。马克思指出，资本主义大工业"创造了交通工具和现代化的世界市场，控制了商业，把所有的资本都变为工业资本，从而使流通加速（货币制度得到发展）、资本集中……它首次开创了世界历史"①。并强调，"各个相互影响的活动范围在这个发展进程中越是扩大，各民族的原始封闭状态由于日益完善的生产方式、交往以及因交往而形成的不同民族之间的分工消灭得越彻底，历史也就越成为世界历史"②。在马克思看来，人类历史发展到资本主义时代，生产力、分工和社会交往都成为世界性的了，个人必然成为世界历史性的存在，历史越来越成为世界历史了。马克思指出，伴随着"历史向世界历史的转变""地域性的个人为世界历史性的、经验上普遍的个人所代替"③，也就是全面发展的个人所代替。可见，马克思是从社会和个人的关系中研究世界历史的，马克思研究世界历史的根本目标是要研究个人的命运，个人的自由和解放，也即是个人的全面发展。马克思说："人的本质是人的真正的社会联系"④"人的本质不是单个人所固有的抽象物，在其现实性上，它是一切社会关系的总和"⑤。他又说："任何一种解放都是把人的世界和人的关系还给人自己。"⑥马克思的话表明，社会关系越丰富，人的本质就越能得到全面的体现。个人解放和全面发展也是如此，狭隘的社会关系只能压抑人的个性，造成人的畸形发展，只有在历史成为世界历史的时候，世界性的交往会打破民族、地域的局限性，大大充实、完善个人的社会关系，使人过着多方面的生活，使个人的全面发展成为可能。正如马克思所指出的，"每一个单个人的解放的程度是与历史完全转变

---

① ［德］马克思，恩格斯著：《马克思恩格斯全集 第三卷》，人民出版社，1960年，第68页。

② 中共中央马克思恩格斯列宁斯大林著作编译局编：《马克思恩格斯选集 第一卷》，人民出版社，1995年，第88页。

③ ［德］马克思，恩格斯著：《马克思恩格斯全集 第三卷》，人民出版社，1960年，第39页。

④ ［德］马克思，恩格斯著：《马克思恩格斯全集 第四十六卷 下册》，人民出版社，1960年，第24页。

⑤ 中共中央马克思恩格斯列宁斯大林著作编译局编：《马克思恩格斯选集 第一卷》，人民出版社，1995年，第56页。

⑥ 中共中央马克思恩格斯列宁斯大林著作编译局编：《马克思恩格斯选集 第一卷》，人民出版社，1995年，第443页。

为世界历史的程度一致的"①。由此可见，马克思的世界历史理论是研究人的全面发展的理论前提。因为只有在世界历史的背景下，个人的全面发展才具有其可能性，离开世界历史来谈人的全面发展，既不具有可能性更不具有现实性。

二、辩证看待世界历史对人的全面发展的作用

在马克思看来，世界历史是由人并通过人的劳动而诞生的过程，那么随着世界历史的发展，个人也会得到相应的发展。马克思认真地分析了世界历史与人的全面发展的关系问题，阐述了世界历史过程中生产力和交往的发展为人的全面发展提供了现实的客观物质条件起了积极的作用，同时也客观地分析了分工和异化所起的消极作用。

首先，世界历史条件下，社会高度发达的生产力，为人的全面发展提供了自由时间。人的自由全面发展不是想象中的自由全面发展，而是现实的自由全面发展，在现实生活中，人的自由和全面发展程度不仅仅受社会关系的制约，而且更受现实生产力水平的制约。马克思指出，如果一个国家、民族无从实现"生产力的巨大增长和高度发展""那就只会有贫穷、极端贫困的普遍化；而在极端贫困的情况下，必须重新开始争取必需品的斗争，全部陈腐污浊的东西又会死灰复燃"②。在这种情况下，人的一切活动都只能围绕生存而进行，根本谈不上人的自由全面发展。人们只有首先从事物质生产活动，解决了吃、喝、穿、住问题，才能谈得上人的全面发展。可见，人的自由全面发展是以"生产力的巨大增长和高度发展"为条件的。只有在这种条件下，人们用于物质生产劳动的时间缩短，能够腾出自由时间的前提下，人类才能获得全面发展。可见，"工作日的缩短是根本条件"，而工作日的缩减是以生产力的提高为途径的，生产力的发展在满足人们日益增长的物质需要的同时，又缩减劳动时间，相应地增加自由劳动时间。当社会生产力高度发展，整个社会用于物质生产劳动的时间不断缩减，游离出大量的、足以供社会全体成员使用的自由时间和供社会全体成员自由发展所需的物质手段时，"由于所有的人腾出了时间和创造了手段，个人会在艺术、科学等等方面得到发展"③。个人通过自由全面的活动，会全面发挥和发展自己的才能，成为具有"自由个性"的人，也即成为自

① 中共中央马克思恩格斯列宁斯大林著作编译局编：《马克思恩格斯选集 第一卷》，人民出版社，1995年，第89页。

② 中共中央马克思恩格斯列宁斯大林著作编译局编：《马克思恩格斯选集 第一卷》，人民出版社，1995年，第86页。

③ ［德］马克思，恩格斯著：《马克思恩格斯全集 第四十六卷 下册》，人民出版社，1960年，第219页。

由、全面发展的人。

其次，在世界历史条件下，普遍交往为人的全面发展提供了自由空间。所谓普遍交往是指在世界历史条件下，交往已经成为一种十分普遍的活动，交往的范围遍及整个世界，交往活动可以分为以"人与自然之间的象征性的理论关系同艺术关系为内容的交往便可统归为精神性交往活动"和"生产活动为内容的物质性交往活动"，而物质性交往活动又可以划分为"生产技术的交往、经济的交往和政治的交往几个层面"①。这种普遍的交往，可以克服"狭隘地域性"个人的局限。狭隘地域性的个人由于失去了广泛的交往和联系，因而视野受到限制，观念也受到传统的束缚，其发展不是与现代文明相融，而是与愚昧、保守共存。要克服这种局限，必须冲破地域性的限制，扩大普遍交往，获得广阔的自由空间。只有成为世界历史性的个人，才有可能成为全面发展的人。丰子义在《马克思"世界历史"理论与全球化》中指出，"人的发展往往是通过文化的生产和消费来实现的"。并对此观点进行了深入的分析：一方面，特定的文化成果是人的劳动创造的产物，这些产物凝结着前人的智慧和力量，因而对后人来说具有客观的存在形式，并成为文化发展和人的发展的前提和起点；另一方面，文化产品（包括物质产品与精神产品）也会在主体的活动中被消费，其结果是转化为主体的新的本质力量，进而在主体的对象性活动中被加以新的创造，获得新的存在形式，形成新的文化成果。人的发展就是在这种文化生产和消费的不断作用过程中进行的。正如马克思所指出的，"只有这样，单个人才能摆脱种种民族局限和地域局限而同整个世界的生产（也同精神的生产）发生实际联系，才能获得利用全球的这种全面的生产（人们的创造）的能力"②。这实际上就是说，在过去狭隘的地域性的存在中，人们对全球文化生产和消费的利用是非常有限的，因而所获得的智慧和力量也必然是有限的，那么人的发展程度肯定是不高的，更不可能是全面的。因而只有普遍交往，才能广泛参与世界性的文化生产和消费，从而达到相互补充，相互促进，实现"文明共享"，最终为人的全面发展提供广阔的自由空间。

再次，马克思在考察世界历史时，全面地分析了分工，指出分工是社会生产力有了一定发展而又发展不充分的历史阶段必然存在的社会现象，是在这种历史阶段人与自然和人与人交互作用的中介。马克思认为这种自发形成的社会分工是产生异化的根源，阻碍人的全面发展，使人获得片面畸形的发展。在马

---

① 陈晏清，王南湜，李淑梅等著：《马克思主义哲学高级教程》，南开大学出版社，2001年，第258-259页。

② 中共中央马克思恩格斯列宁斯大林著作编译局编：《马克思恩格斯选集 第一卷》，人民出版社，1995年，第89页。

克思看来，在特定的历史条件下，人的社会联系越广、越复杂，人所受到的制约和支配也就越大。"单个人随着自己的活动扩大为世界历史性的活动，越来越受到对他们来说是异己的力量的支配……受到日益扩大的、归根结底表现为世界市场的力量的支配，这种情况在迄今为止的历史中当然也是经验事实"①。在世界历史条件下所出现的世界市场和分工使人的发展越来越片面化、固定化，及由此而产生的某种异己的力量，都对人的全面发展是不利的。

一方面，分工使物质活动与精神活动、劳动和享受、生产和消费由不同的人分担。这样一部分人就从生产劳动中解脱出来，专门从事社会管理和科学、艺术、道德、哲学、宗教等精神活动，从而产生出历史上最大一次分工——物质活动和精神活动的分工。这是"文明分工"，它标志着人类进入了文明时代。但这种分工具有非常强烈的异己性。马克思认为，这种分工"不仅使物质活动和精神活动、享受和劳动、生产和消费由各种不同的人来分担这种情况成为可能，而且成为现实"②。这说明在私有制条件下，社会分工造成了人们活动的分化、独立化，使人们在各自的领域、部门进行生产活动，具有各自的劳动产品，劳动者的劳动沦为受他人剥削、奴役的异己活动，进而使人的发展片面化。

另一方面，分工把人束缚在特定的活动领域和范围内。分工出现以后，每个人就具有了自己特定的活动范围。这个范围是社会强加给他的，是不容他随意超出的。"他是一个猎人、渔夫或牧人，或者是一个批判的批判者，只要他不想失去生活资料，他就始终应该是这样的人"③。这说明个人只有在社会给予他的特定的社会生活条件下从事特定的活动，获得片面畸形的发展。正如马克思所说："如果这个人的生活条件使他只能牺牲其他一切特性而单方面地发展某一种特性，如果生活条件只提供给他发展这一特性的材料和时间，那么这个人就不能超出单方面的、畸形的发展……并且这个受到特别培植的特性发展的方式如何，又是一方面决定于为他的发展所提供的材料，另一方面决定于其他特性被压抑的程度和性质。"④ 可见，在分工和私有制下，广大的劳动人民的活动被固定在物质生产领域，他们被迫承担起整个社会的劳动重负，终生从

---

① 中共中央马克思恩格斯列宁斯大林著作编译局编：《马克思恩格斯选集 第一卷》，人民出版社，1995 年，第 89 页。

② 中共中央马克思恩格斯列宁斯大林著作编译局编：《马克思恩格斯选集 第一卷》，人民出版社，1995 年，第 36 页。

③ 中共中央马克思恩格斯列宁斯大林著作编译局编：《马克思恩格斯选集 第一卷》，人民出版社，1995 年，第 37 页。

④ ［德］马克思，恩格斯著：《马克思恩格斯全集 第三卷》，人民出版社，1960 年，第 295-296 页。

事物质生产劳动，丧失了发展自身精神创造才能的条件，不利于人的全面发展。

三、世界历史背景下实现人的全面发展的途径

马克思在充分肯定了世界历史对人的全面发展的积极作用的同时也深刻地揭示了世界历史对人的全面发展的负面影响。如何克服这种负面影响，真正实现人的全面发展呢？马克思认为，只有扬弃异化、消除旧式社会分工，实现共产主义，才能真正实现人的全面发展。

首先，异化的扬弃为人的全面发展提供了充分的物质条件。马克思认为异化"是一个必然的过渡点，因此，它已经自在地、但还只是以歪曲的头脚倒置的形式，包含着一切狭隘的生产前提的解体，而且它还创造和建立无条件的生产前提，从而为个人生产力的全面的、普遍的发展创造和建立充分的物质条件"①。因而扬弃异化、消灭旧式分工也就成了历史的必然。这主要表现在：第一，资本主义机器生产为消灭分工准备了物质条件。机器化生产体系把原来工人之间的分工变为机器体系的各部件、各部分之间的分工，特别是在现代资本主义国家的"无人工厂"中，工人已从直接生产过程中退了出来，其劳动已变为监督和控制机器体系的活动。这就为消灭劳动者之间的固定分工提供了物质条件。第二，资本主义生产的发展动摇了固定的职业分工，促成了国际性的分工合作，造成劳动者职能的变动和全面的流动性。马克思认为资本主义生产的技术基础是革命的，它会促使产业结构不断调整和变革，新兴的产业部门不断涌现，把劳动者从特定的劳动范围内解放了出来，使劳动成为不受特定活动范围限制的自由的活动，从而造成了劳动者职能的不断更动和全面的流动性，使劳动者能够根据自己的兴趣爱好自由地选择自己的职业和更换自己的职业，使劳动者的活动和才能日益多样化、全面化。第三，马克思所要消灭的分工不是一般的分工，而是旧的、自发的分工，即以商品交换和私有制为基础的分工，作为异化劳动之根源的分工。马克思明确指出，"消失的不是（一般）分工，而是以交换为基础的分工"，是"不以财产公有而以财产私有制为基础的自发分工"②。并进而指出旧式社会分工的消灭不仅表现在物质生产领域内，而且表现为物质活动和精神活动分工的消除。使得每个人都既参加物质生产劳动又从事科学、艺术、道德等精神生产活动。这样每个人都能得到真正全面的

---

① ［德］马克思，恩格斯著：《马克思恩格斯全集 第四十六卷 上册》，人民出版社，1960 年，第 520 页。

② ［德］马克思，恩格斯著：《马克思恩格斯全集 第四十六卷 上册》，人民出版社，1960 年，第 138 页。

发展。其真正实现马克思诉诸共产主义社会。

其次，只有在共产主义社会才能真正实现人的全面发展。这主要是因为：共产主义社会为人的全面发展提供了真正的前提条件。马克思通过揭示生产力和交往关系的普遍发展，指明了共产主义运动的历史必然性。马克思说："共产主义对我们来说不是应当确立的状况，不是现实应当与之相适应的理想。"① 共产主义是实际反对和变革现存社会不合理状况的现实的运动，是对资本主义积极扬弃的产物，是"以生产力的普遍发展和与此相联系的世界交往为前提的"②，而这个前提正是人的全面发展所必须具备的两个基本条件，因为"只有随着生产力的这种普遍发展，人们的普遍交往才能建立起来……地域性的个人为世界历史性的、经验上普遍的个人所代替"③。因此，只有在共产主义社会才能真正实现人的全面发展。马克思所指的人的全面发展主要是两个方面：一是指社会中的每一个人都得到普遍的、全面的发展；二是指人的自然机体潜能、个体素质、丰富个性和社会关系都得到充分的发展，个人通过与他人、与世界各方面、各层次的广泛联系全面地表现和确证自己的本质，真正摆脱了地域的和民族的狭隘性。马克思分别对共产主义社会与人的全面发展的两个方面进行了分析说明。

一方面，只有共产主义社会，才能最终实现每一个人的全面发展。因为随着历史向世界历史的转变，人们之间的社会关系日趋复杂。要驾驭和利用这种复杂的社会关系，单独的个人是无能为力的，必须依靠共产主义革命。"各个人的全面的依存关系、他们的这种自然形成的世界历史性的共同活动的最初形式，由于这种共产主义革命而转化为对下述力量的控制和自觉的驾驭，这些力量本来是由人们的相互作用产生的，但是迄今为止对他们来说都作为完全异己的力量威慑和驾驭着他们"④。马克思认为，"共产主义和所有过去的运动不同的地方在于：它推翻了一切旧的生产关系和交往关系的基础，并且第一次自觉地把一切自发形成的前提看作是前人的创造，消除这些前提的自发性，使它们受联合起来的个人的支配"⑤。

---

① 中共中央马克思恩格斯列宁斯大林著作编译局编：《马克思恩格斯选集 第一卷》，人民出版社，1995 年，第 87 页。

②③ 中共中央马克思恩格斯列宁斯大林著作编译局编：《马克思恩格斯选集 第一卷》，人民出版社，1995 年，第 86 页。

④ 中共中央马克思恩格斯列宁斯大林著作编译局编：《马克思恩格斯选集 第一卷》，人民出版社，1995 年，第 89-90 页。

⑤ 中共中央马克思恩格斯列宁斯大林著作编译局编：《马克思恩格斯选集 第一卷》，人民出版社，1995 年，第 122 页。

另一方面，只有共产主义社会，才能实现个人自身各方面的全面发展。马克思在《政治经济学批判（1857—1858年手稿）》中把个人的发展分为三个阶段：人的依赖关系是最初的社会形态，即第一阶段；以物的依赖性为基础的人的独立性是第二大形态也即第二阶段；建立在个人全面发展和他们共同的社会生产能力成为他们的社会财富这一基础上的自由个性是第三个阶段。马克思认为，在第一阶段，人的生产能力只是在狭窄的范围和孤立的地点上发展着。在第二阶段，即在资本主义社会，虽然有普遍的社会物质交换和全面的社会关系，但个人与他们自己的社会关系相异化。只有到了第三阶段即共产主义社会，个人不仅与一切人发生联系，而且能够控制他们共同的社会关系，从而使个性自由和人的全面发展成为真正的现实。因为在共产主义社会里，每个人均生活在真实的而非虚假的联合体内，"这种联合把个人的自由发展和运动的条件置于他们的控制之下"[①]，可以免受外在力量的支配与摆布。"每个人都可以在任何部门内发展，社会调节着整个生产，因而使我有可能随自己的兴趣今天干这事，明天干那事，上午打猎，下午捕鱼，傍晚从事畜牧，晚饭后从事批判，这样就不会使我成为一个猎人，渔夫、牧人或批判者"[②] "在真正的共同体的条件下，各个人在自己的联合中并通过这种联合获得自己的自由"[③]。在获得自由的基础上，每个人都不是被迫地，而是根据自己的意愿、爱好来发展自己，从而使自己成为真正全面发展的个人。

第四节　社会主义荣辱观

荣辱观是人们关于光荣与耻辱的一种道德评价标准。荣辱观是一个历史的范畴，它随社会进步而演变，它也因评价主体所处的阶级地位而不同。社会主义荣辱观在长期的人生实践过程中，在马克思主义世界观和人生观的指导下，形成了其对荣誉与耻辱的根本观点和看法。社会主义荣辱观是中国共产党人荣辱观的集中体现，是中华民族宝贵的精神财富，弘扬社会主义荣辱观具有十分重要的理论和现实意义。

[①]　中共中央马克思恩格斯列宁斯大林著作编译局编：《马克思格斯选集 第一卷》，人民出版社，1995年，第121页。

[②]　中共中央马克思恩格斯列宁斯大林著作编译局编：《马克思格斯选集 第一卷》，人民出版社，1995年，第85页。

[③]　中共中央马克思恩格斯列宁斯大林著作编译局编：《马克思格斯选集 第一卷》，人民出版社，1995年，第119页。

一、爱国主义是社会主义荣辱观的思想基础

爱国主义是人民长期以来积聚而成对国家和民族的一种深厚的道德情感。爱国主义是中华民族的优良传统，是中华民族生存、发展之魂。正如毛泽东所说："中华民族不但以刻苦耐劳著称于世，同时又是酷爱自由、富于革命传统的民族。"① 它具体表现在对祖国的忠诚、对国家和民族前途和命运的关心，愿意为国家和民族承担义务和责任的献身精神。爱国主义是一个历史范畴。"爱国主义的具体内容，看在什么样的历史条件之下来决定"②。在不同的历史时期它有着不同的形式和内容。在社会主义阶段，爱国主义包含着以下极其丰富的内容和要求。

第一，要有民族自尊心和民族自信心。这就是说，要热爱我们这个有着五千年历史的中华民族，热爱我们民族繁衍生息的土地，珍惜祖国的优良传统和文化遗产，坚信中华民族的创造力和首创精神，摈弃那种有害的民族自卑心理。要尊重其他国家和民族，同他们平等往来、友好相处，反对一切有损国家和民族利益的言论和行为。也要注意学习其他民族的先进的东西，取其他民族之长，补自己民族之短。民族自尊心和民族自信心是中华民族屹立于世界民族之林的根本。关于这点正如邓小平所说："中国人民有自己的民族自尊心和自豪感，以热爱祖国、贡献全部力量建设社会主义祖国为最大光荣，以损害社会主义祖国利益、尊严和荣誉为最大耻辱。"③

第二，坚持国家和民族的利益高于一切，勇于为国家和民族的利益贡献一切。要在思想和实际行动上自觉把祖国命运和个人命运联系在一起，使个人的发展和前途溶化于祖国的发展和前途之中，在个人利益和祖国利益不一致时，应无条件地服从祖国和民族利益。中国共产党人要始终把国家和民族的利益放在首位，坚持从国家和民族的利益出发，为了国家和民族的利益不惜牺牲一切。1945 年 8 月 28 日，为了国家的和平大计，毛泽东冒着生命危险走出一着险棋，决定赴重庆与蒋介石谈判。"重庆谈判"显示了毛泽东的雄才大略和英明远见，也为毛泽东把国家和民族的利益放在首位做了很好的注解。

第三，自觉维护祖国各族人民的大团结。作为一个多民族的国家，爱祖国就是爱中华民族。要使祖国兴旺发达、繁荣昌盛就必须首先保证各个民族的大团结，"国家的统一，人民的团结，国内各民族的团结，这是我们的事业必定

---

① 毛泽东著：《毛泽东选集 第二卷》，人民出版社，1991 年，第 623 页。
② 毛泽东著：《毛泽东选集 第二卷》，人民出版社，1991 年，第 520 页。
③ 邓小平著：《邓小平文选 第三卷》，人民出版社，1993 年，第 3 页。

要胜利的基本保证"①。因此，毛泽东提出既要反对大汉族主义又要反对地方民族主义，各民族要同心协力才能把祖国建设好。当遭受外敌入侵，国家民族尊严遭到玷污时，各民族人民要团结起来，挺身而出，用鲜血和生命捍卫国家和民族的尊严。

第四，坚持爱国主义和国际主义的统一。中国共产党强调：爱国主义和国际主义是一致的。抗日战争时期，"国际主义者的共产党员，是否可以同时又是一个爱国主义者呢？我们认为不但是可以的，而且是应该的"。与此相反，"对于日本侵略者和希特勒的所谓'爱国主义'，共产党员是必须坚决地反对的。日本共产党人和德国共产党人都是他们国家的战争的失败主义者。用一切方法使日本侵略者和希特勒的战争归于失败，就是日本人民和德国人民的利益；失败得越彻底就越好"。"因此，中国共产党人必须将爱国主义和国际主义结合起来。我们是国际主义者，我们又是爱国主义者"②。爱国主义和国际主义的统一是我们处理对外关系的出发点。一方面，我们必须坚持爱国主义，自觉维护国家民族利益，坚决同有损国家民族利益的言行做斗争。另一方面，我们又是坚定的国际主义者，始终将自己国家和民族利益的实现同全人类整体利益的实现紧紧联系在一起。新中国成立初期，中国共产党领导我国人民进行的"抗美援朝，保家卫国"的义举就对爱国主义和国际主义的统一做了很好的诠释。

二、全心全意为人民服务是社会主义荣辱观的核心

"人民"是一个历史的范畴，在不同国家和同一个国家的不同历史时期，"人民"都是由各个利益不同的阶层或社会利益集团组成的。在社会主义社会，一切赞成、拥护、支持和参加社会主义建设事业的阶层和社会集团都属于人民的范畴。人民是社会主义社会的主体。这是由人民在历史上的伟大作用决定的。正如毛泽东所说："人民，只有人民，才是创造世界历史的动力。"所以，"共产党人的一切言论行动，必须以合乎最广大人民群众的最大利益，为最广大人民群众所拥护为最高标准"③。全心全意为人民服务是社会主义荣辱观的核心内容。全心全意为人民服务的主要内容是热爱人民，关心人民，爱护人民，一切向人民负责，全心全意为人民服务；个人利益服从人民的整体利益，同一切危害人民、背叛人民的行为做斗争，在人民需要的时候为了人民的利益，不惜牺牲个人利益以致自己的生命。具体说来包括如下内容。

第一，一切从人民群众的利益出发。人民群众的利益是社会主义道德最为

---

① 毛泽东著：《毛泽东选集 第五卷》，人民出版社，1977年，第363页。
② 毛泽东著：《毛泽东选集 第二卷》，人民出版社，1991年，第520页。
③ 毛泽东著：《毛泽东选集 第三卷》，人民出版社，1991年，第1096页。

关心的问题，热爱人民的根本出发点就是一切要从人民的整体利益出发。中国共产党强调，"全心全意地为人民服务，一刻也不脱离群众；一切从人民的利益出发，而不是从个人或小集团的利益出发；向人民负责和向党的领导机关负责的一致性；这些就是我们的出发点"①。这里，中国共产党强调把群众利益作为共产党人的出发点和归宿，而且强调要把是否符合群众利益看作衡量共产党人的言行的最高标准。一个人的能力有大小，但只要有为人民服务的精神，"就是一个高尚的人，一个纯粹的人，一个有道德的人，一个脱离了低级趣味的人，一个有益于人民的人"②"人总是要死的，但死的意义有不同。中国古时候有个文学家叫做司马迁的说过：'人固有一死，或重于泰山，或轻于鸿毛。'为人民利益而死，就比泰山还重；替法西斯卖力，替剥削人民和压迫人民的人去死，就比鸿毛还轻"③。这清楚地表明了中国共产党的人民利益高于一切的思想。

第二，关心人民的物质和精神文化生活，为人民谋利益。中国共产党一贯重视人民群众的物质利益，反对唯心主义的空谈和官僚主义作风，认为"一切空话都是无用的，必须给人民以看得见的物质福利"④。并且强调指出："我们应该深刻地注意群众生活的问题，从土地、劳动、群众的穿衣、吃饭、住房问题，到柴米油盐、疾病卫生、婚姻问题……一切这些群众生活上的问题，都应该把它提到自己的议事日程上。应该讨论，应该决定，应该实行，应该检查。"⑤ 与此同时，还要求关心人民群众的精神文化生活，不断提高人民群众思想、文化、技艺、道德品质等方面的素质。满足人民物质生活和精神文化生活的需要，是热爱人民、为人民服务的最终目的。

第三，为人民服务，必须建立在尊重、相信和依靠群众的基础上。中国共产党始终强调要坚持从群众中来，到群众中去的思想路线，要坚信人民群众的创造力是无穷无尽的，坚信人民群众是我们党智慧和力量的源泉。要同人民群众保持最紧密的联系，与人民同甘苦共命运，随时听取人民的呼声，接受人民的监督，充分调动人民群众的积极性，依靠人民群众的力量把各项事业干好。

第四，关心爱护和帮助同志，是为人民服务的内在要求。正确处理同志关系，也是全心全意为人民服务的要求。同志关系是指理想、事业、志趣相同的人们之间的关系。在同志关系上，"我们都是来自五湖四海，为了一个共同的革命目标走到一起来了""我们的干部要关心每一个战士，一切革命队伍的人

---

① 毛泽东著：《毛泽东选集 第三卷》，人民出版社，1991年，第1094-1095页。
② 毛泽东著：《毛泽东选集 第三卷》，人民出版社，1991年，第660页。
③ 毛泽东著：《毛泽东选集 第三卷》，人民出版社，1991年，第1004页。
④ 毛泽东著：《毛泽东著作选读 下册》，人民出版社，1986年，第563页。
⑤ 毛泽东著：《毛泽东选集 第一卷》，人民出版社，1991年，第138页。

都要互相关心，互相爱护，互相帮助"①。要做到关心党和群众比关心个人为重，关心他人比关心自己为重。同志之间要相互尊重、相互关心、相互爱护、团结互助，这是一方面；另一方面，又不能在是非等重大原则问题上相互迁就，搞自由主义，损害党和群众的利益。

第五，为人民服务还要求必须同一切危害人民利益的言行做坚决的斗争。中国共产党认为，为了维护人民的利益，必须采取严厉的手段同危害人民的行为做坚决的斗争。在人民利益受到危害时，要敢于挺身而出，见义勇为，决不姑息纵容坏人坏事，这不仅是一个人应有的政治立场，而且是考验一个人是否全心全意为人民服务的一个重要方面。

总之，以"革命第一、工作第一、他人第一"简单而具体地阐述了共产党人全心全意为人民服务思想。如要判断一个人是否做到了全心全意为人民服务，可以具体地从他对待革命、对待工作、对待他人的态度中加以测定。这样一来，全心全意为人民服务就不是一个抽象的理想，而是一个具体的随处可以体现的做人标准了。毛泽东等老一辈无产阶级革命家用自己的一生实践着全心全意为人民服务的理想，为我们树立了一个全心全意为人民服务的光辉典范。

三、艰苦奋斗、勤俭节约是社会主义荣辱观的集中体现

艰苦奋斗是人类生活的一个永恒的主题，是贯穿于人类文明发展史的一种精神。生产劳动是人类社会生存和发展的基础，无论是体力还是脑力劳动都包含了艰苦性，都要求有一种奋斗的精神，艰苦奋斗是成就任何事业的必要条件。像我们中国这样的国家，尤其需要艰苦奋斗、勤俭节约的精神。

第一，艰苦奋斗是成就事业的必要条件。关于艰苦奋斗，中国共产党人有过很多论述，毛泽东曾经说过："世界上没有直路，要准备走曲折的路，不要贪便宜。"② 必须下决心树立艰苦奋斗的精神，"一切不经过自己艰苦奋斗、流血流汗，而依靠意外便利、侥幸取胜的心理，必须扫除干净"③ "没有什么困难事情能够阻住我们去路的，问题只在坚持正确方针，艰苦奋斗，就能达到目的"④。坚定正确的政治方向与艰苦奋斗的工作作风是不能分开的，没有坚定正确的政治方向，就不能激发艰苦奋斗的工作作风；没有艰苦奋斗的工作作风，也就不能执行坚定正确的政治方向。毛泽东还一再告诫全党全国人民，"中国的革命是伟大的，但革命以后的路程更长、工作更伟大、更艰苦""务必

---

① 毛泽东著：《毛泽东选集 第三卷》，人民出版社，1991 年，第 1005 页。
② 毛泽东著：《毛泽东选集 第四卷》，人民出版社，1991 年，第 1163 页。
③ 毛泽东著：《毛泽东选集 第四卷》，人民出版社，1991 年，第 1181 页。
④ 韶山毛泽东纪念馆编著：《毛泽东生活档案 下卷》，中共党史出版社，1999 年，第 773 页。

使同志们继续地保持艰苦奋斗的作风"①。只有"永远保持过去十余年间在延安和陕甘宁边区的工作人员中所具有的艰苦奋斗的作风"②，中国革命和建设事业才能取得成功，后来革命和建设的成功实践也充分证明了这一点。中国共产党倡导的井冈山精神、长征精神、延安精神、南泥湾精神、大庆精神都是自力更生、艰苦创业的典范，也集中体现了社会主义的荣辱观。

在新的历史时期，我们"应该保持艰苦奋斗的传统。坚持这个传统，才能抗住腐败现象"③。要在全党、全社会大力提倡高尚的社会主义思想道德和中华民族的优良传统，以艰苦奋斗、勤俭朴素为荣，以铺张浪费、奢侈挥霍为耻。总之，艰苦奋斗是我们党的优良传统，在改革开放的新形势下，必须继续发扬光大，广大党员和各级干部，特别是高级领导干部要起模范带头作用。

第二，勤俭节约是我们进行革命和建设的必然要求。中国共产党在根据地建设时期就反复强调"在一切党政军机关中讲究节省，反对浪费，禁止贪污"④"应该使一切政府工作人员明白，贪污和浪费是极大的犯罪"⑤。在社会主义革命和社会主义建设过程中进一步指出，"勤俭办工厂，勤俭办商店，勤俭办一切国营事业和合作事业，勤俭办一切其他事业，什么事情都应当执行勤俭的原则。这就是节约的原则，节约是社会主义经济的基本原则之一"⑥。中国共产党还把勤俭节约提到建国方针的高度，指出"要使全体干部和全体人民经常想到我国是一个社会主义的大国，但又是一个经济落后的穷国，这是一个很大的矛盾。要使我国富强起来，需要几十年艰苦奋斗的时间，其中包括执行厉行节约、反对浪费这样一个勤俭建国的方针"⑦。

总之，艰苦奋斗、勤俭节约是一个相互联系不可分割的整体。艰苦奋斗、勤俭节约过去是现在是将来也必定是我们所必须坚持的方针。只有这样，我们的社会主义事业才能从胜利走向胜利。

四、热爱劳动、崇尚科学、诚实守信是社会主义荣辱观的重要组成部分

第一，热爱劳动。劳动是人类社会赖以存在和发展的前提。马克思曾说过："任何一个民族，如果停止劳动，不用说一年，就是几个星期，也要灭亡，

---

① 毛泽东著：《毛泽东选集 第四卷》，人民出版社，1991年，第1438-1439页。
② 毛泽东著：《毛泽东选集 第五卷》，人民出版社，1977年，第12页。
③ 邓小平著：《邓小平文选 第三卷》，人民出版社，1993年，第290页。
④ 毛泽东著：《毛泽东选集 第三卷》，人民出版社，1991年，第911页。
⑤ 毛泽东著：《毛泽东选集 第三卷》，人民出版社，1991年，第134页。
⑥ 毛泽东著：《毛泽东选集 第五卷》，人民出版社，1977年，第249页。
⑦ 毛泽东著：《毛泽东选集 第五卷》，人民出版社，1977年，第399-400页。

这是每一个小孩都知道的。"① 中国共产党人反复强调，劳动者是人民的主体，劳动创造了世界，一切剥削阶级及其思想家都轻视劳动，鄙视劳动者，他们都不能倡导正确的劳动观。只有在人民当家作主的国家，才能把劳动当作一种行为规范，倡导正确的劳动观和劳动态度。爱劳动，是对社会主义伟大事业应有的态度。中国共产党明确指出，热爱劳动，首先要求公民自觉主动地参加劳动。劳动是每一个公民的义务，也是每一个公民的权利。参加劳动是每个公民应该感到光荣和自豪的事情。在劳动中，要充分发扬自觉性、主动性和创造性，努力为社会创造更多的物质财富和精神财富，同时以报酬的形式获得个人利益。其次，要培养和倡导正确的劳动态度。树立主人翁的诚实劳动态度，自觉遵守劳动纪律，努力掌握现代科学技术，提高劳动生产率，并提倡不计定额、不计报酬、自觉自愿地为公共利益的劳动。中国共产党还十分关心和爱护劳动模范，主张学习和弘扬劳动模范的劳动精神，在全社会提倡共产主义的劳动态度，以便在劳动过程中不断提高人们的道德水平。

第二，崇尚科学。崇尚科学，它表现为勇于探索、实事求是、坚持真理、反对迷信的精神。树立爱科学、学科学、用科学的道德风尚，鼓励人民探索科学真理，为科学献身，是热爱科学的基本要求。中国共产党非常重视科学，中国人民政治协商会议把"爱科学"写入《共同纲领》作为"国民公德"的一个基本内容。在社会主义革命和社会主义建设过程中，毛泽东同志向全党和全国人民发出向科学进军的伟大号召，提出用几十年时间在经济和文化上迅速达到世界先进水平的任务。毛泽东同志曾经指出：马克思主义包含有自然科学，大家要来研究自然科学，否则世界上就有许多不懂的东西，那就不算是一个最好的革命者。中国共产党反复强调，热爱科学要建立在关心祖国前途和人民利益的基础上；要勤奋学习刻苦钻研科学，培养探求真理的坚强意志；要敢于坚持真理，实事求是，勇于为真理献身；要运用科学，为人类造福，推动社会的进步；要热爱科学，反对愚昧无知，反对封建迷信。

第三，诚实守信。诚实守信，是指对国家与人民、对理想与事业、对职务与工作忠贞不贰、尽心尽职；同时言行一致，说老实话，办老实事，做老实人。中华民族向来视"信"和"诚"为做人的根本。为人正直、诚实和守信，这是中华民族在人与人交往中必定履行的传统美德。孔子曾经在《伦语·学而》中说过："与朋友交，言而有信。"刘师培在他的《伦理教科书》中谈道："一曰尚直，尚直则不曲；二曰尚诚，尚诚则不伪；相处以亲不以疏，作事以信不以疑，订交以渐不以速，此皆处交友之道也。"中国共产党在领导中国革

① 中共中央马克思恩格斯列宁斯大林著作编译局编：《马克思恩格斯选集 第四卷》，人民出版社，1975年，第368页。

命与建设的过程中，弘扬了中国人自古以来就重视的诚实守信之德，并赋予了它新的时代内容与意义。共产党员、革命干部要成为真诚地为人民办事的人；"老实人，敢讲真话的人，归根到底，于人民事业有利，于自己也不吃亏。爱讲假话的人，一害人民，二害自己，总是吃亏的"[①]。总之，诚实守信是做人的根本，是最起码的道德规范，是任何职业道德规范中的应有之义。

总而言之，自私自利、消极怠工、贪污腐化、风头主义等，是最可鄙的；而大公无私、积极努力、克己奉公、埋头苦干的精神才是可尊敬的社会主义的荣誉观。社会主义荣辱观贯穿着集体主义的原则，以爱国主义作为其荣辱观的思想基础，围绕着全心全意为人民服务荣辱观的核心内容而展开，集中体现在热爱劳动、崇尚科学、诚实守信、艰苦奋斗，勤俭节约等方面。

第五节　社会主义人才思想

中国共产党人创造性地把马克思主义的人才观与中国实际相结合，从理论上和实践上探索出了一条适合我国国情的社会主义人才管理道路，在国际竞争的实质是人才竞争的今天，重视社会主义人才思想，对于我们进行社会主义现代化建设，增强我国的综合国力，实现中华民族的伟大复兴，无疑具有重要的理论意义和现实意义。

一、人才是革命和建设取得成功的一个决定因素

我们党和国家的干部队伍是我国人才的主要组成部分，是带领全国人民进行伟大的社会主义现代化建设的骨干力量。能否把这支队伍建设好、管理好、使用好，更是保证现代化建设和各项改革取得成功的具有决定意义的大事，人才问题关系到一个国家的盛衰和兴亡。

早在国内革命战争时期，中国共产党人就强调，"战争的胜负，主要地决定于作战双方的军事、政治、经济、自然诸条件，这是没有问题的。然而不仅仅如此，还决定于作战双方主观指导的能力。军事家不能超过物质条件许可的范围外企图战争的胜利，然而，军事家可以而且必须在物质条件许可的范围内争取战争的胜利。"[②]

抗日战争时期，中国共产党人提出，"指导伟大的革命，要有伟大的党，要有许多最好的干部。在一个四亿五千万人的中国里面，进行历史上空前的大革命，如果领导者是一个狭隘的小团体是不行的，党内仅有一些委琐不识大

---

①　毛泽东著：《毛泽东著作选读 下册》，人民出版社，1986年，第812页。

②　毛泽东著：《毛泽东选集 第一卷》，人民出版社，1991年，第182页。

体、没有远见、没有能力的领袖和干部也是不行的"①。后来又进一步提出，"一个百人的学校，如果没有一个从教员中、职员中、学生中按照实际形成的（不是勉强凑集的）最积极最正派最机敏的几个人乃至十几个人的领导骨干，这个学校就一定办不好"，所以"建立领导核心问题，我们应该应用到一切大小机关、学校、部队、工厂和农村中去"②。1938 年 10 月，在《中国共产党在民族战争中的地位》一文中，毛泽东明确地提出了"政治路线确定之后，干部就是决定的因素。因此，有计划地培养大批的新干部，就是我们的战斗任务。"

革命需要成千上万的干部和人才，抛头颅，洒热血。其实搞建设也是一样。早在国内革命战争时期，中国共产党领导人就提出经济建设运动的开展，需要有很大数量的干部。新中国成立后更是明确指出"无产阶级没有自己的庞大的技术队伍和理论队伍，社会主义是不能建成的"③。

总之，无论革命还是建设宏伟任务的实现，人才是一个决定因素。正如邓小平在 1979 年指出，现在我们国家面临的一个严重问题，不是四个现代化的路线、方针不对，而是缺少一大批实现这个路线、方针的人才。人才问题是革命和建设的关键问题。

二、人才的标准和条件是德才兼备、又红又专

人才的标准和条件，不同的阶级有不同的内容，毛泽东提出的人才标准与一切剥削阶级有着本质的区别；就是在中国革命的不同历史阶段，也有不尽相同的具体内容。

早在抗日战争时期，毛泽东就提出共产党员、党的干部、党的领袖应有的性格和作风是"懂得马克思列宁主义，有政治远见，有工作能力，富于牺牲精神，能独立解决问题，在困难中不动摇，忠心耿耿地为民族、为阶级、为党而工作。"④ 在《中国工人》发刊词中指出，"工人中间应该教育出大批的干部，他们应该有知识，有能力，不务空名，会干实事。"在《关于领导方法的若干问题》中对骨干和人才标准、条件做了精辟论述，明确提出"这种领导骨干的标准，应当是季米特洛夫论干部政策中所举的四条干部标准（无限忠心，联系群众，有独立工作能力，遵守纪律）"。

新中国成立后，中国共产党提出要选青年干部当团中央委员……团中央委员尽选年龄大的，年轻人太少，这行吗？自然不能统统按年龄，还要按能力。

---

① 毛泽东著：《毛泽东选集 第一卷》，人民出版社，1991 年，第 277 页。
② 毛泽东著：《毛泽东选集 第一卷》，人民出版社，1991 年，第 898-899 页。
③ 毛泽东著：《毛泽东选集 第五卷》，人民出版社，1977 年，第 472 页。
④ 毛泽东著：《毛泽东选集 第一卷》，人民出版社，1991 年，第 277 页。

后来又强调，如果不搞好与群众的关系，脱离群众，不是艰苦奋斗，那么，工人、农民、学生就有理由不赞成他们……谁犯官僚主义，不去解决群众问题，骂群众，压群众，总是不改，群众就有理由把他革掉。

总之，对社会主义革命和建设有用的人才应该是德才兼备、又红又专。当然德才的要求要有鲜明的时代特色。

三、人才的识别、选拔和使用中第一次确立了"任人唯贤"的干部路线

中国共产党在同党内"左"倾机会主义和右倾机会主义的斗争中，运用了"任人唯贤"的用人路线，它是党在各个历史时期制定具体干部路线的依据和出发点，是党的干部人事工作者的行动指南。

中国共产党不仅正确地提出了按照德才兼备的原则选拔任用干部，而且明确地提出了选拔人才的方法，这就是善于识别干部的问题。他说，在识别干部和各类人才时，"不但要看干部的一时一事，而且要看干部的全部历史和全部工作，这是识别干部的主要方法"[1]。

在此基础上中国共产党又进一步认识到，"审查干部，如果仅仅由组织部这个领导机关的少数人孤立地去做，必不可能做好……实行领导和群众相结合的原则，审查干部的目的就一定能完满的达到。"[2] 与此同时，还特别强调"凡属真正团结一致、联系群众的领导骨干，必须是从群众斗争中逐渐形成，而不是脱离群众斗争所能形成的……必须不断提拔在斗争中产生的积极分子，来替换原有骨干中相形见绌的分子，或腐化了的分子"[3]。

识别干部和人才的目的是为了使用，所以"领导的责任，归结起来，主要是出主意、用干部两件事……在这个使用干部的问题上，我们民族历史从来就有两个对立的路线：一个是'任人唯贤'的路线，一个是'任人唯亲'的路线。前者是正派的路线，后者是不正派的路线"[4]。"任人唯贤"的用人路线的确立，给我们的干部人事工作指明了方向，也为马列主义人才思想宝库增添了新的内容。

在新民主主义革命、社会主义革命和建设时期，在善于识别干部和人才的思想指导下，坚持辩证地、全面地、历史地看待干部和人才，坚持"任人唯贤"的干部路线，摒弃错误的用人观点和偏见，涌现了许多德才兼备的优秀干

---

[1]　毛泽东著：《毛泽东选集 第二卷》，人民出版社，1991年，第527页。
[2]　毛泽东著：《毛泽东选集 第三卷》，人民出版社，1991年，第901页。
[3]　毛泽东著：《毛泽东选集 第三卷》，人民出版社，1991年，第898页。
[4]　毛泽东著：《毛泽东选集 第二卷》，人民出版社，1991年，第527页。

部和人才，他们为新民主主义革命、社会主义革命和建设的胜利做出了巨大的贡献。

四、在学习中提高、实践中锻炼、民主生活中培育优秀干部和人才

爱护干部和提高干部素质，是党的干部工作的重要方面，也是"任人唯贤"干部路线的具体内容和具体体现。要从多方面关心、爱护干部和各类人才。对此，在《中国共产党在民族战争中的地位》一文中提出了五点办法：一是指导他们，二是提高他们，三是检查他们的工作，四是正确对待犯错误的干部，五是照顾干部的困难。正确对待犯错误的干部是爱护干部的重要方面，对犯错误的干部要做具体分析，反对一棍子打死，要采取"惩前毖后，治病救人"的方针。教育培养干部，提高干部的素质，则是对干部的最本质的爱护。要提高干部素质则必须做到如下三点。

第一，在学习中提高。党的干部和人才要学习和研究马列主义，学习历史知识，继承文化遗产。有书本知识的人要向实践发展，然后才可以不停留在书本上；有工作经验的人要向理论方面学习。要明白读书是学习，使用也是学习，而且是更重要的学习。要学习革命导师观察问题和解决问题的立场和方法，强调有的放矢，理论联系实际，切实解决问题。

第二，在实践中锻炼。党的干部和人才要在严酷的斗争环境中，在伟大民族革命的大熔炉中锻炼成才。如果一生一世坐在房子里不出去，不经风雨，不见世面，这种党员，对于中国人民究竟有什么好处没有呢？一点好处也没有的。

第三，在民主生活中培育。党内的民主生活会造就人才。干部和人才的创造能力，负责精神，工作上的活跃，敢于和善于提出问题、发表意见、批评缺点等，所有这些，都"有赖于党内生活的民主化"。同时，中国共产党的领导人明确地指出："大批能干人才的创造性只有在民主生活中才有可能。"① 如果党内生活是死气沉沉的，下级对上级只是唯唯诺诺，则只会培养出谨小慎微的君子；若是搞家长式的统治，则会窒息人才，使真才受到排斥和打击。

总而言之，上述社会主义人才思想是很宝贵的。为我国社会主义现代化建设提供了培养人才的理论基础。

---

① 毛泽东著：《毛泽东选集 第二卷》，人民出版社，1991年，第529页。

>>> 第二章 读经典：做到以理服人，增强高校思政课理论性

第一节 马克思世界历史思想

马克思的世界历史思想主要是对黑格尔世界历史思想的批判、继承和发展，再结合自己后来在经济学、历史学方面的研究成果而形成的，对黑格尔世界历史思想的扬弃主要表现在以下三个方面。

一、扬弃黑格尔世界历史的唯心史观，发展世界历史的唯物史观

马克思关于世界历史理论是在批判资产阶级思想家的世界历史观的基础上，并在考察近代世界历史的经验事实基础上提出的。在近代，随着历史向世界历史的转变，在思想史上也产生了"世界历史"的概念。意大利学者维柯是最早提出"世界历史"概念的人，他认为世界各民族的历史都要经过"神的时代""英雄的时代"和"人的时代"这样依次更迭的三个发展阶段。黑格尔则把人类历史在时间上的演进与在空间上的扩展结合起来，这样黑格尔就把历史视作"世界精神"不断自我解放、自我扩展的过程，把历史描述为一个由东方到西方、由个体自由到特殊自由再到普遍自由的过程。维柯、黑格尔的思想虽然反映了近代历史向世界历史转变的进程，但却是头脚倒置的反映、神秘化的反映。

马克思针对以前的思想家，特别是黑格尔把世界历史看作是"世界精神"的体现，看作是自由概念的发展的历史唯心主义观点进行了批判，并对世界历史的唯物主义性质进行了阐述。马克思认为世界历史绝不是"世界精神"发展的历史，对其进行了唯物主义地再颠倒，明确指出，"历史向世界历史的转变，不是'自我意识'、宇宙精神或者某个形而上学怪影的某种纯粹的抽象行动，

而是完全物质的、可以通过经验证明的行动，每一个过着实际生活的、需要吃、喝、穿的个人都可以证明这种行动"①。马克思认为，黑格尔历史观的错误来源于前提和出发点的错误，"黑格尔历史观的前提是抽象的或绝对的精神……因此，思辨的、奥秘的历史在经验的、明显的历史中的发生是黑格尔一手促成的。人类的历史变成了抽象的东西的历史，因而对现实的人说来，也就是变成了人类的彼岸精神的历史"②。马克思强调，研究世界历史的前提和出发点是"现实的人"，是从事活动的、进行物质生产的现实中的个人，而"不是处在某种虚幻的离群索居和固定不变状态的人，而是出现于现实的、可以通过经验观察到的、在一定条件下进行的发展过程中的人。只要描绘出这个能动的生活过程，历史就不再像那些本身还是抽象的经验主义者所认为的那样，是一些僵死的事实的汇集，也不再像唯心主义者所认为的那样，是想象的主体的想象活动"③。对黑格尔历史观的这种批判改造，使马克思的世界历史思想牢固地建立在唯物史观的基础上。马克思正是站在历史唯物主义的高度，把被黑格尔颠倒了的东西重新颠倒过来，指出"各民族之间的相互关系取决于每一个民族的生产力、分工和内部交往的发展程度。这个原理是公认的。然而不仅一个民族与其他民族的关系，而且一个民族本身的整个内部结构都取决于它的生产以及内部和外部的交往的发展程度"④"各个相互影响的活动范围在这个发展进程中愈来愈扩大，各民族的原始闭关自守状态则由于日益完善的生产方式、交往以及因此自发地发展起来的各民族之间的分工消灭得愈来愈彻底，历史也就在愈来愈大的程度上成为全世界的历史"⑤。正是生产力、分工和交往的发展，打破了各民族和国家的原始闭关自守状态，推动了世界历史的形成和发展。马克思从生产力的普遍提高和世界各民族普遍交往出发来说明世界历史的成因，随着生产和交往的普遍性、世界性发展，历史由狭隘的民族历史向普遍的世界历史的转变。同时，马克思以生产力与交往形式的矛盾运动为依据，科学地预见到了随着资本主义自由竞争的发展，认为历史向世界历史的转变将是一个不可阻挡的，并且可以用经验确定的事实。

---

① 中共中央马克思恩格斯列宁斯大林著作编译局编：《马克思恩格斯选集 第一卷》，人民出版社，1995年，第89页。
② ［德］马克思，恩格斯著：《马克思恩格斯全集 第二卷》，人民出版社，1957年，第108页。
③ 中共中央马克思恩格斯列宁斯大林著作编译局编：《马克思恩格斯选集 第一卷》，人民出版社，1995年，第73页。
④ 中共中央马克思恩格斯列宁斯大林著作编译局编：《马克思恩格斯选集 第一卷》，人民出版社，1995年，第68页。
⑤ 中共中央马克思恩格斯列宁斯大林著作编译局编：《马克思恩格斯选集 第一卷》，人民出版社，1995年，第72页。

二、扬弃黑格尔世界历史发展的不平衡性，提出东方社会发展理论

在世界历史与民族历史的关系问题上，马克思从两个方面分析批判地继承和发展了黑格尔的思想。

一方面，黑格尔认为作为整体的世界历史是一个相互联系的整体，其中的各个民族、国家之间是相互联系的，正是各个民族和国家之间的相互联系构成了世界历史，因此，国家矛盾只有在世界历史中才能克服。马克思继承并发展了黑格尔的这一思想，认为世界历史，是指各民族、国家通过普遍交往进入全面相互影响、相互渗透、相互制约从而使整个世界呈现出超民族、超地域的一体化发展趋势的历史，它是相对于民族的地域狭隘性而言的。人类历史首先只是在几个古老民族那里取得其相应的独立起源，这些古老民族一开始是在各自生活环境中获得各自的生存方式。由于地理条件的限制，各民族之间的交往很少，人类各大文明圈在相当长的时期内处于相互隔离的状态。从总体上看，在资本主义之前，民族和地区之间的交往还不具有普遍性和世界性，民族性仍是其突出特征，人类还处于世界历史的前史阶段。民族历史向世界历史的转变是生产力较为发展基础上民族交往普遍化的产物，它伴随着资本主义大工业的确立而得以产生。正如马克思所说："（大工业）首次开创了世界历史，因为它使每个文明国家以及这些国家中的每一个人的需要的满足都依赖于整个世界，因为它消灭了各国以往自然形成的闭关自守的状态。"① 马克思在《德意志意识形态》中，正是通过对历史和世界历史的比较，才对世界历史的含义做了明确的界定。他指出："各个相互影响的活动范围在这个发展进程中越是扩大，各民族的原始封闭状态由于日益完善的生产方式、交往以及因交往而自然形成的不同民族之间的分工消灭得越是彻底，历史也就越成为世界历史……例如，如果在英国发明了一种机器，它夺走了印度和中国的无数劳动者的饭碗，并引起这些国家的整个生存形式的改变，那么，这个发明便成为一个世界历史性的事实。"②

从马克思对世界历史的界定中可以看出，马克思从哲学方法论的高度上考察了作为整体的世界历史的各部分之间的相互联系。"在世界历史形成之前，人类总体历史和具体民族历史之间的关系是一般与个别、普遍与特殊的关系。

---

① 中共中央马克思恩格斯列宁斯大林著作编译局编：《马克思恩格斯选集 第一卷》，人民出版社，1995年，第114页。

② 中共中央马克思恩格斯列宁斯大林著作编译局编：《马克思恩格斯选集 第一卷》，人民出版社，1995年，第88-89页。

在具体民族的'个别'之中存在着人类历史的'一般'，不同民族的历史发展以其个别的、特殊的发展形态体现出人类历史发展的一般或普遍规律。世界历史形成之后，人类总体历史和具体民族历史之间不仅具有一般与个别的关系，而且还具有了整体和部分的关系。更重要的是，生产方式运动越出了民族的狭隘地域，进入了世界的'运动场'，成为民族性和世界性的统一"①。可见，世界历史并不是各个民族历史的简单相加，而是各民族之间相互作用的"合力"，是一种"系统值"。列宁则从"器官"与整体的关系的意义上说明世界历史的，"世界历史是个整体，而各个民族是它的'器官'"②。

另一方面，黑格尔从哲学方法论的高度考察了各个民族和国家社会历史发展的特殊性及其与作为整体的世界历史之间的关系问题。黑格尔指出，各个民族和国家不会因为作为世界历史时代的构成部分而丧失自己的特点，恰恰相反，正是一个民族或国家有其自己的特点，才同其他民族和国家发生纵的或横的联系。世界历史就是由民族或国家间的相互联系（纵的或横的）构成。"世界历史自身本质上是民族精神或国家精神的辩证法"，其"历史形态上的变迁是和国家相连接而不可分解的"③。另外，在一定的世界历史时代中，各个民族和国家所处的地位和所起的作用是不同的，因而作为整体的世界历史的发展就会呈现出不平衡状态。黑格尔的这一思想是深刻的，直接为马克思所继承和发展，并运用它来分析俄国农业公社的情况，提出了东方社会发展理论。

马克思认为，俄国农业是以生产资料公有制为基础的，并与资本主义世界市场保持着联系。在这种特殊的历史条件下，如果俄国能吸收西方资本主义的一切积极成果，能够抓住历史提供给它的机遇，就有可能跨越资本主义卡夫丁峡谷而获得新生。在这里马克思看到了作为整体的世界历史的发展呈现出来的不平衡性，既肯定了世界历史发展的一般规律，又承认了某些东方民族发展的特殊道路，并指明了这种特殊道路是以资本主义生产方式已经在世界上存在、已经形成世界历史为前提条件的。在马克思看来，社会主义是建立在社会生产力高度发展的基础之上的，经济落后的东方国家要跨越资本主义的发展阶段而建立社会主义制度，就必须在世界历史背景下，加强与生产力高度发展的西方国家的经济联系，充分吸收和利用西方国家创造的科学知识、生产技术和组织管理生产的经验，大力发展生产力，奠定社会主义的物质基础。实质上，马克思的东方社会发展理论在于辩证地把握社会发展的一般规律和这一规律在个别

---

① 涂成林，杨耕：《论马克思东方社会理论的生成逻辑》，《哲学研究》，2007年第12期，第6页。

② 中共中央马克思恩格斯列宁斯大林著作编译局编译：《列宁全集 第五十五卷》，人民出版社，1990年，第273页。

③ ［德］黑格尔著；王造时译：《历史哲学》，生活·读书·新知三联书店，1956年，第87页。

国家、民族的特殊表现的统一。列宁领导的俄国十月革命和毛泽东领导的中国新民主主义革命的胜利，已经证明了马克思东方社会发展理论的正确性。

三、扬弃黑格尔的绝对精神的自由观，发展共产主义社会人的自由思想

黑格尔认为世界历史发展的本质就是自由发展的过程。自由是人的本质特征，"人作为人是自由的"①，而自由的实现是一个过程，即世界历史的过程。世界历史的整个过程和世界历史的每一个阶段都体现着并实现着人的自由。他把世界历史进程分为三个阶段：第一阶段以东方世界为标志，东方世界只知道一个人的自由。第二阶段以古希腊罗马世界为标志，古希腊罗马世界只知道一部分人的自由。第三阶段以日耳曼世界为标志，日耳曼世界知道一切人的自由。这样黑格尔就把历史视作"世界精神"不断自我解放、自我扩展的过程，把历史描述为一个由东方到西方、由个体自由到特殊自由再到普遍自由的过程。在黑格尔看来，人类是按照精神自由来创造世界历史的，世界历史的过程是人类从自然界走向社会、从必然王国走向自由王国的过程。

针对黑格尔用"绝对精神"臆造的世界历史，从而使全部人类历史被歪曲地转化为"绝对精神"的运动史的观点，马克思对其进行了唯物主义地再颠倒之后，对黑格尔世界历史的自由本质论进行了扬弃。马克思阐述了人类在追求自由和自身全面发展的历史过程中表现为三大历史形态，即与自然经济形态相适应的"人的依赖关系"、与市场经济形态相适应的"以物的依赖性为基础的人的独立性"和"建立在个人全面发展和他们共同的社会生产能力成为他们的社会财富这一基础上的自由个性"②。在前两个阶段都没有也不可能真正实现人的自由，马克思特别指出了即使是由资本主义开创的世界历史，也不是人的普遍自由解放的理想境界，而只是世界历史初级的、自发的发展阶段，它必将为更高的、每个人自由发展的自觉世界历史阶段——共产主义社会所代替。

马克思首先对资本主义在开创世界历史进程中所起的作用做了公正的评价。他指出，资本主义开创了世界历史，并且在世界历史的发展进程中起过非常革命的作用。但是他认为资本主义所开创的世界历史仍然存在着巨大的历史局限性，不是人的普遍自由解放的理想境界，只是使个人获得片面或畸形发展的自发的世界历史阶段，并把其原因归结为资本主义自身不可克服的矛盾：资本主义使人与人的社会关系以异己的物的力量的形式表现出来。随着资本主义

---

① ［德］黑格尔著；王造时译：《历史哲学》，生活·读书·新知三联书店，1956 年，第 113 页。

② 中共中央马克思恩格斯列宁斯大林著作编译局编译：《马克思恩格斯全集 第四十六卷 上册》，人民出版社，1979 年，第 1104 页。

生产方式的发展，随着世界市场的发展，人们受到日益扩大、日益加强的物的力量的支配，人的发展就越呈现出片面性和畸形发展。"单个人随着自己的活动扩大为世界历史性的活动，越来越受到对他们来说是异己的力量的支配……受到日益扩大的、归根结底表现为世界市场的力量的支配"①。世界历史本来是人类改造世界的巨大武器，但却最终变成了奴役人的异己的力量，这种社会矛盾随着生产和交往的世界化推进而不断尖锐，自发的、异己的社会力量对人的奴役不断增强，由此产生出共产主义运动的必然性。在马克思看来，共产主义只有在世界历史条件下才是具有现实性，共产主义一般"只有作为'世界历史性的'存在才有可能实现一样"②。"共产主义和所有过去的运动不同的地方在于：它推翻一切旧的生产关系和交往关系的基础，并且第一次自觉地把一切自发形成的前提看作是前人的创造，消除这些前提的自发性，使它们受联合起来的个人的支配。因此，建立共产主义实质上具有经济的性质，这就是为这种联合创造各种物质条件，把现存的条件变成联合的条件"③。因此，只有把世界历史与共产主义运动结合起来，扬弃资本主义生产方式，才能结束异己的物的力量对人的统治，才能使世界历史成为真正的人类历史，这是世界历史发展的必然趋势，是完全可以实现的。

其次，世界历史作为一个动态的渐进发展过程，它必然能够由较低级的、自发的世界历史走向高级的自觉的世界历史发展阶段，必然能够扬弃资本主义的世界历史性存在，全面实现新的世界历史阶段——共产主义，"共产主义是作为否定的否定的肯定"是世界历史发展的最高级阶段。④ 这是不可阻挡的历史潮流。马克思深刻地批判了黑格尔资本主义制度永恒的论断和世界历史的自由本质论，认为资本主义市场经济条件下物化社会关系对人的统治，会随着共产主义生产的自觉调节而消除，异己力量将被克服，人们将成为自己社会关系的支配者和主人，使自己作为个性的个人确立下来。"共产主义是私有财产即人的自我异化的积极的扬弃，因而是通过人并且为了人而对人的本质的真正占有；因此，它是人向自身、向社会的（即人的）人的复归，这种复归是完全

---

① 中共中央马克思恩格斯列宁斯大林著作编译局编：《马克思恩格斯选集 第一卷》，人民出版社，1995年，第89页。

② 中共中央马克思恩格斯列宁斯大林著作编译局编：《马克思恩格斯选集 第一卷》，人民出版社，1995年，第87页。

③ 中共中央马克思恩格斯列宁斯大林著作编译局编：《马克思恩格斯选集 第一卷》，人民出版社，1995年，第77-78页。

④ 中共中央马克思恩格斯列宁斯大林著作编译局译：《马克思恩格斯全集 第四十二卷》，人民出版社，1979年，第131页。

的、自觉的而且保存了以往发展的全部财富的"①。马克思还认为，地域性的共产主义不是真正的共产主义，生产和交往的普遍化为消灭地域性的共产主义，为建立真正的共产主义准备了条件。这就是由自发的世界历史向自觉的世界历史的转变。这就是说在共产主义社会中，人已经把异化后果当作新的实践对象对其进行了新的改造，个人之间的依存关系将由于社会革命转化为对异己力量的自觉驾驭，具体普遍的个人联合起来占有生产力的总和，旧分工和社会关系对个人创造性才能的压抑将被彻底废除，每个人都能得到不受阻碍的、全面自由的发展，真正实现了人的自由和全面发展。

第二节　马克思主义的辩证理性思想

从逻辑和直觉对立的前提出发，西方社会认为人的精神可分为理性和非理性，并进而在此基础上把它们对立起来形成理性主义和非理性主义的对立。正是从这个视角看，当代西方在对于马克思主义是不是理性主义的这个问题上也是持二元对立的观点，即一些人认为马克思主义是非理性主义的，一些人认为马克思主义是理性主义的。实际上，马克思主义既不是单纯理性主义的，也不是单纯非理性主义的，而是对理性主义和非理性主义的扬弃，是一种历史唯物主义的辩证理性观。辩证理性观拒斥任何超越历史现实的先验理性，反对从所谓的"理性原则"出发；辩证理性观信赖理性，并依靠理性，但不盲目崇拜理性，主张辩证看待理性的相对性；辩证理性观主张辩证对待非理性因素，给予它们以适当的位置，并积极利用这些非理性因素的作用。

一、马克思主义对理性主义的扬弃

一般而言，理性主义是指诉诸人类理性能力和理性原则的一切理论和实践，它与强调宗教信仰、道德情感和情绪以及其他非理性成分的见解相对立。理性主义者强调理性至上、技术至上，过分夸大理性的作用。以当代政治哲学家麦克尔·奥克肖特（Michael Oakeshott）为代表的西方学者认为马克思主义是理性主义的。奥克肖特等人批判马克思主义的最根本点就是对马克思主义关于共产主义学说的批判上。在奥克肖特看来，马克思对共产主义社会的设想，纯粹是凭着理性原则虚构出来的，是一种乌托邦的空想。因此，奥克肖特把马克思主义曲解为理性主义。实际上马克思主义是理性的，马克思主义批判地继承了以往理性主义特别是黑格尔理性主义的理论成果，但同时又克服了其局限

---

① 中共中央马克思恩格斯列宁斯大林著作编译局译：《马克思恩格斯全集 第四十二卷》，人民出版社，1979年，第1120页。

性和片面性。马克思主义辩证地看待理性的作用和地位，既不夸大也不缩小，并把它放在恰当的位置上。马克思主义认为，无产阶级的解放和共产主义社会的最终实现，不是某种理性的永恒原则的实现，而是现实的经济关系和社会条件发展的结果。马克思主义对人类的未来从来不抱悲观的态度，但也未陷入不切实际的空想，而是认为共产主义社会的实现将是历史发展和人类长期奋斗的必然结果。因此，马克思主义不是对理性主义的简单继承，而是对理性主义的扬弃。

马克思主义对资产阶级标榜的理性进行了辩证的、历史的批判，体现了马克思主义是理性的但又不是理性主义的观点。这主要是因为：一方面，马克思肯定了启蒙运动思想家运用"理性"作为战斗武器与封建制度斗争的积极意义，认为理性是资产阶级及其思想家们反对封建斗争、推翻封建阶级统治的思想武器，同时又是他们人生理想观念的根本体现。他们高举理性的旗帜，用理性去反对中世纪的封建宗教迷信，视理性为批判一切、评价一切的标准和准绳。"宗教、自然观、社会、国家制度、一切都受到了最无情的批判；一切都必须在理性的法庭面前为自己的存在作辩护或者放弃存在的权利"①。另一方面，马克思主义又批判地指出，当资产阶级上升为统治阶级之后，这种"理性"也就顺理成章地成了资产阶级进行阶级统治的虚假招牌。恩格斯曾说："人的头脑以及通过头脑的思维发现的原理，要求成为人类的一切活动和社会结合的基础；后来这句话又有了更广泛的含义；同这些原理矛盾的现实，实际上从上到下都被颠倒了"②"理性的王国不过是资产阶级的理想化的王国；永恒的正义在资产阶级的司法中得到实现；平等归结为法律面前的资产阶级的平等；被宣布为最主要的人权之一的是资产阶级的所有权；而理性的国家、卢梭的社会契约在实践中表现为，而且也只能表现为资产阶级的民主共和国"③。社会现实也似乎印证了恩格斯的上述观点。虽然科学技术的进步给社会带来了巨大的财富增长，但与此同时它也带来了日益严重的失业和"生产过剩"的经济危机、人的主体性进一步丧失、异化现象更加严重、感情生活日趋淡薄、精神危机加剧等工业革命产生的种种不良后果，似乎它并没有给人类带来普遍的和谐和幸福，而是带来如两次世界大战那样的更加残酷的战争，给人类文明造成了巨大的灾难。难怪恩格斯认为，资产阶级革命家和思想家所倡导的永恒的

---

①② 恩格斯著；中共中央马克思恩格斯列宁斯大林著作编译局译：《反杜林论》；人民出版社，1970年，第14页。

③ 恩格斯著；中共中央马克思恩格斯列宁斯大林著作编译局译：《反杜林论》；人民出版社，1970年，第14-15页。

理性原则，在实践中完全成了"一幅令人极度失望的讽刺画"①。总之，"理性"作为一种思维逻辑的形式是存在于马克思主义体系之中的，马克思主义是理性的。但马克思主义主张用辩证的方法而不是机械、僵化的形而上学方法来解决思维与存在的关系问题，因此马克思主义又不是理性主义的。

二、马克思主义对非理性主义的扬弃

与奥克肖特相反，A. 布洛克等西方学者则把马克思视作非理性主义者。A. 布洛克等人对理性的理解只限于概念的清晰、逻辑上的连贯、目的合理性等观念上的合理性。他认为，只有凭借观念理性才能获得诸如数学和逻辑学那样合理的和普遍的理性知识，观念活动是理性的。由于实践活动是与理性相区别的经验行为，所以实践活动是非理性的，强调实践对认识的决定性作用就是一种非理性的行为。于是，A. 布洛克等人指出，"马克思虽然毕生致力于研究理性，但可毫不歪曲地视他为描述的非理性主义者：马克思所以被视为这种非理性主义者是因为他关于一个异化者的社会制度中人的虚假意识的理论"②。A. 布洛克等人的"描述的非理性主义"，就是"认为人的行为不是受理性所指导的"③。实际上，A. 布洛克等人的上述观点是不能成立的。

一方面，马克思的异化理论并不是非理性的。在马克思异化理论中，他根本就没有说"人的行为不是受理性所指导"的，而只是阐明在资本主义私有制条件下，资本主义社会存在着劳动者同自己的劳动条件、自己的劳动产品、自己的劳动活动、自己的类本质以及同他人相离异的残酷现实，劳动没有自由的性质。在资本主义社会，由于资本对劳动的奴役导致了工人的非人的生活状态的结果。可见，马克思事实上揭示了由于资本主义制度造成了人性遭到扭曲而表现出某种非理性的东西的异化现象，但并不能由此就得出马克思主义认为人本质上是非理性的结论，更不能推论说马克思主义是非理性主义者。因为非理性主义只突出人性中的本能、直观、欲望、情感、意志等的作用，而忽视了人的理性思维逻辑的作用。与之相反，马克思在肯定人性的本能、直观、情感、意志等作用的同时，更加注重人的思维的逻辑以及合乎规律的认识的作用。

另一方面，马克思的实践观点也不是非理性的。在马克思看来，实践既是现实的、经验的活动，也是被理解到的和被认识到的活动，更是创造性的活动。马克思突破了近代哲学的理性主义传统，把认识回归于人类的生活实践。

---

① 恩格斯著；中共中央马克思恩格斯列宁斯大林著作编译局译：《反杜林论》；人民出版社，1970年，第255页。

②③　枫丹娜主编：《现代思想辞典》，社会科学文献出版社，1988年，第301页。

在马克思看来，在人类的所有活动样式中，物质资料的生产实践活动是最基本的活动，是整个人类历史的现实基础，它制约着人类其他活动的发展，其中包括人的理论活动和认识活动。马克思认为，实践是一种有意识的、自觉的活动，实践活动中本身就包含认识的因素，理论认识活动不过是实践活动中的认识功能的相对独立的发展。这就是说，实践是一个包含了理性因素在内的人类活动。在马克思主义看来，理性既不是外在给予的或从来就有的，也不是固定不变的，更不是主观自生的。如同人的本质一样，理性作为人的特性是在人的实践活动中发展和日臻完善的。马克思所讲的实践根本不同于动物的生命本能的冲动，人的实践是受人的理性支配的。在马克思主义看来，人是理性的，但实践活动的结果却不一定与理性目标相符。由此可见，人的实践是受人的理性指导的，理性意识必须在人们的实践活动中得到确证。因此，从这个意义上说，马克思主义也不是非理性主义的。

三、马克思主义的辩证理性思想

由上可知，马克思主义批判地继承了以往理性主义特别是黑格尔理性主义的理论成果，同时又克服了它的片面性和局限性，是对理性主义和非理性主义的扬弃，是辩证理性观。所谓辩证理性强调"批判"与"历史"，他们代表理性活动的两个基本维度：一个对普遍性理想表示怀疑、解构及否定，另一个则是对普遍性理想表示信任、建构、肯定及适应历史条件的要求。"历史表达了理性活动的来源和实质，批判诉说了理性活动的追求和功能。历史告诉我们现成观念的成就，并提醒我们不要脱离现实条件的限制；批判揭示的是普遍的理想眼光，它让我们意识到现有理性观念的相对性和局限性，以使之逐渐趋向更加合理的目标。历史决定了理性的有限性，它使观念在有限中包含真实的内容；批判力争超越理性的有限性，它在绝对普遍的追求中向现实提出理想的要求。历史性的理性，必定与非理性的因素密切相关；批判性理性，恰恰要人们合理地引导非理性的力量。批判昭示着普遍理想的追求，历史则教导这种普遍的理想并非是先验的和一成不变的。历史的本身就是发展的，批判的本身也是历史的批判。批判的理性的一个主要任务就是批判理性自身，历史的理性其发展的方向也是不断地自我超越"①。简言之，马克思主义辩证理性观具有实践性、辩证性和历史性特点。

实践性。马克思所创立的实践唯物主义理论是对以启蒙思想家为代表的抽象理性主义的扬弃，实践唯物主义的出发点不再是先验普遍的观念，而是以实践为基础的人类活动。马克思指出，"物质生活的生产方式制约着整个社会生

---

① 韩震著：《重建理性主义信念》，北京出版社，1998年，第203页。

活、政治生活和精神生活的过程。不是人们的意志决定人们的存在，相反，是人们的社会存在决定人们的意识"①。作为人类社会实践活动的理论反映，它不是从理性原则出发，而是从现实的历史事实出发。因此，马克思和恩格斯提出，"共产主义对我们来说不是应当确立的状况，不是现实应当与之相适应的理想。我们所称为共产主义的是那种消灭现存状况的现实的运动。这个运动的条件是由现有的前提产生的"②。可见，在马克思主义看来，人类社会的实践活动决定着人类的理性观念，而根本不是理性观念决定人类社会的实践活动。

马克思主义非常重视人类实践活动的根本作用。马克思主义认为人类实践活动是现实的客观存在，是人类的本质，是人类历史的基础。在马克思主义看来，理性仅仅是构成人类实践活动的一个因素，这个因素只有通过人们的现实活动才能得以体现并发挥作用。马克思主义认为实践活动是理性赖以存在和发展的源泉和基础，因为人类的实践活动是开放的、能动的以及不断丰富和发展的，因而在实践基础上产生的理性也必定是开放的、能动的和不断丰富、发展的。德国学者卡尔·施密特也认为，理性绝不是"在先验原则的基础上"产生的永恒正确的理想，而是对"历史运动的批判认识"③，换言之，理性是对历史现实的理想化的反映，它来自现实又反过来促进现实的日臻完善，因此，理性与现实间存在着互动的关系。总之，在马克思主义看来，理性产生于对现实的认识和总结，反之，理想化的理性又促进着新的现实的生成和发展。理性在与现实的相互作用中不断生成和发展。

辩证性。辩证性特点鲜明地表明了马克思主义辩证理性观与以往的理性主义是截然不同的。以往的理性主义就是形而上学地看待理性，认为理性是一种无矛盾的观念。因此，理性主义者往往是在无矛盾中思考问题，常常把暂时的东西幻想为永恒的东西，把主观的东西看作客观的东西，把局部的东西看成是普遍有效的东西，把有限的东西看成是无限的东西。因而在政治生活中常常以有限来把握无限，以相对来把握绝对，以部分来把握整体，以暂时把握永恒，以特殊把握普遍。其实，以奥克肖特为代表的西方学者看到了理性主义的这种局限性，只不过奥克肖特等人却走向了与理性主义相对立的另一端，注重有限性、相对性、局部性、暂时性和特殊性。马克思主义也看到了理性主义的这种局限性，可是对待的方法就不一样了。马克思主义能历史地、批判地看待理性

---

① 中共中央马克思恩格斯列宁斯大林著作编译局编：《马克思恩格斯选集 第二卷》，人民出版社，1972 年，第 82 页。

② 中共中央马克思恩格斯列宁斯大林著作编译局编：《马克思恩格斯选集 第一卷》，人民出版社，1995 年，第 87 页。

③ ［德］施密特著；张伟译：《历史和结构——论黑格尔马克思主义和结构主义的历史学说》，重庆出版社，1993 年，第 29 页。

本身，充分肯定理性的内在矛盾性质。在社会生活中能把有限性和无限性、相对性和绝对性、局部和整体、暂时性和永恒性、普遍性和特殊性有机地统一起来，不是顾此失彼。由于马克思主义理解了理性的矛盾性，并认为各种矛盾性质的对立统一是推动理性不断运动发展的动力，所以，马克思主义认为理性不是永恒不变的，而是伴随着实际的历史运动而不断自我更新的矛盾运动过程。实际上，理性的矛盾运动正是以理论的形式反映社会历史的客观矛盾运动。正如马克思所说的，"理性向来就存在，只不过它不是永远以理性的形式出现而已……它到处意味着理性已经实现。但同时它又到处陷入理想的使命和各种现实的前提的矛盾中"①。

历史性。在哲学史上，"历史的观念是在近代建构和发展起来的，近代哲学的历史观念是人类对自身历史创造性的理论自觉，是以探索历史的本质为己任的理论。但是近代的历史观念是思辨的，它先验地构思出适用于一切时代的抽象的历史观念"。然而，"近代哲学家已经认识到了社会历史合规律性和合目的性的本性"②。赫德尔、谢林和黑格尔也发挥了理性与历史相结合的原则，但他们的立足点仍然是先验的理想观念。他们的理性观念确实呈现出某种历史性，但对于他们来说，不是理性观念来自历史并以历史和现实社会的发展为基础，反而社会历史是以理性精神为基础的。马克思的历史观念则是从可经验地观察到的现实人类物质实践出发的。人的历史活动是解决人与自然之间和人与人之间的矛盾的活动，这些矛盾相互交错、相互作用，使人类历史成为有规律的曲折发展过程。马克思指出，"一个人的发展取决于和他直接或间接进行交往的其他一切人的发展；彼此发生了关系的个人的世世代代是相互联系的，后代的肉体的存在是由他们的前代决定的，后代继承着前代积累起来的生产力和交往形式，这就决定了他们这一代的相互关系。总之，我们可以看到，发展不断地进行着，单个人的历史决不能脱离他以前的或同时代的个人的历史，而是由这种历史决定的"③。显然，只有在历史联系中，人才能取得自身的现实存在。正如恩格斯所说，"历史就是我们的一切"。我们不是生就如此，我们是被历史托起来的。我们的存在是如此，我们的理性意识和理论观念也是如此。理性、思想和观念，无论是内容还是形式，都具有历史性。

总之，马克思主义的辩证理性观确立了理性的实践基础和社会历史条件，视理性为一个矛盾运动过程，为人们真正科学地认识理性开辟了道路。由于以

---

① ［德］马克思，恩格斯著：《马克思恩格斯全集 第一卷》，人民出版社，1956年，第417页。

② 陈晏清，王南湜，李淑梅著：《马克思主义哲学高级教程》，南开大学出版社，2001年，第270页。

③ ［德］马克思，恩格斯著：《马克思恩格斯全集 第三卷》，人民出版社，1960年，第515页。

往的理性主义不同程度地具有主观性、抽象性、片面性和形而上学的局限性，所以说，只有马克思主义的辩证理性观才是科学的。我们正大步走在建设有中国特色的社会主义道路上，未来的前景，没有神仙皇帝，我们只有用马克思主义的辩证理性观武装我们的头脑，进行合理地选择并把它付诸实践。

第三节 从古希腊哲学到德国古典哲学观人的理性解放

人是西方哲学的主题。哲学家们不断审视人的生存状况，探求人的生活价值，追究人的生命意义，试图通过认识自己来实现自己，而对人的理性的哲学思考是研究人的最本质的，也是哲学所以成为哲学的问题。在一定意义上说，哲学史就是人类的自我认识的历史。从古希腊德尔斐神庙门前"认识你自己"的铭文到德国古典哲学，可以说留下了一条人类自我探索的轨迹。本书试图从古希腊哲学到德国古典哲学对人的理性的解放做些肤浅的研究。

一、人的理性的发现

古希腊是西方文明的摇篮，西方对人的理性的研究也是从这里迈出了蹒跚的脚步。古希腊哲学对人的思考可以从两个认识方向做历史的考察。

一方面，从赫拉克利特、德谟克利特到伊壁鸠鲁再到卢克莱修，他们从唯物主义自然观出发研究人。古代著名的自然哲学家、辩证法的奠基人之一的赫拉克利特，用火来说明世界。他说："这个世界，对于一切存在物都是一样的。"[1] 他认为，人有思想，有"思想的能力"，所以人能够认识自然及其变化的规律——"逻各斯"。他还说："人人都禀赋着认识自己的能力和思想的能力""我寻找过我自己""认识自己，好好思想，这是属于一切人的"[2]。这是西方最早的关于人的理性的论述。德谟克利特提出原子论和影像说，他认为人和宇宙万物一样都服从自然规律。但是，人毕竟高于动物。"动物只要求为它所必需的东西，反之，人的要求则超过这个"[3]，人有理性，能凭借理解力而把握原子和虚空；而动物只能凭借感觉，是永远也不能达到这种真实的。他认为，人的理性是物体存在和运动的必要条件。总之，可以这么说，原子论哲学是这一方向的代表，他认为人是由原子组成的，对人的理性也做了原子论的解释，试图把人与自然统一起来、统一于自然，这一点，可集中从亚里士多德的哲学总结中找到佐证。

---

① 北京大学哲学系编译：《西方哲学原著选读 上卷》，商务印书馆，1981年，第21页。
② 北京大学哲学系编译：《古希腊罗马哲学》，商务印书馆，1982年，第25页。
③ 北京大学哲学系编译：《古希腊罗马哲学》，商务印书馆，1982年，第116页。

另一方面，与之相对的是以毕达哥拉斯、苏格拉底、柏拉图为代表的从人的精神自我出发研究人的认识方向。毕达哥拉斯第一个提出灵魂不灭、灵魂转世命题。他认为在人身上最有力的部分是灵魂。灵魂是人的本质。苏格拉底提出"心灵的转向"问题，认为哲学探讨的不是自然而是人自身，特别是人的心灵，把追求不变的、确定的真理与研究自我紧密结合在一起。柏拉图继承和发展了苏格拉底的人学思想，也从人的灵魂出发，来考察人的本性，提出了理念论和回忆说。他认为，人的本性是由灵魂决定的，人的灵魂由三部分组成：理性、意志、欲望。理性是灵魂最优秀的部分。"这个给予认识的对象以真理并给予认识的主体以能力的东西就是'善'的理念。它乃是知识和认识中的真理的原因"①。善的理念是一切事物的根源，是一切真正知识的根源，而这种知识又只有通过理性才能达到。这就突出地说明了人的理性的重要作用和地位。

总之，亚里士多德对古希腊哲学做了一个总结，在认识的对象和来源问题上继承和发展了德谟克利特的观点，他对一些问题的解决往往动摇于唯物主义和唯心主义之间，最终又陷入了柏拉图的唯心主义。他提出了"实体说""形式与质料说"，指出人是灵魂和躯体的结合体，并通过灵魂的剖析来说明人的本质。亚里士多德还通过一系列的论证得出一个结论：人是有理性的动物。在此基础上，他对人的思维和理性进行更深层次的研究。他认为理性的作用有两种：一种是"能成为一切"，另一种是"能够制作一切"。由此他提出了两种理性知识，即"理论知识"和"实用知识"。他说："理论知识的目的在于真理，实用知识的目的则在其功用，从事于实用之学的人，总只在当前的问题以及与之相关的事物上寻思，务以致其实用，于事物的究竟他们不予置意。"② 这实际上提出了理性的普遍作用和这种作用的特殊性、具体性。他还进一步探讨了感性和理性的关系，他认为感觉只能认识事物的现象、个别，而不能认识事物的原因、一般，而且，感觉使"事物之呈现于个人，所得表象原不一致，即便呈现于同一人时，前后也不一致，甚至常常会发生相反的现象"③。所以，他认为，靠感觉经验还不能得到科学知识。知识是通过判断表达的，对某一事物的认识就是把这一事物与它的属种联系起来，才能知道它是什么。因此，知识带有普遍性，是共相的知识。亚里士多德对人的理性的学说在古希腊对人的理性研究中发展到顶峰。这是人的理性的发现过程。

---

① 北京大学哲学系编译：《古希腊罗马哲学》，商务印书馆，1982 年，第 181 页。

② ［希腊］亚里士多德著；吴寿彭译：《形而上学》，商务印书馆，1983 年，第 33 页。

③ ［美］保罗·奥斯卡·克利斯特勒著；姚鹏，陶建平译：《意大利文艺复兴时期八个哲学家》，上海译文出版社，1987 年，第 18 页。

二、人的理性的探争

亚里士多德以后，随着奴隶主阶级的没落，西方古代思想文化也走向衰落。欧洲的封建社会"是粗野的原始状态发展而来的。它把古代文明、古代哲学、政治和法律一扫而光，以便一切从头开始。它从没落了的古代世界承受下来的唯一事物就是基督教和一些残破不全而且失掉文明的城市"①。在中世纪，基督教处于"万流归宗"的地位。"中世纪只知道一种意识形态，即宗教与神学"②。其他的意识形态，如哲学、政治、法律等都合并到神学之中，变成了神学的科目，为巩固教会的统治地位服务。基督教哲学以上帝存在的论证为前提和中心，宣扬"天启真理"，理性服从信仰，科学服从神学，并且认为人们只能认识个别的不完善的事物，人们的理性不能达到最普遍的一般，关于世界的本原和最高的理性只能属于上帝，这样，它就把理性与信仰、个别与一般的关系问题突出出来了。在中世纪神学统治下，在认识论上也就在这些问题上进行了长期的探争，为人的理性的复苏做准备。

（一）信仰的权威和理性的权威

经院哲学的前身——教父哲学在信仰与理性的关系问题上有两种不同的观点：一是以德尔图良和奥古斯丁为代表，认为信仰高于理性，理性应当服从信仰；二是以波爱修和伊里吉纳为代表，认为理性高于信仰。德尔图良认为，基督教"对上帝的认识"就是真理，这种真理不可能靠科学和哲学的探讨来取得，只能靠灵魂和"对教会权威"的"信仰"才能得到。他的名言是："正因为荒谬，所以我才相信。"在西方哲学史上，他是反理性的蒙昧主义的代表人物，他树立起信仰的权威，反对理性。教父哲学的圣徒奥古斯丁进一步论证了信仰的权威，提出了信仰高于理性，理性服从信仰的观点，他通过论证了"认识上帝、认识自我"来说明信仰高于理性，理性服从信仰。他认为上帝是精神实体，是无限而永恒不变的超越存在，人们只能通过内心思辨神秘地直观它，人类语言无法表述它，只能心领神会。关于对自我的认识，他认为人可以怀疑一切，唯独不能怀疑自己思维的确定性。他对理性的论述是对柏拉图理性思想的继承和发展。

如果说奥西斯丁的思想是弃世的，消极的蒙昧主义，那么罗马哲学家波爱修转向了现世的、积极的理性主义。他在狱中写了《哲学的慰藉》，在书中通

---

① ［德］马克思，恩格斯著：《马克思恩格斯全集 第七卷》，人民出版社，1959年，第400页。

② 中共中央马克思恩格斯列宁斯大林著作编译局编：《马克思恩格斯全集 第四卷》，人民出版社，1972年，第231页。

过讨论知识、幸福、伦理、权势、天意与自由表示以哲学沉思为莫大的安慰，认识神才能获得真理，但不能无理性思想。由于人有理性才能超乎万物之上，由于人有理性，使得人在理智上类似上帝，提出了人以理性为本质的观点。伊里吉纳在基督教内部明确提出了信仰应该服从理性，理性的权威是更高的权威。因为权威产生于真正的理性，而不是理性产生于权威；理性自身可靠，它以自己的威力为基础，不需要与某种权威妥协来确证自己，而权威则依赖于理性。因此，在理性与信仰之间一旦发生矛盾，就应该采取理性的观点。伊里吉纳是一位崇尚理性的勇敢的思想家。他肯定理性的目的是使理性与信仰一致，认为上帝特别器重人，上帝是一切有形的和无形地被造物，是整个创造出来的大自然，包括人在内没有被造物的本质不在人心里的，目的是要在人心里面创造一切。他以神学的人性论肯定了认识活动是人类的本性活动。这就为他强调遵从理性做了铺垫。

（二）信仰而后理解与理解而后信仰

十一世纪，欧洲封建化最后完成，经院哲学正式形成，基督教哲学内部开始了以安瑟尔谟、阿贝拉尔为代表的"信仰而后理解与理解而后信仰"之争，这是信仰的权威还是理性的权威问题之争的继续和发展，这些争论的结果促使人们更加信仰理性。

安瑟尔谟反对伊里吉纳的理性高于信仰的观点，认为探索真理首先必须以信仰为根据，明确提出了理性服从信仰的原则，断言上帝是把理解交给信仰使唤的。他说："我绝不是理解了才能信仰，而是信仰了才能理解。因为我相信：'除非我信仰了，我决不会理解。'"[1] 他认为基督教徒应由信仰进入理性，当基督教不能理解时更不应该离开信仰。他认为信仰必须理解。信仰成为理解的前提、范围和目的。正因为如此，他提出了经院哲学家的任务就是在坚持信仰教义的前提下，为教义提供"可以理解"的证明。在为教义做理论上的论证过程中，理性的结论是否应当接受，必须以是否与《圣经》相符合即以教权为标准；对于理性不能理解，即不能给予合理论证的教义，就应虔诚地崇敬信仰，求助"天启"。这就把神学认识论的基本内容明确地表达出来。

阿贝拉尔主张理解而后信仰。他表示，读所有的著作都理解，否则所有的研究之道都会被堵塞。他主张对任何一个命题都摆出一个对立的观点，要读者用自己的智慧去解决。他还把怀疑作为理性能力的一种表现，认为有怀疑而后有探索，有探索而后才可求得真理。在求知上，最好的解决办法就是坚持经常的怀疑。这就表明人们更需要理性，更加注重理性知识。

---

① 北京大学哲学系编译：《西方哲学原著选读 上卷》，商务印书馆，1981 年，第 240 页。

（三）一般与个别的关系

经院哲学把这个问题作为哲学的一个中心问题，进行了研究和论争，形成了唯名论和实在论两个对立派别。唯名论者反对实在论的斗争，从经院哲学内部动摇了这种哲学在中世纪的统治地位，以罗瑟林、培根、邓斯·司各脱、奥康等为代表的唯名论者和以阿奎那为代表的实在论者，他们对一般与个别、信仰与理性等问题的探究尽管有局限性和片面性，但它却把人们的目光从神学的天国领回到现实的生活，开始了对人和自然本身的注视，在对人的认识上迎接着一个新的转折——人的理性的复苏。

三、人的理性的复苏

随着封建专制制度的瓦解和资本主义的萌芽，新兴资产阶级在意识形态里发动了一场轰轰烈烈的思想运动——"文艺复兴"运动。文艺复兴时期的哲学主要表现为以人为对象的人本主义哲学思想和以自然为对象的自然哲学思想。这种哲学在其认识论功能上，是与宗教神学相对立的理性的复苏。理性向主体的复归，使人们从沉睡的状态觉醒起来，面向人自身和人赖以生存的自然，进行着大胆的、有着"冒险精神"的探索。文艺复兴运动主要包括人文主义运动、宗教哲学和新科学运动三方面。人的理性的复苏主要体现在人文主义运动和新科学运动中。

（一）人文主义运动

被称为"人文主义之父"的彼特拉克把人作为哲学对象，指出人应当认识自己。人以外的事物"即使所有那些事情都是真实的，它们对幸福生活来说也无关紧要……忽视或蔑视人的本性、人生的目的以及人们的来处和归宿，这对我们有什么益处呢？"[①] 他认为对人的研究，最重要的是研究人的灵魂。因为除了灵魂以外没有任何东西值得赞赏，对伟大的灵魂来说，没有任何东西是伟大的。这实际上是表现出一种对认识活动自身的反思，强调了人的理性的伟大。薄伽丘把人类的平等看作是"根本的道理"，他表示，我们人类是天生平等的，那些按照人的出生门第区分贵贱是世俗的谬见。他认为人生的唯一目的就是追求幸福，人人都有追求幸福的权力。彭波拉齐论述了灵魂是会死灭的。他对灵魂问题的论述强调了理性的独立性，强调了哲学的自主权，使人文主义运动在理性解放和人的自我发现的道路上又前进了一步。法国的人文主义者蒙

---

① ［美］保罗·奥斯卡·克利斯特勒著；姚鹏，陶建平译：《意大利文艺复兴时期八个哲学家》，上海译文出版社，1987 年，第 18 页。

台涅认为真正的知识必须以人对自己的认识为基础。他说："每个人自己创造自己的命运""我研究的就是我自己"。同时认为"没有任何知识具有自我体验那样的困难，无疑也没有那样大的效用"。他的一句名言是"我思考我自己"①。主张人们按着人性的自然要求去生活，去追求正常的享乐。这种享乐是理智和感情的结合。从这可看出，蒙台涅很重视"人要有自己的思想"，实质上是强调了理性的作用。

以彼特拉克、薄伽丘、彭波拉齐、蒙台涅为代表的人文主义者以人为研究对象，从人出发，阐述了人与神、人与自然以及人与人等一系列的关系问题，使人的理性得到复苏。人文主义者用人性反对神性，用人权反对神权，以理性复苏为重要条件，肯定和重视人、人性，他们在各自进行的思想领域和所研究的对象中，要求把人、人性从宗教神学的禁锢中解放出来，使理性还俗于人。他们反对中世纪神学抬高神、贬低人的观点，肯定人的价值，强调人的高贵；反对神学的禁欲主义和来世观念，主张享受人世的欢乐，注重人的现实生活；反对宗教桎梏和封建等级观念，要求人的个性解放和自由平等；反对封建教会和经院哲学的蒙昧主义，推崇人的感性经验的理性思维，主张依靠这种能力认识自然，造福人生。因此，人文主义运动是一次人的自我发现、人的理性的复苏运动。理性与尘世的关系也就更为密切了。

（二）新科学运动

新科学运动的代表人物有哥白尼、布鲁诺等。哥白尼提出的"太阳中心说"摧毁了神学认识论的理论基础，对整个近代自然科学的发展起了巨大的推动作用，开创了科学的新时代。布鲁诺认为"自然事物的这种物质，只有借助于理智才能弄明白"，而且人的理性，"具有无限的能力"②，能够认识无限的宇宙，理性是人的本性，它随着人类的发展而发展，每个人、每代人的理性能力是有限的，但是人类理性的发展则使它成为无限。他从认识过程上区分了感觉、理智和理性等几个阶段，认为感觉是理性的基础，而理性的任务是探索自然界的规律。

自然哲学家们认为，人是自然的产物，人依赖自然而生活，是自然的一部分，人和自然是不可分割的一个整体。他们认为，人生来就具有一种自然的本性，它通过人的个体和个体之间的关系表现出来，从单个人来看，这种自然本性表现为人具有自然的欲望、感情和理性等。他们强调，人是自然物质组成的血肉之躯，是有感情的活的肌体。因此，人必然有各种物质和精神的自然欲

---

① 耿洪江著：《西方认识论史稿》，贵州人民出版社，1992年，第102页。
② 耿洪江著：《西方认识论史稿》，贵州人民出版社，1992年，第115页。

求，具有追求快乐的自然感情。正因为如此，人才成其为人，才有人类社会。所以，人生在世，应该顺应自然而生活，按着自己的本性而生活。但是，人顺应自然而生活，与动物的生活是不相同的。因为人有理性，理性是人区别于动物的最根本的自然本性。人既然运用自己的理性控制和支配自己的欲望和情感，又能运用自己的理性去认识自然，把握自然的发展规律。因此，人虽是自然界的一部分，但人并不是消极被动的存在体，人有主动性和能动性，人不但受自然的支配，而且能支配自然。

总之，文艺复兴时期的人文主义者和自然哲学家们围绕着人的问题，展开了一场激烈的人神之战。他们以人性反对神性，以人权反对神权，把人的价值、人的尊严及人的自由平等提到了突出的位置。文艺复兴使人发现了自我并大胆地探索着自己，使理性从宗教神学权威下得到复苏。理性的复苏使人们在复兴古典文化中进行着创造，形成了新的哲学思想。

四、人的理性的解放

西方近代资产阶级思想家继承了文艺复兴时期的人文主义传统，并回到了古希腊的自然主义和理性主义的思维方式。这时期，他们在重新肯定了理性思维之后，又进入了对理性自身的研究，形成以培根、霍布斯、洛克、贝克莱、休谟为代表的经验论和以笛卡尔、斯宾诺莎、莱布尼茨为代表的唯理论两大派别的论战。以培根、霍布斯、洛克为代表的唯物主义经验论认为，感性经验是客观事物的反映，是一切知识的来源。但是他们却轻视理性认识，只承认感性经验在认识上的可靠性。以贝克莱、休谟为代表的唯心主义经验论把经验看成是纯主观的东西，是人的心灵活动产生的，并把这种主观经验当作认识的唯一对象，从而否定理性认识。以笛卡尔、莱布尼茨为代表的唯心主义唯理论者主张精神是第一性的，贬低感性经验，认为真理性的知识是人的头脑里固有的。以斯宾诺莎为代表的唯物主义唯理论承认理性认识是客观事物的反映，但却主张只有理性才靠得住，而感性经验靠不住，片面夸大了理性的作用，而否认了感性经验的作用。论战的发展迎来了18世纪法国的启蒙运动——西方第二次思想解放运动。法国的启蒙思想家卢梭、爱尔维修、狄德罗、霍尔巴赫等，他们对经验论和唯理论进行了一次综合。他们不承认任何权威，一切都必须在人的理性面前为自己的存在辩护或放弃了自己存在的权利；他们尖锐地批判封建专制制度对人的残暴统治，猛烈抨击天主教会对人性的摧残；他们大力宣传认识自然、发展科学的重要意义，反对信仰主义和蒙昧主义对人的精神束缚；他们高扬自由、平等、博爱、民主、人权的旗帜，使新的时代精神以前所未有的广度和深度向社会各阶层广泛传播，它们后来直接成为法国资产阶级政治大革命的思想武器。最后德国古典哲学对经验论和唯理论又进行一次综合，把对人的理性的解放探索发展到了高峰。

以康德、黑格尔、费尔巴哈为代表的德国古典哲学把欧洲近代哲学对人的理性的探索推向了一个新的发展阶段，形成了近代资产阶级哲学对人的理性的探索的高峰。在法国发生政治革命的同时，康德为了解人的真谛和自然的奥秘，全面地考察和剖析了人的认识能力、实践能力和鉴赏能力，他以自由为核心，以人为目的，建立了一个完整的真善美体系，透彻地解答了究竟什么是人的本质、人的价值和人的尊严。康德认为，人不仅是认识主体，而且是实践主体，人是具有双重性的存在者，人作为感性存在者，属于经验世界，受自己的欲望和自然必然性支配，人只有相对价值，没有自由可言；但人作为有目的的理性存在者，则属于超越了经验世界的本体界，只受理性自身创立的法则支配，因而是自由的，具有绝对的价值和至上的尊严。人的本质就在于自己立法，自己是自己的主人。但他把人的自由本质的实现推到可望而不可即的彼岸世界。

黑格尔赞同康德关于自由是人的本质的看法，指出"人之所以为人的本质是自由"①，但他反对康德把人的自由本质的实现推到彼岸世界的做法，认为它是可以通过人的思维和自身发展来实现的。黑格尔认为，"人的本质是精神"②，而"精神的实体或本质就是自由的"③。因此，人的精神实质就是人的自由本质。人的自由本质的实现，经历了一个从低级到高级的漫长的发展过程。黑格尔在其思辨唯心主义的体系中，强调了人的自由本质，并把它看成是一个不断发展的过程，并以唯心主义的方式猜测到人在本质上不是孤立的抽象个体，而是各种关系的总和。他通过人的自由发展，肯定了人的价值和尊严等。这些合理思想是近代资产阶级理性主义发展的重大成果。但他用自我意识来代替现实的人，把人的发展归结为自我意识的发展。

费尔巴哈在批判黑格尔对人做抽象的思辨的唯心主义基础上，从感性主义出发，对人的本质、地位、作用做了系统的论述。他认为，人不仅是感性存在者，而且还具有理性、意志和爱。这是人区别于动物的特殊本质。他说："人自己意识到的人的本质究竟是什么呢……就是理性、意志和心。一个完善的人，必定具备思维力、意志力和心力。思维力是认识之光，意志力是品性之能量，心力是爱。理性、爱、意志力，这就是完善性，这就是最高的力，这就是作为人的绝对本质，就是人生存的目的。"④ 他还进一步认为，人不仅有自然

① ［德］黑格尔著；王造时译：《历史哲学》，生活·读书·新知三联书店，1956年，第56页。

② ［德］黑格尔著；王造时译：《历史哲学》，生活·读书·新知三联书店，1956年，第83页。

③ ［德］黑格尔著；贺麟译：《小逻辑》，商务印书馆，1980年，第83页。

④ 荣震华，王太庆，刘磊编译：《费尔巴哈哲学著作选读 下卷》，生活·读书·新知三联书店，1962年，第27-28页。

属性和思维属性而且还具有社会属性。他说："只有社会人才是人。"人是人的最高本质，人的本质就是人的"类"，"人是作为类而存在的"。他还认为，由于人有理智、有意识，所以人能够照自己的意识，为自己的利益、尽自己的力量去改变自然界。他指出，"唯有人才以结构和教育在自然上盖上了意识和理智的烙印，唯有人在时间过程中渐渐改变地球为一个合理的适合于人的住所，而且以后还要改变得比现时更合理些、更适合于人些"①。在这里，费尔巴哈充分肯定了人对自然的能动的反作用。总之，费尔巴哈关于人及其本质的思想，强调了人的自然属性和感性特征，触及人的社会性和历史性，使对人的理性的探索发展到了一个高峰。

可以这么说，人、理性、自然及其三者的关系是西方近代学者研究的重要主题。经验论和唯理论两大派别的论战，在肯定自己否定对方的过程中，又相互汲取从而使得对人的理性的探索得以向前发展。但是，由于他们各自的片面性和自身的矛盾，其发展结果使之对理性思维又发生了一次怀疑。他们的矛盾和提出的问题，迎来了对经验论和唯理论的综合，直到德国古典哲学把对人的理性的探索发展到了高峰，实现了人的理性的解放。

综上所述，从古希腊哲学到德国古典哲学，对人的理性的探讨经历了一个漫长的过程，由肯定人类理性思维，走向对理性的怀疑，以致理性服从信仰，又转向理性的复苏，直至人类理性的解放。但是，由于时代的、社会的、阶级的限制，他们对理性探讨的片面性不只是表现抓住理性的这一方面或那一方面，而主要是他们不了解人类认识与人类实践的关系，因而从真正意义上说，人的理性还未得到彻底的解放。人的理性的彻底解放则是在马克思主义诞生之后的事。

第四节 新时代中国特色社会主义新发展理念

党的十九大报告中明确提出，"坚持新发展理念。发展是解决我国一切问题的基础和关键，发展必须是科学发展，必须坚定不移贯彻创新、协调、绿色、开放、共享的新发展理念"②。以习近平同志为核心的党中央高屋建瓴地把握当代中国和世界的发展趋势，顺应社会主义建设实践要求和人民愿望，提出了创新发展、协调发展、绿色发展、开放发展、共享发展五大新发展理念。

---

① 荣震华，王太庆，刘磊编译：《费尔巴哈哲学著作选读 下卷》，生活·读书·新知三联书店，1962年，第848页。

② 习近平：《决胜全面建成小康社会 夺取新时代中国特色社会主义伟大胜利——在中国共产党第十九次全国代表大会上的报告》，http://www. wenming. cn/ldhd/xjp/xjpjh/201712/t20171229_4542804. shtml。

这五大新发展理念反映出中国共产党对我国发展规律的新认识，是一个互相贯通、逻辑严密的理论整体，是对马克思主义发展理念的继承和发展，是马克思主义发展理念的最新成果。只有坚定不移贯彻新发展理念，及时转变发展方式，才能不断提升发展质量和效益，才能引领新时代中国特色社会主义现代化强国建设，从而实现中华民族伟大复兴的中国梦。

一、新发展理念是对发展问题的最新认识成果

新时代中国特色社会主义新发展理念是对人类社会发展特别是中国改革开放实践的经验总结，是对马克思主义发展理论的继承和发展。

首先，新的发展理念是对我国改革开放 30 多年来发展实践经验教训的最新总结。改革开放以来，中国共产党高度重视发展问题，将发展作为解决中国一切问题的关键。邓小平提出了发展是硬道理的著名论断，从社会主义本质要求的高度强调发展的重要性。江泽民强调，发展是党执政兴国的第一要务。新世纪新阶段产生了新的发展观，胡锦涛提出了科学发展观，党的十八大把科学发展观作为党必须长期坚持的指导思想，强调科学发展的第一要义是发展，核心是以人为本，根本要求是全面协调可持续，根本方法是统筹兼顾。实践已经证明，上述发展理念对我国经济社会发展都起到了十分重要的指导作用，我国经济总量和综合国力都有了极大的提高，人民生活得到极大改善。但是由于传统的发展理念长期在我国的经济社会发展中起主导作用，导致当下我国经济社会发展不平衡不充分，"发展质量和效益还不高，创新能力不够强，实体经济水平有待提高，生态环境保护任重道远；民生领域还有不少短板，脱贫攻坚任务艰巨，城乡区域发展和收入分配差距依然较大，群众在就业、教育、医疗、居住、养老等方面面临不少难题；社会文明水平尚需提高；社会矛盾和问题交织叠加，全面依法治国任务依然繁重，国家治理体系和治理能力有待加强；一些改革部署和重大政策措施需要进一步落实"[①]。针对这些问题，以习近平同志为核心的党中央为了保持我国经济社会发展的良好态势，解决发展中的深层次矛盾和问题，顺应中国特色社会主义现代化建设的实践要求以及广大人民群众对美好生活的需要，提出了创新发展、协调发展、绿色发展、开放发展、共享发展五大新发展理念。

其次，新发展理念是对马克思主义发展思想的继承和发展。新发展理念既坚持了马克思主义关于发展的思想，又赋予其鲜明的中国特色和时代气息，深

---

① 习近平：《决胜全面建成小康社会 夺取新时代中国特色社会主义伟大胜利——在中国共产党第十九次全国代表大会上的报告》，http://www. wenming. cn/ldhd/xjp/xjpjh/201712/t20171229_4542804. shtml。

化了对发展规律的认识，是中国共产党对发展问题认识的最新成果。

创新发展继承和发展了马克思主义关于社会基本矛盾是社会发展根本动力的思想。马克思主义认为，社会基本矛盾是社会发展的根本动力，其中，生产力是社会基本矛盾运动中最基本的动力因素，是人类社会发展和进步的最终决定力量。邓小平进一步强调指出，"科学技术是第一生产力"①。习近平总书记紧紧把握当代生产力发展的特点提出了创新发展，创新发展要求对滞后的生产力发展方式、生产关系实现方式、经济社会发展思维方式等进行变革，是社会基本矛盾运动规律在中国特色社会主义发展新阶段中的运用。

协调发展是对马克思主义社会"历史合力"理论的继承和发展。恩格斯认为社会发展的动力是"历史合力""这样就有无数互相交错的力量，有无数个力的平行四边形，由此就产生出一个合力，即历史结果，而这个结果又可以看作一个作为整体的、不自觉地和不自主地起作用的力量的产物"②。习近平总书记结合当代中国发展不平衡、不充分、不全面的问题强调协调发展，目的是促进城乡之间、地区之间、产业之间的平衡发展；要求协调"五位一体"整体布局与充分发展，充分发挥社会有机体的整体合力，促进新时代中国特色社会主义全面协调可持续发展。

绿色发展理念主要继承和发展了马克思主义的发展要遵从自然界和人类社会的规律认识。马克思主义认为人与社会是自然界的一部分，人是既依赖于自然，又具有主观能动性的社会存在物。人在不断的实践活动中形成了与自然的双向互动关系，"环境的改变和人的活动的或自我改变的一致，只能被看作是并合理地理解为变革的实践"③。马克思主义认为，自然地理环境是人类社会生存和发展的永恒的、必要的条件，是人们生活和生产的自然基础。习近平总书记进一步针对生态环境问题和资源能源问题提出绿色发展。绿色发展使人类之美与自然之美相得益彰，是人类生命与自然地理环境运动变化的完美合拍，是实现代内公平与代际公平统一的内在要求，是推进生态现代化的必由之路。

开放发展理念是对马克思"世界历史"思想的继承和发展。马克思对世界历史的研究，是从生产力和生产关系的矛盾运动入手，分析历史的发展变化，进而揭示了人类社会发展演进的一般规律，阐述了人类社会发展的历史就是不断地由民族历史变成世界历史的过程。恩格斯指出，"当我们通过思维来考察自然界或人类历史或我们自己的精神活动的时候，首先呈现在我们眼前的是一

---

① 邓小平著：《邓小平文选 第三卷》，人民出版社，1993年，第274页。

② 中共中央马克思恩格斯列宁斯大林著作编译局编：《马克思恩格斯选集 第一卷》，人民出版社，1995年，第697页。

③ 中共中央马克思恩格斯列宁斯大林著作编译局编译：《马克思恩格斯文集 第一卷》，人民出版社，2009年，第504页。

幅由种种联系和相互作用无穷无尽地交织起来的画面"①。马克思世界历史理论有助于我们正确认识全球化进程。全球化进程实际上就是在生产力发展和科学技术不断进步的前提下，世界各国在经济、政治、文化、社会和生态等各方面联系日益紧密的国际化过程，人类越来越成为命运相连的共同体。开放发展理念是马克思主义世界历史发展思想的当代运用与发展，是新时代中国特色社会主义发展的必然要求和必然趋势。开放发展理念，为打破民族、地区交往藩篱，促进各民族、地区经济文化交往与发展，构建人类命运共同体，提供了符合历史发展规律和各民族共同利益的指针。

共享发展理念是对马克思主义崇高社会理想的继承和发展。马克思主义的崇高社会理想是实现物质财富极大丰富、人民精神境界极大提高、每个人自由而全面发展的共产主义社会。这是建立在马克思、恩格斯对人类社会历史发展规律特别是资本主义社会基本矛盾运动规律科学分析的基础之上的，马克思、恩格斯认为，在共产主义社会，"人以一种全面的方式，也就是说，作为一个完整的人，占有自己的全面的本质"②。在这里，马克思、恩格斯表明人的"全面的本质"是指人的物质性、精神性、社会性等，人的自由全面发展即人的自然属性、社会属性、精神属性的全面发展③。社会主义的本质要求实现全面共享发展。不仅要共享物质文明成果，而且要共享政治文明、精神文明、社会文明和生态文明建设的成果。

二、新发展理念是一个内涵丰富、互相贯通、逻辑严密的整体

新时代中国特色社会主义的新发展理念阐述了什么是发展、怎样发展、为什么要发展这些根本性问题。创新、协调、绿色、开放、共享的新发展理念，是在新的历史起点上以习近平同志为核心的党中央关于发展问题的最新理论成果。

第一，"创新"是发展的动力，在发展中处于核心位置，是发展的第一动力。创新是一个民族的灵魂，是一个国家兴旺发达的不竭动力，一个没有创新能力的民族难以屹立于世界民族之林。明者因时而变，知者随事而制。唯创新者进，唯创新者强，唯创新者胜。我们要"实施创新驱动发展战略，最根本的

---

① 中共中央马克思恩格斯列宁斯大林著作编译局编译：《马克思恩格斯选集 第三卷》，人民出版社，2012年，第395页。

② 中共中央马克思恩格斯列宁斯大林著作编译局译：《马克思恩格斯全集 第四十二卷》，人民出版社，1979年，第123页。

③ 王丽娟：《新发展理念的思想溯源》，《探索》，2017年第5期，第96-100页。

是要增强自主创新能力""面向未来，增强自主创新能力，最重要的就是要坚定不移走中国特色自主创新道路，坚持自主创新、重点跨越、支撑发展、引领未来的方针，加快创新型国家建设步伐"①。因此，十九大报告把创新放在五大新发展理念之首，强调坚持创新发展，这表明我们党对发展动力问题有了更加清醒的认识，也为新时代中国特色社会主义现代化建设找到了稳定发展的动力源。

第二，"协调"是发展的根本方法，是推动发展变革的关键手段，也是发展水平提高的根本标志。统筹兼顾、协调发展是经济社会发展的根本方法。主要包括协调经济、政治、文化、社会、生态发展的总体布局；协调城市和农村、沿海与内地、东部和西部发展进程；全面协调一、二、三产业的发展比重。尽管在不同时期和发展阶段上各种发展有重点和非重点之别，但是无论哪种类型发展的各部分之间必须保持合理的比例关系，各个部分之间要相互配合、协同发展，整体推进，这样整个经济社会才能可持续发展。因此，十九大报告着重指出，要坚持协调发展，要正确处理发展中的重大关系，这样才能提高新阶段我国经济社会发展的水平。

第三，"绿色"是发展的价值取向，绿色发展理念以人与自然和谐为价值取向，以绿色低碳循环为主要原则，以生态文明建设为基本抓手。"绿色发展理念承认生态环境容量和资源承载力的有限性，强调经济发展要与社会、资源、环境相互协调，经济活动过程和结果要'绿色化''生态化'，这是对传统发展理念的一种批判性超越，是一种经济社会发展的新模式"②。党的十九大报告明确把绿色作为发展理念，强调环境就是民生，青山就是美丽，蓝天就是幸福，"必须树立和践行绿水青山就是金山银山的理念，坚持节约资源和保护环境的基本国策，像对待生命一样对待生态环境"③，坚持绿色富国惠民，不断为人民提供更多优质生态产品，推动形成绿色发展方式和生活方式，协同推进人民富裕、国家富强、中国美丽。

第四，"开放"是发展的重要途径，是拓展发展空间，繁荣发展的必由之路。众所周知，开放不仅是发展的重要途径，而且也是我国的一项基本国策。在经济全球化浪潮中，世界各国经济发展深度融合，整个世界成为一个普遍联系的地球村，中国的发展离不开世界，世界的发展也离不开中国。党的十八届

---

① 习近平著：《习近平谈治国理政》，外文出版社，2015年，第121页。

② 何毅亭著：《以习近平同志为核心的党中央治国理政新理念新思想新战略》，人民出版社，2017年，第31页。

③ 习近平：《决胜全面建成小康社会 夺取新时代中国特色社会主义伟大胜利——在中国共产党第十九次全国代表大会上的报告》，http://www.wenming.cn/ldhd/xjp/xjpjh/201712/t20171229_4542804.shtml。

五中全会提出，坚持开放发展，必须顺应我国经济深度融入世界经济的趋势，奉行互利共赢的开放战略，发展更高层次的开放型经济，积极参与全球经济治理和公共产品供给，不断提高我国在全球经济治理中的制度性话语权，构建广泛的利益共同体。党的十九大报告也继续强调开放发展的新理念，对于未来中国经济发展和中国在世界上影响力的扩大必将产生不可估量的作用。

第五，"共享"是发展的根本目的，是坚持其他四种发展观念的出发点和落脚点。"共享就是人人参与，在发展中人人尽力，发展的成果人人享有。"①习近平总书记在多个场合强调，人民对美好生活的向往，就是我们的奋斗目标，这是对共享发展理念的精辟论述。党的十八届五中全会也提出，坚持共享发展，必须坚持以人民为中心，发展为了人民、发展依靠人民、发展成果由人民共享，做出更有效的制度安排，使全体人民在共建共享发展中有更多获得感，不断增强发展动力，增进人民团结，朝着共同富裕方向稳步前进。党的十九大报告继续强调坚持共享发展，并指出共享是以人民为中心的社会主义本质要求，是我们党坚持全心全意为人民服务根本宗旨的重要体现，它明确了发展的根本目的，也充分激发了群众积极参与发展的热情。

总之，在新发展理念中，创新是发展的动力，目的是要破解我国社会主要矛盾，激活发展中的新动能；协调是发展的根本方法，目的是统筹兼顾，解决发展中的不平衡问题；绿色是发展的价值取向，目的是人与自然和谐发展，解决社会存在中的环境问题；开放是发展的重要途径，目的是扩大发展空间，解决好全球化条件下如何实现合作共赢的问题；共享是发展的目的，目标是解决社会公平正义问题，促进人的自由全面发展。

三、用新发展理念引领新时代中国特色社会主义现代化强国建设

"发展理念是发展行动的先导，是管全局、管根本、管方向、管长远的东西，是发展的思路、发展方向、发展着力点的集中体现。发展理念搞对了，目标任务就好定了，政策举措也就跟着好定了"②。党的十九大报告中明确指出，要在全面建成小康社会的基础上，分两步走，在 21 世纪中叶建成富强民主文明和谐美丽的社会主义现代化强国，这就是新时代坚持和发展中国特色社会主义的总目标、总任务。要完成这一总目标、总任务，就必须牢固树立创新、协

---

① 何毅亭著：《以习近平同志为核心的党中央治国理政新理念新思想新战略》，人民出版社，2017年，第31页。

② 何毅亭著：《以习近平同志为核心的党中央治国理政新理念新思想新战略》，人民出版社，2017年，第32页。

调、绿色、开放、共享的新发展理念，并用新发展理念引领新时代中国特色社会主义现代化强国建设。

第一，树立创新发展理念，建设创新型国家。创新发展着重解决新时代中国特色社会主义建设的发展动力问题。改革开放30多年来，虽然大力实施创新驱动发展战略，创新型国家建设成果丰硕，但是，我国现阶段创新能力依然不强，科技发展水平不高，科技对我国经济社会发展的支撑能力不足，要建设创新型国家必须做到以下几点：首先，必须"把创新摆在国家发展全局的核心位置"，这是因为"创新是引领发展的第一动力"①，让创新贯穿国家的一切工作之中，不断推进理论创新、制度创新、科技创新、文化创新等各方面。其次，明确创新是一个系统工程，必须运用系统思维和辩证思维处理好创新中的各种关系，坚持创新发展，既要坚持全面的观点和系统的观点，又要学会抓关键，要以重要领域和关键环节的突破带动全局。再次，在建设中国特色社会主义的伟大实践中不断提高创新能力和创新水平。习近平指出："国际经济竞争甚至综合国力竞争，说到底就是创新能力的竞争。谁能在创新上下先手棋，谁就能掌握主动……我们要大力实施创新驱动发展战略，加快完善创新机制，全方位推进科技创新、企业创新、产品创新、市场创新、品牌创新，加快科技成果向现实生产力转化，推动科技和经济紧密结合。"② 这就要求我们，不断优化资源配置，加快形成有利于创新发展的市场环境、产权制度、投融资体制、分配制度、人才培养引进使用机制，为创新发展创造良好的条件，突出"高精尖缺"导向，创新人才培养和引进机制，聚天下英才而用之，最终实现建设创新型国家的宏伟目标。

第二，树立协调发展理念，推动社会全面进步。改革开放30多年以来，区域发展协调性显著增强，"一带一路"建设、京津冀协同发展、长江经济带发展成效显著。但是由于当下我国社会主要矛盾已经转化为人民日益增长的美好生活需要和不平衡不充分的发展之间的矛盾，我国社会主要矛盾的这种变化是关系全局的历史性变化，对党和国家工作提出了许多新要求。首先，必须牢固树立协调发展意识，着力解决好社会发展不平衡不充分问题。党的十九大报告中明确指出了要用协调发展理念引领我国经济社会统筹发展，"坚持和完善我国社会主义基本经济制度和分配制度，毫不动摇巩固和发展公有制经济，毫不动摇鼓励、支持、引导非公有制经济发展，使市场在资源配置中起决定性作

---

① 中共中央文献研究室编：《习近平关于社会主义经济建设论述摘编》，中央文献出版社，2017年，第22页。

② 中共中央文献研究室编：《习近平关于社会主义经济建设论述摘编》，中央文献出版社，2017年，第125页。

用，更好发挥政府作用，推动新型工业化、信息化、城镇化、农业现代化同步发展"①。这实际上表明，要实现全面协调发展，涉及社会发展的各个领域、各个方面、各个环节，必须从社会主义现代化建设全局的高度，全面协调经济、政治、文化、社会和生态建设的总体布局、统筹改革发展稳定、内政外交国防、治党治国治军各方面工作，统筹城乡发展、区域发展、经济社会发展、人与自然和谐发展、国内发展和对外开放，统筹各方面利益关系，充分调动各方面积极性，形成全要素、多领域、高效益的深度融合发展格局。其次，必须明确强调协调发展不是搞平均主义，而是更加注重发展机会的公平、更加注重资源配置的均衡，协调发展是发展平衡和不平衡的统一，由平衡到不平衡再到新的平衡是事物发展的基本规律。掌握协调发展中的辩证法更好更快地推动社会全面发展。

第三，树立绿色发展理念，建设美丽国家。改革开放 30 多年来，虽然我国的生态文明建设成效显著，但美丽中国建设的任务依然任重而道远。生态文明建设是中华民族永续发展的千年大计，美丽是中国特色社会主义进入新时代的最鲜明特点。首先，明确绿色发展既是一种价值理念，更是一种行为准则。协同推进天蓝、地绿、水清的美丽中国建设。坚持绿色发展的生活方式就是坚定走生产发展、生活富裕、生态良好的文明发展道路，加快建设资源节约型、环境友好型社会，推进美丽中国建设，为全球生态安全作出新的贡献。其次，要大力推进人们思维方式的绿化、生态意识的觉醒和生态文明教育工作，让生态文明之花开遍神州大地，开遍整个世界；再次，建立环境保护法规、形成和完善相应的环境保护体制机制，形成政府、企业、公众共治的环境治理体系，从而获取丰富的生态文明制度成果。让中华大地天更蓝、山更绿、水更清、环境更优美，昂首阔步走向生态文明新时代。

第四，树立开放发展理念，全力推进开放型国家建设。改革开放 30 多年来，开放型国家建设成就显著，我国国际影响力、感召力、塑造力进一步提高，为世界和平与发展做出了新的重大贡献。但是我们现在搞开放发展面临的矛盾、风险、挑战不容忽视，为了全面推进开放型国家建设必须做到以下几点：首先，坚持互利共赢的开放战略，不断完善对外开放战略布局，推进国内国际要素资源有序流动、资源高效配置、市场深度融合。其次，要建立健全的对外开放新体制机制，进一步完善法治化、国际化、便利化的市场环境，建立健全符合国际贸易规则并有利于合作共赢的体制机制。再次，坚持矛盾的普遍

① 习近平：《决胜全面建成小康社会 夺取新时代中国特色社会主义伟大胜利——在中国共产党第十九次全国代表大会上的报告》，http://www.wenming.cn/ldhd/xjp/xjpjh/201712/t20171229_4542804.shtml。

性与特殊性辩证关系的原理，通过"一带一路"倡议等行之有效的开放方式，带动全方位推进开放型国家建设，最终推动构建人类命运共同体建设。

第五，树立共享发展理念，实现人的全面发展。改革开放30多年来，我国经济社会发展取得了巨大成就，人民的总体生活水平得到了极大提高。毋庸讳言，我国财富的分配格局尚存在一些不合理之处，反映在城乡之间、不同地域、不同行业之间的收入差距仍然较大。因此，唯有树立共享发展理念，坚持做到全民共享、全面共享、共建共享、渐进共享，不仅要把"蛋糕"做大，而且要把"蛋糕"分配合理、恰到好处，才能使发展成果更多更公平惠及全体人民，才能最终实现人的全面发展。所以树立共享发展理念要求我们，一要实现全民共享，要坚决打赢农村贫困人口脱贫攻坚战，把不断做大的"蛋糕"分好，让社会主义制度的优越性得到更充分体现，让人民群众有更多获得感；二要坚持全面共享，即共享国家经济、政治、文化、社会、生态五大建设的文明成果，全面充分地保障人民在各方面的合法权益；三要坚持共建共享，其实共建的过程也是共享的过程。"要充分发扬民主，广泛汇聚民智，最大激发民力，形成人人参与、人人尽力、人人都有成就感的生动局面"[①]；四要渐进共享，即要做到量力而行，适可而止。正确处理好眼前和长远的关系，既尽力解决当前必须解决和能够解决的民生问题，又充分考虑各方面的条件和可承受能力，不断增强人民群众的获得感。

总之，要不断通过实现公平正义、共同富裕的共享发展，实现人的全面自由发展价值追求的长远发展，最终落实新的发展理念。创新、协调、绿色、开放、共享的新发展理念，切中了我国社会发展中的突出矛盾和问题，精辟阐明了习近平新时代中国特色社会主义的发展动力、发展方法、发展价值、发展空间和发展目的，深刻揭示了实现更具活力、更加平衡、更加和谐、更加多元、更加公平的国家的必由之路，用新发展理念引领，新时代中国特色社会主义现代化强国的目标就一定能够实现。

第五节　对实践的另一种解读——奥克肖特的实践观

奥克肖特以理性主义政治批判奠定了其在世界政治哲学界的地位。在对理性主义政治进行批判时，奥克肖特认为，首先要做的就是把理性从形而上学和科学的独断论中解放出来，使理性回归人的实践生活，关注人的生存状态，从人类历史传统中寻找暗示。奥克肖特是以实践作为其批判理性主义政治的逻辑

---

① 中共中央文献研究室编：《习近平关于社会主义经济建设论述摘编》，中央文献出版社，2017年，第42页。

起点的，并且将其贯穿于政治哲学的始终。因此，探讨奥克肖特的实践观，对于研究奥克肖特的政治哲学，全面了解和把握这个另类的著名政治哲学家具有十分重要的意义。

一、实践的内涵

在奥克肖特看来，实践是对实然的改造，以便使实然与应然相符。首先，"实践"必须有一个"实然"世界。所谓"实然"（be）世界就是指"当下"的世界，即当下所是的世界。实践事实世界，即"现在是什么"的世界。实践事实世界具有"当下性"的特征。对于实践事实世界来说，只有今天才是作为实践事实世界的对象，昨天和明天都不是实践事实世界的对象。因为，过去的事实是已经完成了的事实，已经成为历史而不再是事实，而未来是尚未展开的，只表示一种可能性而并不意味着是一种事实，对于当下来说，未来是根本不存在的。因此，我们现在的任务则是更为准确地确定"实践的存在"，"行动中所假定的这个观念世界所具有的特征和内容"①。所谓"应然"（should be）是指"实践判断中的'将要是'（to be）远不仅仅是'尚未是'（not yet）；它总被看作是有价值的东西或应然的东西"②。因而，应然是与价值评价相联系的。没有价值评价就不存在实践判断，就不存在行动。实践是对实然世界的改变，是把实然世界改变得与一种"应然"的观念相一致。

可见，实践活动假定了一个实践事实世界，即假定了一个需要加以改变的存在物。在奥克肖特看来，只有今天才是一种实践事实的东西，昨天和明天都不可能是实践事实的东西，所以，这个存在物就是当下世界。但是实践事实除了当下性的特点之外，它还必须存在于当下的事物之中。因此，实践世界是一个不稳定的世界，而科学世界和历史世界却是一个假定的稳定不变的事实世界。奥克肖特认为，实践活动所假定的世界不仅容许被改变，而且具有易变性和不稳定性。如果实践活动不具有这些特点，那么实践活动也就不会存在了。对于实践而言，人类不能加以改变的事物就不能成为实践的事实。在科学经验和历史经验中，如果某一事物的真实性被剥夺了，就可以宣称它不再是一件事实；在实践经验中，一件昨天的事实可能会失去在今天"实然"世界中的位置，但它并没有失去自己的真实性，昨天的事实仍然是事实或历史的事实，只是已经不再是实践的事实了。"科学假定了一个稳定的、不变的数量化的事实世界；历史学假定了一个不变的过去的事实世界；实践假定了一个易变的、短

---

① ［英］迈克尔·奥克肖特著；吴玉军译：《经验及其模式》，文津出版社，2005年，第252页。
② ［英］迈克尔·奥克肖特著；吴玉军译：《经验及其模式》，文津出版社，2005年，第263页。

暂的事实世界"①。

同时，应然世界是一个假定的价值世界。因为每一个实践的目的就是要对现状做出某种情况的改变以使之与假定的价值世界相符，或者说，把既有的"现实"改变成符合我们主观的价值要求或信念的世界，这种价值要求或信念就是要实现的目标。这说明了实践暗示着许多未曾实现的理念，从"现实"走向"应该的现实"，期待缩短现在和理想的距离。因此，一方面，实践经验与其他经验模式的特征相同，它要求内部的连贯一致性，要改变既有世界的意义，在改变的过程中发生各种各样的冲突是不可避免的，而解决冲突的原则是，使既有世界能更加连贯一致，达到更系统化、更有意义的境界；另一方面，它与其他模式的不同之处在于，它同时要求外在目标的达成。

总之，实践并不仅仅是对"当下"的改变，它是将"当下"改变得与一个价值观念相符合。实践就是对一个给定的世界的改变，以便使其与另一个给定的应然观念世界相一致。"实践活动本身是对'当下'世界和'价值'世界所做的调和。它并不是对作为世界的'当下'世界和'价值'世界所进行的调和，而是根据价值世界而对实践存在世界所进行的改变"②。实践是对实然的改造，以使之与应然相符。实践最终是对自由的追求，是自由的载体，是意志力的一种表现。

二、实践的手段

作为一个自由的保守主义者，在奥克肖特看来，传统是人类社会中最珍贵的东西，是人类社会世世代代积累起来的宝贵经验，更是人类社会进一步发展的基础和依靠，人类社会未来发展的方向都蕴含在传统之中。因此，在实践手段上，奥克肖特主张据守传统，要求人类运用自己的慧眼去探寻和发现传统中的暗示，并根据这些暗示对当下世界进行一些渐进式的改良，以便更好地适应当下社会的发展。但他反对那种对当下世界进行急风暴雨式的革命，进行所谓的"彻底的革命"。

1. 注重传统

《政治中的理性主义》一文的核心概念是"传统"，奥克肖特对理性主义政治进行批判是诉诸传统的。一般来说，所谓传统就是指"代代相传的东西，它可以是器物，也可以是人的行为方式、习俗礼仪乃至思想。传统是千百年来人们的理性、智慧和经验的积累。在这种意义上，传统往往是人类不为后代所知

---

① ［英］迈克尔·奥克肖特著；吴玉军译：《经验及其模式》，文津出版社，2005年，第253页。
② ［英］迈克尔·奥克肖特著；吴玉军译：《经验及其模式》，文津出版社，2005年，第295页。

的'秘密储蓄'，是自然留给人类的'神圣的家当'"①。但在奥克肖特看来，"传统"并不意味着僵化和拒绝任何变化，相反，传统是变动的。奥克肖特曾对传统做过这样的论述：传统"既不是固定的，也不是完成了的。它没有一个不变的核心部分能让我们通过它了解它的全貌；它没有任何主要目标或不变的方向；它没有任何模板可以供我们模仿，也没有任何理念让我们来深入地研究，甚至于也没有明确的规则让我们来遵循"②。奥克肖特之所以尊重传统，是因为传统和习俗一样为人们所熟悉，能够给人们提供一种归属感和安全感；相反，变迁却是人们所不熟悉的，是陌生的，它给人们带来的是不确定性和不安全感。因此，传统不仅仅是经受时间检验的社会制度，而且是为人们所熟悉并能产生安全感的人的行为方式、习俗礼仪、思想和社会实践等。

在奥克肖特看来，传统从表面上看，似乎是稳定的，但实际上并不是固定不变的，它的变化是不可避免的。它有些部分变化快，有些部分变化慢，但没有一处是不变化的，所有部分都只是暂时的。传统变化的主要原则不是"间断性"和"剧变性"的，而是"连续性"和"渐进性"的。传统所具有的权威包含在过去、现在和未来之中，分散于过去的、现有的和即将产生的事物之中。虽然传统持续不断地在变化，但它稳中有变，是保持质的前提下的量变。因为它并没有发生质变，即整体发生变化，所以它看起来是稳定的，其实从未完全静止过。曾经隶属于传统的事物并不会完全消逝，长期被保留下来而没有被修改过的事物是根本不会存在的。每一样事物都是暂时的，没有一样事物是绝对不变的。从传统中学习并不是意味着只学习抽象的观念、掌握一套习俗礼仪和惯例而已，而是要从复杂纷乱的具体经验事物中学到具体连续的生活方式。

为更好地理解传统，奥克肖特把知识分为两类：技术知识和实践知识。他认为这两种知识最大的不同就是，实践知识是应用的知识，它不能被概括为公式化的规则，换言之，所谓实践知识就是传统知识。因为实践知识通常表现为习惯或做事的传统方式，显得不准确和不确定，实践知识是靠传授和养成两种途径获得的。假如没有传统和习俗的帮助，人们就无法抽象地创建社会秩序，也无法规范个人的生活。因此，奥克肖特认为来自传统的知识比来自理性的知识可靠得多，如果只靠理性不足以发现客观真理，并把它们转化成社会制度和社会方式。他还进一步认为，社会秩序的基础是传统与习俗，是经验的积累，而不是所谓的理性。仅靠理性是不可能为人们的日常行为提供正确指导的。人们只有养成尊重传统与习俗的习惯，才能养成一种文明的社会生活方式并以此来约束和规范自己的社会行为。

---

① 刘军宁著：《保守主义》，中国社会科学出版社，1998年，第185页。

② Michael Oakeshott, On Human Conduc, Oxford：Clarendon Press, 1975, 110.

讲到传统就必然会联想到"熟悉"这个概念。"熟悉"和传统一样是保守主义的一个核心概念。熟悉是使用工具的本质特征，只要人类是使用工具的动物，那么人类就会具有趋向保守的习性。对奥克肖特来说，使用工具就意味着必须依靠所谓"使用技术"，而这就一定包含着传统知识和实践知识，也就是熟悉性。比如一个工匠能熟练地使用他自己的工具，而对别的工匠的工具也许感到非常陌生，怎么用也不顺手，其主要原因就是不熟悉。正所谓"庖丁解牛，游刃有余，何也？唯手熟耳"。这就导致了作为政治中的保守主义在熟悉中追求暗示，在传统中追求暗示，而不希望革新。简言之，理性主义政治和保守主义的区别就是一个"追求革新"，另一个"追求暗示"。要批判理性主义政治就必须坚持在传统中追求暗示的方法。

2. 反对革命，主张渐进式改良

保守主义常给人留下因循守旧、墨守成规和抱残守缺的不良印象，事实上，奥克肖特并不反对一切的社会改良，他反对的只是激进主义式的全盘革命。因为在他看来，人类的知识总是十分有限的、不完整的，人的理性是有限的，靠理性来解决问题的能力也总是有限的，这也就是说人类无法预料人为变革的实际后果，因此需要对那种前无古人、后无来者的大事业格外当心。奥克肖特主张在尊重秩序与传统的前提下，推行渐进性的变革，以达到自由与传统的结合。奥克肖特坚持认为，自由的秩序不可能从急风暴雨式的革命运动中产生，而只能从旧社会、旧制度的内部生长出来，并且这样的生长过程只能是一种渐进的过程。奥克肖特对待变革的态度是，在传统与现实中适应，在审慎与渐进中进行创新。因为他认为，保守的特征就是"宁要熟悉的东西不要未知的东西，宁要试过的东西不要未试的东西，宁要事实不要神秘，宁要实际的东西不要可能的东西，宁要有限的东西不要无限的东西，宁要切近的东西不要遥远的东西，宁要充足不要过剩，宁要方便不要完美，宁要现在的欢笑不要乌托邦的极乐。宁要熟悉的关系与忠诚，不要更有利的依附的诱惑；保持、培养和享受比得到与扩大更重要；失去的悲痛比新奇或允诺的刺激更剧烈"[1]。总之，在奥克肖特看来，在日常生活中人们总是偏爱熟悉的东西甚于陌生的东西，在政治活动中人们也同样是喜欢熟悉而不会喜欢创新，在政府提供的行为规则中，"熟悉是至关重要的美德"[2]。因此，作为保守主义的奥克肖特对变革总是采取一种十分务实的、慎重的态度，如果说变革是不可避免并且可以审慎推行

---

　　① ［英］迈克尔·欧克肖特著；张汝伦译：《政治中的理性主义》，上海译文出版社，2003年，第127页。

　　② ［英］迈克尔·欧克肖特著；张汝伦译：《政治中的理性主义》，上海译文出版社，2003年，第147页。

的话，那么奥克肖特也会毫无疑义的认可变革。但奥克肖特最多只能算是一个勉强的革新者，他之所以接受变革，并不是出于喜好，而是因为变革无法避免。即使他接受变革，也是宁小勿大，宁慢勿快。也就是说，保守主义的奥克肖特并不一味地反对变革，他所反对的只是全盘的、激进的、以消灭传统为目的的变革，而对渐进式的变革则表示赞同。

奥克肖特的这种渐进式变革观点和他对社会制度的看法有关。他把制度和规则看成是人们从事政治实践的工具。政治活动本身就是一种实践活动，政治制度和政治规则就成了人们获取自由的工具。如前所述，他认为，人们在对待、使用工具上一般都是保守主义者，这是因为工具总是和人们使用它的技巧相关，而技巧又和人们对工具的熟悉程度紧密相关。一位水手、一个工匠、一名会计和一位厨师都是熟悉某种工具的人，对于他们来说，使用自己所习惯的工具比使用他人的同类工具显然更为得心应手。因此，人们往往喜欢使用自己熟悉的工具做事，这样有利于提高效率。相反，如果人们在做事之前总是追问工具的合理性，那么事情往往是做不成功的。因此，在现实生活中没有人会在买1千克肉之前，反复讨论特殊的度量衡，也不会有医生在做手术之前去想着如何改进手中的工具。现实生活中的一般工具是如此，而对于各种政治制度和政治规则来说就更是如此了。所以，奥克肖特再三强调，从事政治活动的人所使用的工具是各种政治制度和政治规则，每一个从事政治的人应该很熟悉自己的政治工具，否则政治活动就无法进行。

三、实践的目的

作为保守主义者的奥克肖特的实践目的是保守自由的传统。从历史的视角来看，英国近代的自由传统可追溯到13世纪，而英国的保守主义形成于17世纪。从时间上看，自由的传统确立在先，保守的思想形成在后。可见，保守主义保守的传统实质上就是自由的传统。在一个自由传统根深蒂固的社会中，一个真正的保守主义者只能是该社会的自由传统的保守主义者、一个对自由有着坚定信念的保守者。因此，没有自由的传统根本不可能成为保守主义的保守对象。所以，英国的保守主义一开始就是保守自由传统的保守主义，如柏克一开始就是而且始终是自由的保守主义者，他信奉自由与代议制政府。作为保守主义政治哲学家的奥克肖特保守的也正是自由的传统。在《政治中的理性主义》中的"论保守"一文中，他试图把保守主义和自由主义两种哲学协调起来。在他看来，保守主义和自由主义有一个共同的基础，这就是自由的传统。不保守这种传统就不是严格意义上的保守主义。离开了自由及其传统，保守主义也就没有了立足之地。追求自由的事业应该是每一个历史时期、每一个国家进行实践的目的。人类在认识和追求自由的过程中所积累的信念、发现、经验乃至教训都构成了人类自由的传统。正是在此意义上，奥克肖特把追求自由作为人的存在和发展的目的。但是在奥克肖特看来，理性主义政治是一种强制性的政治，理性主义政治是一种事业社团，这种事业社团是一个强制性的并且有着某种目的性的社团，它是无法保障个人自由的，或者说是与个人自由相对立的。因此，奥克肖特在对人类行为进行分析的基础上提出，只有建立公民社团才能确保个人自由。

当代英国自由主义政治哲学家以赛亚·伯林把自由分为消极的自由和积极的自由。在伯林看来，"'消极自由'，它回答这个问题：'主体（一个人或人的群体）被允许或必须被允许不受别人干涉做他有能力做的事、成为他愿意成为的人的那个领域是什么？'第二种含义我将称作'积极自由'，它回答这个问题：'什么东西或什么人，是决定某人做这个、成为这样而不是做那个、成为那样的那种控制或干涉的根源？'"① 这实际上是说，伯林的消极自由就是指主体不受外部条件干涉的自由，而积极的自由就是指主体通过什么手段得到保障的自由。奥克肖特赞同伯林的观点，认为人类社会中的自由首先表现为消极的自由。但奥克肖特更倾向于接受保守主义所主张的第三种自由——"有序的自由"。"这种自由接受消极的自由，但又与之有所不同。这种有序的自由等于消极的自由加上自我约束的美德，即负责任的、审慎的自由，内部与外部相结合的自由。没有外在约束的自由就不足以保障人的自由。积极的自由回答：谁是主人？消极的自由回答：我在哪个范围内是主人？有序的自由回答：如何成为自己行动的主人？有序的自由排除了自我放纵的自由的正当性。所以，'有序'的自由不仅不是缺少外部约束的自由，而且是在行使自由时要充分地运用个人判断力、道德感和责任心的内在的自由。"② 奥克肖特所强调的自由就是这种有序的自由，它指的是每一个公民必须遵守"法治"，即如果每个公民遵守道德规则，则公民的行动是自由的，相反，如果公民不遵守公民社团的道德规则，如侵害他人的利益或危害他人的人身安全等，他的行动则是不自由的。只有每一个公民都遵守道德规则，每一个公民都是自由的个体，整个公民社团才是一个有序的自由的理想国家。

简言之，在奥克肖特看来，人类理想的应然世界是一个个人行动自由的世界，而当下的世界是一个个有着共同目的特别是经济目的的事业社团，为了实现社团的共同目的，事业社团必定实行统一的、强制性的领导和统治，强制个人服从集体，这样势必会妨碍一些人的自由，使事业社团变成一个个与自由相对立的世界。于是，奥克肖特认为应对当下这个不自由的世界进行改造，建立

---

① ［英］以赛亚·伯林著；胡传胜译：《自由论》，译林出版社，2003年，第185页。
② 刘军宁著：《保守主义》，中国社会科学出版社，1998年，第212页。

一个非目的性的道德实践的公民社团，以使之与应然的自由世界相符，这就是奥克肖特的追求自由的实践目的。

综上所述，奥克肖特的实践观认为，实践是对实然的改造，以使之与应然相符。实践最终是对自由的追求，是自由的载体，是意志力的一种表现。在实践手段上，奥克肖特主张据守传统，反对激进革命，崇尚渐进式改良；在实践目的上，奥克肖特主张保守英国自由亲和的传统。

>>> **第三章　强修养：做到内化于心，增强高校思政课的亲和力**

第一节　教师职业道德规范：教师的行动向导

俗话说，国有国法，校有校纪，家有家规，没有规矩不成方圆。各行各业都应该有自己的行业规范来指导或约束员工的行为，以便使员工行为符合社会发展的客观需要。教师职业道德规范就是规范教师的行动向导。

一、师德修养的科学内涵

"师德"就是教师的职业道德，它是教师和一切教育工作者从事教育活动必须遵守的道德规范和行为准则，必须确立的道德观念、情操和品质。师德，乃教师之魂，无德不能从教。师德需要教师加强自身修养才能获得，而师德修养有一个长期、艰苦的磨炼过程。师德修养的目的，就是把教师身上最美好的东西，充分地挖掘出来、展示出来，成为学生学习和模仿的榜样，使教师的人生价值得到升华。

（一）师德修养的含义

马克思主义认为，"道德是社会意识形态之一，它依靠社会舆论、人们的内心信念和传统习惯调节人与人（包括个人与个人、个人与社会集体、社会集体与社会集体）、人与自然、人与自身之间的伦理关系的行为原则、规范的总和"[1]。

职业道德就是所有从业人员在职业活动中应该遵循的行为准则。"职业道德与人们所从事的具体职业活动密切相关。由于从事某种职业的人们，有着共同的劳动方式，经受共同的职业训练，有着共同的职业要求，因而往往具有共

---

[1]　郭广银著：《伦理学原理》，南京大学出版社，1999年，第3页。

同的职业兴趣、爱好、习惯和心理传统，结成某些特殊关系，形成特殊的职业责任和职业纪律，加上社会对其职业逐渐提出了具体的要求，于是形成了与这种职业有关的特殊的行为规范和道德要求"①。

师德，顾名思义就是教师的职业道德，"是指教师在从事教育劳动过程中形成的比较稳定的道德观念、行为规范和道德品质的总和，它是调节教师与他人、与集体及社会相互关系的行为准则，是一定社会对教师职业行为的基本要求与概括"②。它从道德伦理的层面规定了教师应该以什么样的思想认知、道德情感、意志态度和行为品德从事教育事业，为社会尽职尽责，它是一般社会道德在教师职业中的特殊表现。教师职业道德的基本要求是：要给学生以实际的教益，要具有全心全意为学生服务的思想、态度和行为，要努力把学生培养成为符合社会发展需要的人才。具体而言，就是要求教师忠于人民的教育事业，全心全意为培养、教育学生服务，自觉地遵守教师道德规范和行为准则；要求教师以为中国特色社会主义现代化建设培养人才为目的，正确处理教育教学过程中各种道德关系，自觉地加强师德修养。

师德修养即是教师职业道德修养，是指教师为了适应教育教学工作的需要，根据教师道德的原则、规范、行为准则的要求，在思想道德品质方面所进行的一种自我培养、自我陶冶、自我锻炼、自我改造、自我反省、自我提高的活动，以及经过培养陶冶锻炼反省改造而形成的教师道德品质和达到的师德境界，其目的是使外在的师德要求内化为自身的师德品质，并在日常的教育教学中体现出来，发挥积极作用。师德修养是教师职业道德修养，是教师个人由道德他律向道德自律转化的过程。师德规范要求教师具有健全人格，师德规范为教师提供了行动指南，规定了行动底线，师德规范是师德修养的基本要求。

（二）师德修养的依据

教育部 2008 年颁布的《中小学教师职业道德规范》、教育部 2014 年颁布的《中小学教师违反职业道德行为处理办法》和《严禁教师违规收受学生及家长礼品礼金等行为的规定》等对中小学教师师德修养进行了明确的规定。

1. 《中小学教师职业道德规范》③

自改革开放以来，我国于 1985 年、1991 年、1997 年、2008 年、2021 年先后五次颁布和修改了《中小学教师职业道德规范》，为教师职业道德的修养

---

① 杨春茂著：《师德修养十讲》，北京大学出版社，1999 年，第 23 页。
② 傅维利著：《师德读本》，高等教育出版社，2006，第 91 页。
③ 教育部发：《中小学教师职业道德规范（2021 年修订）》，https://wenku.baidu.com/view/0d5a52ea6cdb6f1aff00bed5b9f3f90f77c64d31.html。

提供了依据。2021年新修订的规范从教师应爱国守法、爱岗敬业、关爱学生、教书育人、为人师表、终身学习六个方面加强师德修养。这个规范是我国对新时期中小学教师行为规范和行为品德的新规定、新要求，"爱"与"责任"是贯穿其中的核心和灵魂。2021年新修订的《中小学教师职业道德规范》具体内容如下。

（1）爱国守法。热爱祖国，热爱人民，拥护中国共产党领导，拥护社会主义。全面贯彻国家教育方针，自觉遵守教育法律法规，依法履行教师职责权利。不得有违背党和国家方针政策的言行。

（2）爱岗敬业。忠诚于人民教育事业，志存高远，勤恳敬业，甘为人梯，乐于奉献。对工作高度负责，认真备课上课，认真批改作业，认真辅导学生。不得敷衍塞责。

（3）关爱学生。关心爱护全体学生，尊重学生人格，平等公正对待学生。对学生严慈相济，做学生良师益友。保护学生安全，关心学生健康，维护学生权益。不讽刺、挖苦、歧视学生，不体罚或变相体罚学生。

（4）教书育人。遵循教育规律，实施素质教育。循循善诱，诲人不倦，因材施教。培养学生良好品行，激发学生创新精神，促进学生全面发展。不以分数作为评价学生的唯一标准。

（5）为人师表。坚守高尚情操，知荣明耻，严于律己，以身作则。衣着得体，语言规范，举止文明。关心集体，团结协作，尊重同事，尊重家长。作风正派、廉洁奉公。自觉抵制有偿家教，不利用职务之便谋取私利。

（6）终身学习。崇尚科学精神，树立终身学习理念，拓宽知识视野，更新知识结构。潜心钻研业务，勇于探索创新，不断提高专业素养和教育教学水平。

可进一步从以下六个方面对《中小学教师职业道德规范》进行解读，以便更加深入地理解和把握其内容。

第一，爱国守法是师德修养的前提条件。热爱自己的祖国是每个公民的职责和义务，当然更是每个教师的神圣职责和义务。依法治国，建设中国特色社会主义的法治国家，是中国特色社会主义现代化建设的重要目标。要实现这一目标，需要每个社会成员学法知法守法用法，用法律法规来规范和约束自己的言行，坚决不做法律禁止的事情。

第二，爱岗敬业是师德修养的本质要求。这是由教师职业的特殊性所决定的，教师做的是青少年成长成才的工作，青少年模仿性强、可塑性大、辨别度不高，教师的一举一动都对学生起着潜移默化的作用。教师应始终牢记自己的神圣职责，教师忠诚于人民教育事业，志存高远、勤恳敬业、乐于奉献，把个人的成长进步同社会主义伟大事业、同祖国的繁荣富强紧密联系在一起，并在深刻的社会变革和丰富的教育实践中履行自己的光荣职责。

第三，关爱学生是师德修养的灵魂。亲其师，信其道。没有爱，就没有教育。高尔基说："谁爱孩子，孩子就爱谁。只有爱孩子的人，他才可以教育孩子。"教育风格可以各显身手，但爱是永恒的主题。爱心是学生打开知识之门、启迪心智的开始，爱心能够滋润浇开学生美丽的心灵之花。因此，教师必须关心爱护全体学生，尊重每一个学生人格，平等公正地对待学生。对学生严慈相济，关心学生身体健康和心灵健康，做学生的良师益友。维护学生合法权益，保护学生安全。

第四，教书育人是教师的天职。教师必须遵循教育教学规律，认真贯彻执行教育方针，循循善诱，诲人不倦，因材施教，对学生进行素质教育。不以分数作为评价学生的唯一标准，注重学生健康人格的培育，培养学生良好品行，根据学生个性和特长激发学生的创新精神，促进每个学生德、智、体、美、劳全面发展。

第五，为人师表是师德修养的内在要求。学高为师，身正为范，教师要坚守高尚情操，知荣明耻，严于律己，以身作则，在各个方面率先垂范，做学生的榜样，以自己的人格魅力和学识魅力教育影响学生。要关心集体，团结协作，尊重同事，尊重家长。作风正派，廉洁奉公。自觉抵制有偿家教，不利用职务之便谋取私利。

第六，终身学习是教师专业发展不竭的动力。终身学习是时代发展的要求。陶行知先生说："出世便是破蒙，进棺材才算毕业。"这就要求老师始终处于学习状态，站在知识发展前沿，刻苦钻研、严谨笃学，不断充实、拓展、提高自己。过去讲，要给学生一碗水，教师要有一桶水，现在看，这个要求已经不够了，应该是要有一缸水甚至一潭水。因此，教师必须与时俱进，树立终身学习理念，努力拓宽知识视野，更新知识结构。潜心钻研业务，勇于探索创新，不断提高专业水平和教育教学能力。

2. 《中小学教师违反职业道德行为处理办法》①

针对近年中小学教师队伍中许多教师无法正确设定自己人生的坐标，不能正确处理奉献与索取的关系，不能摆正职业与事业的关系，从而在观念上、言行上出现了缺乏以身立教的师表意识、缺乏爱岗敬业的奉献精神、缺乏教书育人的理念、不能平等地关爱每一个学生、课堂教学的方法缺少创新性、依然存在体罚或者变相体罚学生的不当行为、师生关系不和谐等种种职业道德缺失或者违反教师职业道德行为的现象，教育部颁布了《中小学教师违反职业道德行

---

① 教育部发：《〈中小学教师违反职业道德行为处理办法〉印发》，http://www.gov.cn/gzdt/2014-01/28/content_2577296.htm。

为处理办法》，以预防和惩治中小学教师违反职业道德的行为。

《中小学教师违反职业道德行为处理办法》第四条明确规定，应予处理的教师违反职业道德行为如下。

（1）在教育教学活动中及其他场合有损害党中央权威、违背党的路线方针政策的言行。

（2）损害国家利益、社会公共利益、或违背社会公序良俗。

（3）通过课堂、论坛、讲座、信息网络及其他渠道发表、转发错误观点，或编造散布虚假信息、不良信息。

（4）违反教学纪律，敷衍教学，或擅自从事影响教育教学本职工作的兼职兼薪行为。

（5）歧视、侮辱学生，虐待、伤害学生。

（6）在教育教学活动中遇突发事件、面临危险时，不顾学生安危，擅离职守，自行逃离。

（7）与学生发生不正当关系，有任何形式的猥亵、性骚扰行为。

（8）在招生、考试、推优、保送及绩效考核、岗位聘用、职称评聘、评优评奖等工作中徇私舞弊、弄虚作假。

（9）索要、收受学生及家长财物或参加由学生及家长付费的宴请、旅游、娱乐休闲等活动，向学生推销图书报刊、教辅材料、社会保险或利用家长资源谋取私利。

（10）组织、参与有偿补课，或为校外培训机构和他人介绍生源、提供相关信息。

（11）其他违反职业道德的行为。

学校及学校主管教育部门发现教师可能存在以上列举行为的，应当及时组织调查核实，视情节轻重给予相应处理。应当坚持公平公正、教育与惩处相结合的原则；应当与其违反职业道德行为的性质、情节、危害程度相适应；应当事实清楚、证据确凿、定性准确、处理恰当、程序合法、手续完备。

3.《严禁教师违规收受学生及家长礼品礼金等行为的规定》[①]

针对当前有些学校存在教师违规收受学生及家长礼品礼金等人民群众反映强烈的不正之风，为进一步加强师德师风建设，努力办好人民满意的教育，2014年7月8日教育部颁布了《严禁教师违规收受学生及家长礼品礼金等行为的规定》，具体内容如下。

为纠正教师利用职务便利违规收受学生及家长礼品礼金等不正之风，特作

---

① 教育部发：《教育部关于印发〈严禁教师违规收受学生及家长礼品礼金等行为的规定〉的通知》，http://www.moe.gov.cn/srcsite/A25/s3144/201407/t20140709_171513.html。

如下规定。

(1) 严禁以任何方式索要或接受学生及家长赠送的礼品礼金、有价证券和支付凭证等财物。

(2) 严禁参加由学生及家长安排的可能影响考试、考核评价的宴请。

(3) 严禁参加由学生及家长安排支付费用的旅游、健身休闲等娱乐活动。

(4) 严禁让学生及家长支付或报销应由教师个人或亲属承担的费用。

(5) 严禁通过向学生推销图书、报刊、生活用品、社会保险等商业服务获取回扣。

(6) 严禁利用职务之便谋取不正当利益的其他行为。

学校领导干部要严于律己，带头执行规定，切实负起管理和监督职责。广大教师要大力弘扬高尚师德师风，自觉抵制收受学生及家长礼品礼金等不正之风。对违规违纪的，发现一起、查处一起，对典型案件要点名道姓公开通报曝光。情节严重的，依法依规给予开除处分，并撤销其教师资格；涉嫌犯罪的，依法移送司法机关处理。

二、师德修养的基本特征

师德修养具有高尚性、导向性和深远性。

(一) 德修养具有高尚性

有位诺贝尔医学奖获得者站在领奖台上说过这样一段话："伟大的教师就像自然界的阳光雨露，他是人间爱河之源，是人类文明之母。一切科学的成功，尽管取得的途径不同、方法各异，但探究其真正根源，无不直接、间接归功于伟大的教师。一切至高无上的荣誉，首先应当属于教师。"[1] 这位大师恰如其分地对师德高尚性进行了评价。伟大的教育家陶行知先生"捧着一颗心来，不带半根草去"的教育理念也充分阐释了教师职业道德的高尚性。可见，高尚的师德对学生的成长成才有着特殊的影响。因此，每一位教师要不断进行师德修养，坚持坚定的政治信仰，培育崇高的思想品德和高尚的道德情操。无论是在校内还是在社会公共场所，无论是在学生面前还是面对其他陌生人，教师都要成为自觉遵守公共秩序、讲究社会公德的典范。凡是要求学生做到的，教师自己首先要做到，要言而有信，恪守承诺，做诚实守信的楷模。在知识方面要有学而不厌、诲人不倦的精神，在为人处事上要做严于律己、以身作则的榜样。

---

[1] 杨春茂著：《师德修养十讲》，北京大学出版社，1999，第14页。

（二）师德修养具有导向性

教师的职业性质决定了教师要做"人之楷模"。因为教师的工作对象是一群有思想、有感情、有意志、有个性的千差万别的活生生的、青少年学生。对于中小学教师，其工作对象是可塑性极大的未成年人，他们的成长依赖于教师。学生的心理活动有着很强烈的模仿性，尤其是低年级的学生更为突出。学生对讲台上的教师有一种神秘且仰慕的感觉，他们仰慕教师的人品和才华，羡慕教师的知识和能力，甚至模仿教师的服饰和表情。教师的一举一动、一言一行，对学生都有着潜移默化的影响。学生的眼睛就是一部"摄像机"、耳朵就是一部"录音机"、脑子就是一台"计算机"，教师的言行举止、道德风貌无时无刻不在影响着每一位学生。因此，教师的道德素养对学生的影响是任何教科书所不能比拟的，也是任何奖惩制度所不能代替的一种教育力量。师德修养深刻且直接影响每一代学生道德品质的形成，教师行为对学生具有一种导向性的作用，因此教师要不断加强师德修养。

（三）师德修养具有深远性

教师在教学过程中不仅教书而且更重要的是育人，教师职业道德直接作用于学生们的灵魂，影响学生的内心世界。教师的师德修养如何不仅影响学校，还会影响社会，这是由教师的职业特点决定的。教师的职业道德通过各种途径和方式影响整个社会：一方面，教师的职业道德通过学生影响家庭、单位以至整个社会；另一方面，教师的道德人格以知识、智慧、情感、意志和信念等心灵力量为中介作用于学生的心灵深处，不但影响学生在校期间的成长，还通过学生的品德、个性、人格影响他的一生，进而影响其前途和未来。教师职业道德对社会风气的影响远比其他职业道德更广泛、更深远。有人曾说，有科学而无道德，是对灵魂的破坏。由于教师职业是培养人的高尚职业，教师要想更好地为社会主义现代化建设事业服务，就要用自己的言行做学生的表率，要多给学生正能量、正面影响，使其健康成长为社会之栋梁。从这个意义上看，师德修养对学生的成长意义深远。

三、教师职业道德规范是教师的行动向导

（一）师德规范要求教师具有健全人格

教师职业道德要求教师首先是一个人格健全的人。人格健全的人，具有正确的人生观和良好的道德品质，善于适应环境，人际关系良好，不以自我为中心，不感情用事，遇事善于客观辩证地分析，有解决矛盾或困难的能力和毅

力，学习成绩良好，工作效率较高，能为人民、社会、国家做出更大贡献。教师之所以重要，就在于教师的工作是塑造人格、塑造灵魂的工作。一个人遇到好老师是人生的幸运，一个学校拥有好老师是学校的光荣，一个民族源源不断涌现出一批又一批好老师则是民族的希望。2014年9月9日习近平在《做党和人民满意的好老师——同北京师范大学师生代表座谈时的讲话》中明确指出："国家繁荣、民族振兴、教育发展，需要我们大力培养造就一支师德高尚、业务精湛、结构合理、充满活力的高素质专业化教师队伍，需要涌现一大批好老师。"

教师的人格力量和人格魅力是成功教育的重要条件。"师也者，教之以事而喻诸德者也"。老师对学生的影响，离不开老师的学识和能力，更离不开老师为人处世、于国于民、于公于私所持的价值观。为此，教师必须遵守教师职业道德规范，培养健全人格。一个老师如果在是非、曲直、善恶、义利、得失等方面老出问题，怎么可能担负起立德树人的责任呢？为此，广大教师必须率先垂范、以身作则，引导和帮助学生把握好人生方向，特别是引导和帮助青少年学生扣好人生的第一粒扣子。陶行知先生说过，教师要"千教万教，教人求真"，学生要"千学万学，学做真人"。古语说得好，"师者，人之模范也。"教师的职业特性决定了教师必须是道德高尚的人群。合格的老师首先应该是道德上的合格者，好老师首先应该是以德施教、以德立身的楷模。教师是学生道德修养的镜子。好教师应该取法乎上、见贤思齐，不断提高道德修养，提升人格品质，并把正确的道德观传授给学生。每一位教师只有按照教师职业道德行为规范修炼自己的德行，健全自己的人格，尽职尽责，鞠躬尽瘁，才对得起人民赋予"人类灵魂的工程师"这个光荣的称号。

（二）师德规范为教师提供了行动指南

《中小学教师职业道德行为规范》清清楚楚、明明白白地告诉教师要想做一个人民满意、学生满意的合格的人民教师，应该做什么，不应该做什么……所有这些为怀揣梦想、梦想成为一位优秀教师的人指明了方向和道路，提供了行动指南。教师职业道德规范要求教师在思想道德品质方面必须坚持社会主义道路，坚持人民民主专政，坚持中国共产党领导，坚持马克思列宁主义、毛泽东思想和中国特色社会主义理论体系，把民族精神和时代精神结合起来，要坚持道路自信、理论自信和制度自信，把个人成就和社会责任结合起来，在树立理想中规划人生，确立人生目标，形成正确的人生观、世界观和价值观，提高自己的思想品质、道德情操、个人修养和遵纪守法意识；在教书育人方面，要树立积极、勇敢、向上的精神和终身学习、认真工作、健康生活的信心，做一个讲道德、重品行、做表率的模范；在爱岗敬业方面，要立足本职，关爱每一个学生，具有高度的责任心和事业心，忠于职守，尽职尽责，做一个真正合格的人民教师。

总之，教师职业道德规范引导教师强化自我教育，加强自我约束，自觉践行社会主义核心价值观，弘扬高尚师德，坚持廉洁从教，把清正廉洁的要求内化于心、外化于行；引导教师在是非、善恶、曲直、义利、得失等方面做出表率，树立榜样；引导教师严于律己，自觉抵御各种外部干扰和诱惑，自觉抵制收受学生及家长礼品礼金等不正之风的干扰；帮助学生筑梦、追梦、圆梦，让一代又一代年轻人都成为实现我们民族梦想的正能量；引导广大教师用自己的行动倡导和践行社会主义核心价值观，提高学生的价值判断能力，引领学生健康成长成才。

（三）师德规范为教师规定了行动底线

2014 年，教育部出台了《中小学教师违反职业道德行为处理办法》和《严禁教师违规收受学生及家长礼品礼金等行为的规定》等文件，对师德师风提出了硬性规定和刚性要求，为规范教师行为画了一条红线。习近平总书记同北京师范大学师生代表座谈会时的讲话中更是明确提出，对道德败坏、贪赃枉法的害群之马要清除出教师队伍，并依法进行惩处。各级教育部门和各级各类学校要按照中央要求和教育部部署，进一步加大工作力度，严肃查处教师收受礼品礼金等突出问题，以实际成效取信于民。此后，虽然各地采取了有效措施，通过广泛开展整治教师收受学生及家长礼品礼金等专项行动，取得了一定成效。但是由于一些地方教育部门和学校，责任意识不强，贯彻文件精神和要求不力，个别教师思想认识不到位，意志不坚定，心存侥幸，仍然不收敛不收手，违规收受甚至索要学生及家长礼品礼金，这就不可避免地触碰到了作为教师的行动底线。对此，教育部对一些教师收受礼品问题进行了重点督办，黑龙江省哈尔滨市依兰县高级中学教师冯群超索礼收礼谩骂学生的案件具有典型性。

案例：黑龙江省哈尔滨市依兰县高级中学教师冯群超索礼收礼谩骂学生的案件①

2014 年 9 月 10 日，因学生未向任课老师赠送教师节礼物，依兰县高级中学高二年级十七班班主任冯群超在第八节课上对学生进行了长时间训斥和谩骂。冯群超离开班级后，该班学生每人凑钱 1～5 元，凑了 395 元，加上班费 281 元，共计 676 元，由 5 名学生到超市购买 6 箱牛奶送给包括冯群超在内的

---

① 教育部发：《教育部关于黑龙江省依兰县高级中学教师冯群超索礼收礼谩骂学生案件查处情况的通报》，http://www.moe.gov.cn/jyb_xxgk/s5743/s5972/201409/t20140924_175372.html。

6 名任课老师，共花费 296 元，剩余 380 元交给管理班费的同学。此前的 9 月 5 日，依兰县教育局开会传达教育部《严禁教师违规收受学生及家长礼品礼金等行为的规定》，要求各学校传达到每位教师，但该校对相关文件没有传达贯彻。教师节期间，该校 34 名教师接受学生赠送的茶叶、水杯、剃须刀、篮球、服装等各种礼品合计价值 4 084 元，人均 120.12 元。哈尔滨市及依兰县有关部门依据相关规定，给予相关人员处分：给予冯群超撤销教师资格处分，清除出教师队伍；给予负有直接领导责任的依兰县高级中学校长、党总支书记宿金来党内严重警告、行政记大过处分，免去其校长和党总支书记职务；给予未尽到监督责任的依兰县高级中学党总支副书记王洁党内严重警告处分；给予负有重要领导责任的依兰县教育局局长、党委书记张振宇，依兰县教育局党委副书记陈凯文党内警告处分；给予未尽到监督责任的依兰县教育局纪委书记张市委党内警告处分；根据不同情节，对收受礼物的部分教师分别给予进行诚勉谈话、作出深刻检查和通报批评的处理。收受礼物的教师已将礼物退还学生，无法退回的折合钱款退回。负有重要领导责任的依兰县分管教育工作的副县长被给予行政警告处分。哈尔滨市纪委还责令依兰县委、县政府主要领导作出深刻检查，并对依兰县纪委书记进行了诚勉谈话。冯群超在课堂上谩骂学生并索要礼物的行为，严重违背作为一名教师应有的基本职业道德和操守，严重损害了教师队伍整体形象和职业声誉，对学生健康发展造成了难以估量的损害，产生了恶劣的社会影响。

黑龙江省哈尔滨市依兰县高级中学教师冯群超索礼收礼谩骂学生的案件告诉我们，不管是谁，只要违规收受学生及家长礼品礼金等违反中小学教师职业道德的行为就必将受到惩处。当下，加强师德修养，开展师德师风建设显得十分急迫。加强师德修养、开展师德师风建设尤其要注意与培育和践行社会主义核心价值观相结合，与深入开展党的群众路线教育实践活动相结合，与建立健全师德建设长效机制相结合，研究制定具体的实施方案和配套措施，建立健全领导责任制和工作机制，做到常抓不懈、警钟长鸣，深入持久地加强师德修养、开展师德师风建设。

第二节　社会主义核心价值观：教师的精神支柱

社会主义核心价值观倡导富强、民主、文明、和谐，倡导自由、平等、公正、法治，倡导爱国、敬业、诚信、友善，具有先进性、开放性、民族性、人民性的特征。社会主义核心价值观是整个教师价值体系中最基础、最核心的部分，有助于教师培养崇高品德，树立"面向现代化、面向世界、面向未来"的观念，增强民族荣誉感，培育教师生本意识。因此，社会主义核心价值观是教师的精神支柱。

习近平总书记在同北京师范大学师生代表座谈时的讲话中明确指出，"广大教师要用好课堂讲坛，用好校园阵地，用自己的行动倡导社会主义核心价值观，用自己的学识、阅历、经验点燃学生对真善美的向往，使社会主义核心价值观润物细无声地浸润学生们的心田、转化为日常行为，增强学生的价值判断能力、价值选择能力、价值塑造能力，引领学生健康成长"。在今后很长一段时期内，思想道德建设领域的工作方向是培育和践行社会主义核心价值观。教师作为培养人才、文化传承的最重要主体，加强他们的社会主义核心价值观培育是思想政治教育的重要内容，并且必须始终贯穿于整个教育工作的全过程。培育和践行社会主义核心价值观是提升教师职业道德水平的最重要法宝，社会主义核心价值观是教师成长成才的精神支柱。

一、社会主义核心价值观的科学内涵

党的十八大提出，"倡导富强、民主、文明、和谐，倡导自由、平等、公正、法治，倡导爱国、敬业、诚信、友善，积极培育和践行社会主义核心价值观"。这是我们党对社会主义核心价值观的新认识。社会主义核心价值观中的"三个倡导"集中反映了国家、集体与个人三个层面的愿景与诉求，体现了中国共产党与中华民族高度的价值自觉与价值自信，是兴国之魂、立国之本与强国之基的有机统一，是党中央立足于现代化建设实践作出的具有重大意义的战略决策。

（一）社会主义核心价值观的产生及评价

1. 社会主义核心价值观的含义

社会主义核心价值观是社会主义核心价值体系的内核，是社会主义意识形态的核心内容，是社会主义价值追求的集中反映。它体现了社会主义核心价值体系的根本性质和基本特征，反映了社会主义核心价值体系的丰富内涵和实践要求，是社会主义核心价值体系的高度凝练和集中表达。[①]

2. 社会主义核心价值观的产生过程

社会主义核心价值观的产生经历了一个历史过程。2006 年 10 月，党的十六届六中全会第一次明确提出"社会主义核心价值体系"的科学命题，指出马克思主义指导思想、中国特色社会主义共同理想、以爱国主义为核心的民族精神和以改革创新为核心的时代精神、社会主义荣辱观，构成社会主义核心价值

---

① 中共中央办公厅：《中共中央办公厅印发〈关于培育和践行社会主义核心价值观的意见〉》，《人民日报》，2013 年 12 月 24 日，第 1 版。

体系的基本内容。

2007 年 10 月，党的十七大报告又把"建设社会主义核心价值体系，增强社会主义意识形态的吸引力和凝聚力"作为"推动社会主义文化大发展大繁荣"重大战略的首要任务。

2011 年 10 月，党的十七届六中全会审议并通过的《中共中央关于深化文化体制改革、推动社会主义文化大发展大繁荣若干重大问题的决定》中特别强调，"社会主义核心价值体系是兴国之魂，是社会主义先进文化的精髓，决定着中国特色社会主义发展方向"，更是充分体现了"文化强国的核心是思想强国、精神强国、道德强国"的指导思想。[①]

2012 年 11 月，党的十八大报告进一步明确提出了"三个倡导"的社会主义核心价值观，"倡导富强、民主、文明、和谐，倡导自由、平等、公正、法治，倡导爱国、敬业、诚信、友善"。这是对社会主义核心价值观的最新、最准确的概括。

从社会主义核心价值观形成的过程看，中国共产党对社会主义核心价值观的认识经历了一个逐渐深化的过程。

3. 对社会主义核心价值观的评价

从其理论基因来看，社会主义核心价值观渊源于马克思主义的"以人为本"理念和价值追求的基本理论；从其基本内容来看，社会主义核心价值观是中国共产党在认真总结改革开放以来思想文化领域和精神文明建设经验教训的基础上，把马克思主义基本原理与中华优秀传统文化相结合，同时又汲取了人类历史上的优秀文明成果，在逐渐深化对社会主义精神文明建设、社会主义核心价值体系认识的基础上，凝练并提出了社会主义核心价值观；从其地位来看，它是社会主义核心价值体系的灵魂，体现了社会主义的本质属性；从其产生与发展来看，它是在我国革命、建设与改革开放的实践中形成与发展起来的，并引导我国健康发展的价值理念与目标；从其作用与功能来看，它从更深层次影响着人们在社会主义现代化建设实践中的思维方法与行为方式。

（二）社会主义核心价值观的基本内容

党的十八大提出，倡导富强、民主、文明、和谐，倡导自由、平等、公正、法治，倡导爱国、敬业、诚信、友善，积极培育和践行社会主义核心价值观。表明富强、民主、文明、和谐是国家层面的价值目标，自由、平等、公正、法治是社会层面的价值取向，爱国、敬业、诚信、友善是公民个人层面的

---

① 韩振峰：《"最美精神"：社会主义核心价值体系的生动诠释》，《光明日报》，2012 年 7 月 7 日。第 11 版。

价值准则，这 12 个词语 24 个字是社会主义核心价值观的基本内容。从国家、社会和个人三个层面规范了我们对核心价值的追求，反映了全国各族人民共同的价值诉求与理想信念，具有鲜明的中国特色，构成了一个具有紧密联系的逻辑整体。

1. 国家制度层面：倡导富强、民主、文明、和谐

富强、民主、文明、和谐是中国特色社会主义的价值目标，反映了中国特色社会主义在精神与价值层面的内在规定性，体现了社会主义政治、经济、文化、社会与生态全方位的价值诉求。在社会主义核心价值观中居于最高层次，对其他层次的价值理念具有统领作用。

第一，富强是中国特色社会主义经济建设的核心价值。富强即民富国强，是社会主义现代化国家经济建设的应然状态，是中华民族梦寐以求的美好夙愿，是国家繁荣昌盛、人民幸福安康的经济基础，同时也是办好我国国民教育的经济基础，是广大教师能够择教、执教、安教、喜教和乐教的经济保障。

第二，民主是中国特色社会主义政治建设的核心价值。民主是人类社会的美好诉求。民主既是一种保证人民当家作主的政治制度，又是一种体现人民民主的价值理念。作为一种价值理念，民主已经成为人类普遍追求的政治价值。当然，在不同国家和地区其价值主体是不同的。中国特色社会主义民主的本质是人民当家作主，人民民主是中国特色社会主义的生命，也是创造广大人民美好幸福生活的政治保障。对于教师来说，民主是办好教育和教书育人的政治保障，同样也是广大教师必须树立的教育教学理念。

第三，文明是中国特色社会主义文化建设的核心价值。文明是社会进步的重要标志，是社会主义现代化建设的重要组成部分，彰显了社会主义的内在诉求。[①] 文明是社会主义现代化国家文化建设的应然状态，是对面向现代化、面向世界、面向未来的，民族的科学的大众的社会主义文化的概括，是实现中华民族伟大复兴的重要支撑。教师则是社会主义物质文明和精神文明最重要的传播者和宣讲者。

第四，和谐是中国特色社会主义社会建设与生态建设的核心价值。和谐不仅是中国传统文化的基本理念，而且是人类现代文明的灵魂与核心，是社会主义现代化国家在社会建设领域的价值诉求，是经济社会和谐稳定、持续健康发展的重要保证。它集中体现了社会学有所教、劳有所得、病有所医、老有所养、住有所居的生动局面。社会主义在本质上是和谐的社会，必须以和谐为目标倡导与培育社会主义的社会价值观与生态价值观，更好地协调人和人、人和

---

① 石国亮著：《社会主义核心价值观十讲：党员干部读本》，人民日报出版社，2014 年，第 65-66 页。

社会、人和自然的关系，建设高度发达的社会主义和谐社会。教师要身心和谐，同时也要努力创造和谐校园、和谐班集体，进而促进社会主义和谐社会的建设。

2. 社会集体层面：倡导自由、平等、公正、法治

自由、平等、公正、法治，是对美好社会的生动表述，体现了马克思主义的基本要求，是从社会层面对社会主义核心价值观基本理念的凝练。它反映了中国特色社会主义的基本属性，是我们党矢志不渝、长期实践的核心价值理念。

第一，自由是社会主义的终极价值。自由是指人的意志自由、存在和发展的自由，是人类社会的美好向往；自由也是马克思主义追求的社会价值目标，是人类对美好社会的憧憬与共同追求，是社会主义的价值指向与价值旨归。作为教师向往自由，同样要给予学生一定程度的自由，让他们自由地学习、自由地探讨问题，根据自己的兴趣爱好自由地选择自己的职业，这样才能真正实现人尽其才，物尽其用，才能真正实现人人有事做、事事有人做的教育价值目标。

第二，平等是社会主义社会的基本前提。平等是人类不懈的社会价值追求，是社会主义的重要价值导向。社会主义的平等要求尊重与保障人权，法律面前人人平等，人人享有平等参与、平等发展的权利，共享改革发展的成果。对教师而言，平等是教师应该遵守的一项重要原则，但平等又不等于平均，平等是人格上的平等，而不是均衡地分配教学资源和教学时间，统一教学内容和教学模式恰恰是不平等；平等是建立在差异上的平等，因材施教，有教无类才是真正的平等。

第三，公正是社会主义社会的首要价值。公正的本质含义是公平与正义。社会公正是人类社会发展的终极目标，它以人的解放、人的自由平等权利的获得为前提，是国家、社会应然的根本价值理念。它是社会主义本质的内在诉求，也是维护社会主义社会可持续发展的价值要求。教师的教育公正，是指教师在教育和教学过程中，公平合理地对待和评价每一个学生。可以说，教师公正是教师职业道德素养高低的重要标志。

第四，法治是实现自由、平等、公正的制度保证。法治是治国理政的基本方式，建立法治国家已成为当代许多政治家的不懈追求。作为当代人类的核心价值理念，法治不仅意味着用法律治理国家，而且意味着在法律面前人人平等。依法治国是社会主义民主政治的基本要求。它通过法制建设来维护和保障公民的根本利益，是实现自由、平等、公正的制度保障。对于教师来说，只有依法治教，才能用法律来保障教师和学生的合法权利不受侵害。真正做到有法可依，有法必依，执法必严，违法必究。加强法制教育要从青少年身边的事件做起，通过科学全面的法制教育增强青少年的国家意识、权利与义务意识和知法守法用法的意识，为青少年的健康成长创造一个和谐、向上的法治环境。

3. 公民个人层面：倡导爱国、敬业、诚信、友善

爱国、敬业、诚信、友善，是我国公民应遵循的基本道德准则，是从个人行为层面对社会主义核心价值观基本理念的凝练，是中华民族传统美德、社会主义道德与中国共产党人革命道德的精华，也是我们党对马克思主义公民道德与价值理念的新发展。它覆盖社会道德生活的各个领域，是公民必须恪守的基本道德准则，也是评价公民道德行为选择的基本价值标准。

第一，爱国是公民的社会美德。爱国就是热爱自己的祖国。它是每个公民重要的政治原则，是中华民族的精神支柱；是民族精神的核心所在，是促进民族团结和融合的重要力量。爱国是基于个人对自己祖国依赖关系的深厚情感，也是调节个人与祖国关系的行为准则。它同社会主义紧密结合在一起，要求人们以振兴中华为己任，促进民族团结、维护祖国统一、自觉报效祖国。作为教师，更应该培养坚定的爱国主义情感，同时要教育学生爱国不是抽象的，而是具体的，爱国表现在爱自己的亲人朋友，爱自己的家乡，爱祖国的大好河山，爱祖国的语言，保守国家秘密等，这些都是爱国主义的具体体现。

第二，敬业是公民重要的职业道德。敬业是对公民职业行为准则的价值评价，是职业道德的集中反映。它是动员、鼓舞与推动社会发展的无形力量，要求公民忠于职守，克己奉公，服务人民，服务社会，充分体现了社会主义职业精神。教师的敬业精神是教师爱业、勤业、乐业、精业、创业的基本品质。现代教育家陶行知先生"捧着一颗心来，不带半根草去"，放下高官不做，脱下西装不穿，到乡下办农村教育、人民教育；无产阶级革命家、教育家吴玉章的一句"春蚕到死丝方尽，一息尚存须努力"的普通言语，表达了一位人民教育家对教育事业的孜孜追求，对党和人民教育事业的无比热爱与忠诚。这些教育家们敬业奉献的事业心和责任感，无愧于"人类灵魂工程师"这一光荣称号，也为后来人树立了不朽的师德风范。

第三，诚信是公民的基本德性。诚信即诚实守信，是中华民族的传统美德，是中国人引以为豪的道德品质，也是社会得以有序运行的伦理基础。从道德范畴来讲，诚信即待人处事真诚、老实、讲信誉，一言九鼎，一诺千金。《说文解字》解释："诚，信也""信，诚也"。可见，诚信的本义就是要诚实、诚恳、守信、有信。诚信是立身处世的准则，是人格的体现，是衡量个人品行优劣的道德标准之一。对于教师而言，诚信是师德的基本要求，是教师职业从业的基础。因此，作为一名教师，要以身作则，为人师表，要"言必信，行必果"，建立起与学生间诚信的桥梁。诚信是师德修养的根本，是教师从事教育教学获得成功的金钥匙。

第四，友善是公民的善良和宽容凝聚的一种宽厚的德性。友善即与人为善，是人和人之间应如何相处的基本规范，也是公民道德的重要内容。友善强调公民之间应互相尊重、互相关心、互相帮助，和睦友好，努力形成社会主义的新型人际关系。对于教师而言，友善不仅是一种教学态度，而且是一种重要师德素养，以平等、诚挚、友善的态度对待每一个学生，是每一名教师都应恪守的师德信条。

总之，社会主义核心价值观的三个层面是有机统一、密不可分的逻辑整体。"三个倡导"相互联系、相互贯通，体现了国家、社会与个人在价值目标上的统一。如果没有国家的"富强、民主、文明、和谐"，便没有社会的"自由、平等、公正、法治"，更谈不上个人的"爱国、敬业、诚信、友善"。反之，只有人人都能做到"爱国、敬业、诚信、友善"，才能够实现社会的"自由、平等、公正、法治"，进而实现国家的"富强、民主、文明、和谐"。因此，"三个倡导"之间是内在融贯的统一体，哪一层面都是不可或缺的。

二、社会主义核心价值观的基本特征

通过对社会主义核心价值观科学内涵的分析，我们不难发现社会主义核心价值观具有先进性、开放性、民族性和人民性等四个基本特征。

（一）社会主义核心价值观的先进性

先进性是社会主义核心价值观的本质属性。社会主义核心价值观的先进性是由中国共产党的宗旨和两个先锋队性质决定的，中国共产党依靠坚持不懈地开展自身建设来保持其两个先锋队性质。"三个倡导"的社会主义核心价值观，坚持以马克思主义为指导思想，把实现人的自由全面发展作为社会发展的根本目的，把集体主义及全心全意为人民服务作为实现社会主义现代化的价值准则，把实现社会主义和共产主义作为社会发展的远大理想。这集中体现了社会主义核心价值观的先进性。可见，社会主义核心价值观作为一个民族向上的精神追求与思想的升华，其先进性不断鼓舞、激励、鞭策着人们努力为之奋斗。

（二）社会主义核心价值观的开放性

世界是一个普遍联系的统一整体，当今世界是一个开放的世界，任何一种民族的文化都不是孤立存在和发展的。因此，作为中华民族文化精髓的社会主义核心价值观，也不可能是孤立存在和发展的，它也是一个动态的、不断变化的、开放的观念体系。社会主义核心价值观的开放性，主要表现在四个方面：一是与时俱进。社会主义核心价值观理论内容和思想形式都会随着时代的发展而不断发展，它是一个开放的、而不是封闭的价值体系。二是包容性。社会主义核心价值观强调"尊重差异、包容多样"，做到既坚持自身在多元价值观中的主导地位，又能平等地对待各种不同价值观的存在与发展，还能从各种不同价值观中汲取有价值的思想养料，不断丰富和完善自己，以更好地适应时代的发展。三是理性。社会主义核心价值观理性、科学地分析社会上存在的各种价值观，既尊重价值观念的多样性，又能在多样中确立主导地位，自觉以社会主义核心价值观引领各种社会思潮。四是表述的开放性。社会主义核心价值观内涵概括采取的是一种开放而未定性与定论的表达方式，为社会主义核心价值观的进一步凝练、概括和总结留下了充分余地与广阔空间。[①]

（三）社会主义核心价值观的民族性

民族、国家存在和发展的基础就是文化的民族性。越是民族的国家的文化，就越是世界的。价值观是文化的核心与灵魂，因而价值观具有民族性。正是由于这样的民族性特征，奠基于中华民族在长期生产实践中积累起来的中华民族优秀历史文化，形成了社会主义核心价值观，使得"三个倡导"的社会主义核心价值观能够获得全国各族人民的广泛认同，体现出中华民族最深层的价值追求，成为全民族的共同精神财富，对中华民族的伟大复兴发挥着巨大的指导和凝聚作用。可见，社会主义核心价值观的民族性是指其产生与形成建立在社会主义国家民族优秀文化传统之上，它凝聚了各族人民的根本利益，反映了人民的共同心愿，具有鲜明的民族特色与广泛的群众基础，是中华民族区别于其他民族的根本标志。坚持社会主义核心价值观的民族性特征，关键就是要加强中华民族优秀文化传统教育，发扬爱国主义精神。既要反对民族文化复古主义倾向，也要反对民族文化虚无主义倾向。要全面、科学地认识传统文化，学会批判地继承优秀文化遗产，对其进行去粗取精，去伪存真，推陈出新，努力建设和传统美德相承接的社会主义核心价值观。

（四）社会主义核心价值观的人民性

由于人民群众是历史的创造者，所以人民性就是指社会主义核心价值观的价值取向与追求是以人民根本利益为最终目的。"党的领导、党的一切工作，都要依靠人民，相信人民，汲取人民的智慧，尊重人民的创造，接受人民的监督。这里既有共产党人的世界观、人生观、价值观，也有共产党人的工作方法。我们要求各级领导干部想群众之所想，急群众之所急，做群众之所需，诚心诚意为广大群众谋利益，道理正在这里。个人的工作有成绩，首先应归功于

---

① 孙杰：《当代中国社会主义核心价值观研究》，中共中央党校硕士论文，2014 年。

人民，归功于党……人民，只有人民，才是我们工作价值的最高裁决者。"①这就是说，社会主义核心价值观的价值主体是人民，以人民为最高的价值主体和评价主体，以人民的利益和需求为最高的价值标准和评价标准。社会主义核心价值观的人民性就是它"所特有的价值取向，它的全部信念、信仰和理想的出发点和落脚点就是自觉地、无条件地站在人民群众的立场上，忠实地代表人民的利益、忠实地贯彻人民的意志，去争取实现人类自身的彻底解放和美好前途"②。

三、社会主义核心价值观是教师的精神支柱

"你们走过半个地球，最后在小山村驻足，你们要开一扇窗，让孩子发现新的世界，废寝忘食、乐以忘忧，夕阳最美、晚照情浓，信念比生命还重要的一代，请接受我们的敬礼……"这是 2014 年在中央电视台感动中国颁奖晚会上，主持人敬一丹深情宣读对朱敏才和孙丽娜的颁奖辞。朱敏才、孙丽娜夫妇等 2014 年感动中国的"最美乡村教师"，他们崇高的师德修养，为教师自觉践行社会主义核心价值观树立了榜样。

（一）社会主义核心价值观有助于教师培养崇高品德

中国共产党的先锋队性质决定了"三个倡导"的社会主义核心价值观的崇高价值目标是实现没有剥削、没有压迫，人人自由、平等而又全面发展的共产主义社会。这样的美好价值目标有助于教师爱岗敬业，无私奉献，不怕牺牲，培养高尚的师德，从而更加坚定自己的政治信念，坚持党的基本路线不动摇，更加坚定不移地坚持"四项基本原则"，大力弘扬先进文化主旋律，为提升国家文化软实力，建设社会主义文化强国，为实现中华民族伟大复兴的中国梦而贡献力量。2014 年"最美乡村教师"秦开美老师用自己平凡而伟大的事迹为我们阐释了社会主义核心价值观有助于培养教师崇高品德的道理。

案例：2014 年"最美乡村教师"秦开美③

秦开美老师入选 2014 年"最美乡村教师"的理由是："面对歹徒，她首先选择了留下；因为她知道，作为一名人民教师，她的身后，是 52 名需要她保护的学生；她为救学生舍生忘死，义勇兼备，她在关键时刻沉着冷静，挺身而出。她用责任与担当，在生死关头，谱写了一曲爱与勇气的赞歌"。1988 年秦

① 中共中央文献研究室编：《江泽民论有中国特色社会主义（专题摘编）》，中央文献出版社，2002 年，第 637-638 页。

② 李德顺著：《邓小平人民主体价值观思想研究》，北京出版社，2004 年，第 101 页。

③ 正义网：《秦开美、王林华：无畏生死 责任与担当比生命更重要》，http://www.jcrb.com/xz-tpd/2014zt/SYZT/2014zyrwwltp/2014ZGZYRW/201501/t20150126_1472207.html。

开美开始在湖北省潜江市浩口镇柳洲村小学当民办教师，她爱岗敬业，教毕业班语文教得非常好。好景不长，1994 年浩口镇柳洲村小学停办，但由于秦开美的语文教学水平在浩口管理区小有名气，于是浩口镇第三小学聘请她作代课教师。秦开美老师就这样任劳任怨地坚持了下来。26 年来，秦开美错过两次转正机会，一次因年龄太小，一次因年龄太大。县城一所私立学校以高薪聘请她，被她拒绝了。她念旧，不愿离开待了十几年的浩口镇第三小学。2014 年 6 月 10 日上午，身带自制炸药、手枪和汽油的农民张泽清闯进秦开美的课堂，将她和 52 名学生劫持。在此后的 40 分钟里，秦开美与张泽清周旋，主动留下来当人质，让所有学生安全撤离。秦开美被网友赞为"最美女教师"。秦开美老师用自己的实际行动诠释了作为一名教师的崇高品质，成为践行社会主义核心价值观的榜样。

（二）社会主义核心价值观有助于教师树立"三个面向"观念

世界是一个普遍联系、开放的世界，世界上不存在任何孤立的东西。社会主义核心价值观同样是开放的、动态的体系，社会主义核心价值观的开放性，具体表现在与时俱进、包容性、理性、表述的开放性。社会主义核心价值观的这种开放性要求教师树立"教育要面向现代化、面向世界、面向未来"的观念，准确把握我国教育改革与发展的指导思想和改革方向，确切理解建设中国特色社会主义对教育的客观要求，确定我国新时期迎接和适应世界新技术革命的总对策。

"三个面向"实质上就是要"立足传统，面向现代化；立足中国，面向世界；立足当今，面向未来。"教育要面向现代化，就是要面向中国特色的社会主义现代化，强调我们的现代化是在中国近代化以及中国古代优秀文化的基础之上发展起来的，它具有鲜明的民族传统特色。教育要面向世界，是说教育的改革与发展，不仅要着眼于中国，还要放眼世界，一方面，要求教育要为我国的对外开放方针、政策服务；另一方面，也要求教育自身的对外开放。教育要面向未来，即教育要为未来社会培养人才，强调教育发展的超前性和教育为未来经济社会发展服务的功能，其核心在于教育为未来的发展储备人才。"三个面向"是不可分割的统一整体，"三个面向"统一于一个目标，就是主动有效地服从和服务于中国特色社会主义现代化建设；统一于一个过程，就是探索中国特色社会主义教育的办学模式，"三个面向"的内容各有侧重，其中，"教育要面向现代化"是核心，是基础。它要求教师要主动适应和服务于我国社会与经济的发展需求。一方面，现代化是社会主义建设的整体方向和战略目标，教育是社会整体的组成部分，担负着为现代化建设培养合格人才的历史重任，所以教育理应"面向现代化"；另一方面，是指教育的基本功能，即教师要为社会主义培养"有理想、有道德、有知识、有纪律"的四有新人。培养四有新人就是要更好地进行社会主义现代化建设。因此，我们的教育要与中国特色的经济建设和社会进步相一致，要求教师要主动适应和服务于我国社会与经济的发展，要服务于中国特色社会主义现代化建设的需要，培养和造就数量充足、质量合格、结构合理的社会主义建设者，努力提高我国公民的科学、文化和思想道德素质。

（三）社会主义核心价值观有助于教师增强民族荣誉感

上面分析表明，社会主义核心价值观具有强烈的民族性特征。坚持社会主义核心价值观的民族性特征，关键就是要加强中华民族优秀传统文化教育，发扬爱国主义精神。既要反对民族文化复古主义倾向，也要反对民族文化虚无主义倾向。要全面、科学地认识传统文化，对优秀文化遗产要进行辩证否定，汲取其民族性的精华，去除其封建性的糟粕，努力建设和传统美德相承接的社会主义核心价值观。可见，社会主义核心价值观有助于我们增强民族文化认同感，从而增强教师的民族荣誉感。

我国是一个多民族的国家，在几千年的历史长河中，居住在中原地区的汉族和周边的少数民族，以中原地区为核心，汇聚成为统一、稳固的中华民族。各民族历经迁徙、贸易、婚嫁，以及碰撞、冲突之后，交往范围不断扩大，融合程度不断加深，逐步形成了你中有我、我中有你，大杂居、小聚居、交错杂居、共生互补的格局。在各民族共同开拓祖国的疆域、共同捍卫祖国的统一、共同推动祖国经济文化发展的过程中，中华民族共同的文化和心理特征逐渐形成，并不断强化。特别是近代以来，各民族在抵御外来侵略和长期革命斗争中，形成了生死相依、休戚与共的民族荣誉感。新中国成立以后，民族团结是社会主义民族关系的基本特征和核心内容之一，也是中国共产党和国家所追求的目标。

马克思曾给我们描绘了共产主义的美好前景，那个社会将是一个物质财富和精神财富极为丰富的社会，是一个"人的全面发展"的社会。由于人的全面发展是以人的解放为前提的，所以我们大力发展经济消除各个地区特别是广大民族地区的贫困以实现人的解放；加快各个地区特别是广大民族地区政治体制改革，使各个地区共同走向民主、法治消除专制、人治以实现人的解放；追求各个地区物质财富和精神财富的极大丰富以实现人的解放；追求各民族人人平等、公平正义消除民族差别以实现人的解放等。所有这些，有助于我们切实增强中华民族文化认同感，从而增强教师的民族荣誉感。

（四）社会主义核心价值观有助于教师培育生本意识

社会主义核心价值观明确指出，社会主义民主的本质与核心是人民当家作主。我国是人民民主专政的社会主义国家，国家的权力是人民赋予的，因此要接受人民的监督；国家权力也要对人民负责，保障与维护人民的自由和权利不受侵犯。历史唯物主义告诉我们，人民是社会物质财富和精神财富的创造者，人民的衷心拥护与支持，人民主动性、积极性、创造性的发挥，是建设中国特色社会主义的不竭动力。社会主义核心价值观的价值取向与追求是以人民根本利益为最终目的。社会主义核心价值观的人民性要求党和国家的一切工作都要从人民的利益出发，都是为了实现最广大人民群众的根本利益。对教师而言，社会主义核心价值观的人民性要求一切教学活动都要从学生的利益出发，都是为了实现最广大学生的根本利益。可见，社会主义核心价值观有助于培育教师的生本意识，始终将学生视为最高的价值主体，视学生利益高于一切，努力实现学生的根本利益，切实维护学生的自由和权利。以生为本，体现在学校的教育教学过程要真正做到"一切为了学生，为了一切学生，为了学生的一切"。2014年最美乡村教师贺红莲的事迹，为我们生动地阐释了"以生为本"的理念。

案例：2014年最美乡村教师贺红莲

慈母情怀演绎深厚师生情

"爱自己的孩子是人，爱别人的孩子是神。"贺红莲说，我虽然不是神，但我要把爱学生当作教师生涯的起点，把关心学生作为日常工作和生活的必修课。

炎炎夏日，贺红莲拿来自家的电风扇，给在教室里学习的学生带来凉风；她在自己家里熬好绿豆汤，端到教室，给学生们送去清凉。酷寒严冬，她做好午饭，请来家远的学生，让他们吃上热腾腾的饭菜；她打好豆浆送到班里，让孩子们喝上一小碗，暖和暖和受冻的身子。秋冬交替时节，天干物燥，她每天烧好开水，送到学生们手中，为的是让他们去火消热，健康无恙。

老师们记得，近几年，每逢周二的中午，贺老师家的电脑都会准时打开，连上网线，插上摄像头。一个男孩坐在电脑前，笑逐颜开。他对着屏幕说着什么，并不时发出纯真的笑声。对贺老师来说，这个叫王亚飞的学生能这样谈笑风生，那真是莫大的安慰！要知道，这个学生因父母常年在外打工，曾经性格孤僻，沉默寡言，对学习兴趣不大。而今，贺老师让他每周与父母通过网络见面的努力终于有了结果：王亚飞爱说了，爱笑了，爱学习了。这怎能不让贺老师倍感欣慰！

一位叫心静的女生记得，她患重度便干症需要悉心照料时，贺老师像慈母一样，不仅让她住在老师家里，每餐调理饮食，而且不嫌脏累，每晚都用克塞露给她灌肠。多少次，看着被自己弄脏的被褥面露尴尬时，贺老师总是摸着她的头，说："傻孩子，没事的，洗洗就好了。"就这样，直到病好，贺老师才放心让该生回家去住。

学生贺玉成的家长记得，在贺玉成遭遇车祸而昏迷的一个多月里，贺老师先后十几次到医院和距学校七里之遥的家里看望。多少次，贺老师坐在床头轻声呼唤；多少次，贺老师和昏迷的孩子倾心相谈。为解家里的燃眉之急，贺老师还带头捐款，并发动全班学生捐资近千元。当贺玉成在众人的期盼中醒来却严重失忆后，贺老师又买来故事书、音乐光盘等，指导家长通过讲故事、播放音乐，以唤醒孩子的记忆。

不是亲人胜似亲人，不是母亲胜似母亲。贺红莲把无限的爱与关心送给了她的学生。她像一枚红烛，给学生的心灵带来了温暖和光明；她如一朵红莲，把美丽和馨香献给了周围的人；她似一场甘露，滋润着校园里的一颗颗幼苗！

钢铁意志铸就校园不倒神话

对于一个热爱教育、热爱教学、热爱学生的老师来说，让她离开教室、离开学生，无疑是一种痛苦的折磨。

2009年9月，贺红莲不慎摔倒造成膝关节髌骨骨折，作为八年级（2）班的班主任，她实在不忍心丢下班里的57个孩子。

躺床治疗的一个多月里，贺老师每天都在关注着班里的学生。她把班干部会议放在家里召开，及时了解学生动态，精心布置班级工作，每周两次，雷打不动。她还把成绩暂时落后的学生请到家中，给他们谈心、补课、辅导作业……

贺红莲老师不会讲大道理，但她却用行动告诉了我们，从最微不足道的小事做起，从自身做起，自觉践行社会主义核心价值观。她心里时刻装着学生，想学生之所想，急学生之所急，犹如一支夏日荷塘里亭亭玉立的红莲，以自己的美丽心灵浸染着每一位学生，以自己的辛勤汗水浇灌着每一位学生，以自己的忘我付出成就着每一位学生，真正为我们树立了以生为本、爱生如子的教师楷模形象。

第三节　高校师生社会主义核心价值观培育的三个基本维度

习近平总书记在北京大学师生座谈会上的讲话中指出："道不可坐论，德不能空谈。于实处用力，从知行合一上下功夫，核心价值观才能内化为人民的精神追求，外化为人们的自觉行动。"① 实际上这为高校师生社会主义核心价值观培育指明了方向。当下高校师生价值观状况是一个多元多样价值观并存的实然价值世界，要的培育应然价值目标是一个以"三个倡导"为核心的社会主义核心价值观，而要实现从实然价值世界到应然价值目标的飞跃则必须树立榜样、坚持"教学做合一"的能然体验。基于此，高校师生社会主义核心价值观培育必须把握"实然""应然"和"能然"三个基本维度，立足"实然"，从当下高校师生价值观的实际情况出发；强调"应然"，积极引导广大师生树立社会主义核心价值观的理想目标；重视"能然"，将高校师生社会主义核心价值观的培育落到实处。

一、实然、应然和能然

（一）实然与应然

当代著名的政治哲学家奥克肖特认为，"实然"（be）世界就是指"当下"的世界，即当下所是的世界，也即"现在是什么"的世界。实然世界具有"当下性"的显著特征。所谓"应然"（should be）是指"实践判断中的'将要是'（to be），远不仅仅是'尚未是'（not yet）；它总被看作是有价值的东西或应然的东西"②。可见，应然是与价值评价相联系的。没有价值评价就不存在实践判断，就不存在行动，所以，"应然"世界是一个假定的价值世界。在奥克肖特看来，实践是对实然的改造，以便使实然与应然相符。实践的目的就是行动、就是做或改变，即要对当下的"实然"世界进行改变以使之符合假定的价值世界（应然），或者说，把既有的"现实"改变成符合我们主观的价值要求或信念的世界，这种价值要求和信念就是要实现的目标。这实际说明了实践的实质就是从"现实"向"应该的现实"的飞跃，飞跃能否实现关键在于能然。

（二）能然

舍勒认为，"能然"（can be）就是能够做的价值世界。能然是指对那些在价值质性上得到最终区分的观念应然领域之实现的"能够做"的意识和体验。所谓"'能够做'也是一个价值的独立载体和价值意识（与'自身意识'）诸形式的对象，能够做并不延展到力量上，而是延展到做的价值上，它完全不依赖

---

① 习近平著：《青年要自觉践行社会主义核心价值观——在北京大学师生座谈会上的讲话》，人民出版社，2014 年。

② ［英］迈克尔·奥克肖特著；吴玉军译：《经验及其模式》，文津出版社，2005 年，第 263 页。

于（对同一内容的）实际做的价值；而它的价值是一个比做的价值更高的价值。"① 舍勒还进一步将能然区分为能然意识和能然体验两个方面。能然意识是以个人的生理素质为基础，经过教育和培养，并在实践活动中吸取人民群众的智慧和经验而形成和发展起来的。能然体验是指能够完成一定活动的具体理念、方式、条件以及主体所具有的满足、喜悦和快乐等的心理特征和情感体验等。

（三）实然、应然和能然

实然是一种现实世界，应然是观念世界或理念世界，能然是从现实世界通向观念世界和理念世界所具有的能够做的意识或者能够做而采取的实践活动和情感体验。总之，实然、应然和能然三者不是相互分割的而是相互联系的三位一体，具体来说，实然是现实基础，应然是理想目标而能然则是通过运用各种方法和手段由实然达到应然的意识和体验。

二、实然、应然和能然是高校师生社会主义核心价值观培育的三个基本维度

（一）实然：现实之维

培养和弘扬社会主义核心价值观是党和国家立足当代中国国情和发展的现实而提出的重要决策，是推进中国特色社会主义伟大事业、实现中华民族伟大复兴中国梦的战略任务，对于当代中国的发展和中国特色社会主义建设意义重大，对于高校进一步推进立德树人目标实现意义重大。因此，切实加强高校师生社会主义核心价值观培育就成了高校发展面临的重要课题。加强高校师生社会主义核心价值观培育首先要立足实然，主要应从两个方面考虑。

一方面，高校师生多元多样的价值观现状。当下价值领域中的"实然"世界就是我们所处的多元价值观和价值虚无主义并存的时代。社会存在决定社会意识，伴随着经济全球化和世界一体化的发展，当下高校校园中中国古代传统价值观与现代价值观并存；东方价值观和西方价值观并存；社会主义核心价值观和资本主义价值观并存等。只要有价值问题和分歧的地方，就会有多元价值观的诉求。因此，面对当下高校师生多元多样的价值观现状，我们应该采取实事求是的态度，既不夸大也不缩小，这样才有利于推进高校师生社会主义核心价值观的培育。

---

① 马克斯·舍勒著；倪梁康译：《伦理学中的形式主义与质料的价值伦理学》，生活·读书·新知三联书店，2004年，第205页。

另一方面，高校师生对社会主义核心价值观的不同认识水平。高校师生社会主义核心价值观培育的过程，既是一个入脑、入心的过程，又是一个如何把社会主义核心价值观内化为自己行动的过程。因此，高校师生社会主义核心价值观的培育必须从高校师生对社会主义核心价值观的实然认识水平出发，有针对性地采取措施进行培育。众所周知，富强、民主、文明、和谐、自由、平等、公正、法治、爱国、敬业、诚信、友善的社会主义核心价值观基本范畴都具有丰富的思想内涵，凝结了包括西方在内的全人类文明发展史上的不同认识阶段的认识成果，由于个体的差异不同的人会对此有不同的认识。结果就形成了高校师生对社会主义核心价值观的不同认识水平，于是，根据高校师生对社会主义核心价值观的不同认识水平开展相关培育工作也就成了必然。

（二）应然：目的之维

高校师生社会主义核心价值观培育的目的就是要达到观念应然世界，观念应然世界主要包括两个方面内容。

一方面，高校师生社会主义核心价值观在多元价值观中占主导地位。实然世界的多元价值观要求对价值问题及争论持开放的立场和态度，但这也为价值虚无主义提供了方便之门。当下中国社会的价值虚无主义存在多种表现形式，其恶果是导致了价值欺瞒，造成价值紊乱。正是基于这种价值领域的"观念实然"事实，党中央高瞻远瞩地提出了"社会主义核心价值观"这一"观念应然"世界，即党的十八大报告明确提出的"倡导富强、民主、文明、和谐，倡导自由、平等、公正、法治，倡导爱国、敬业、诚信、友善，积极培育和践行社会主义核心价值观"，并要让社会主义核心价值观在多元价值观中占主导地位。在舍勒看来，所谓"观念应然"就是指建基于客观的价值明察之上：所有具有肯定价值的东西都应当存在，所有具有否定价值的东西都不应当存在。①换言之"观念应然"就是对肯定价值的欲求，对否定价值的排斥。据此论断，价值领域的"观念应然"就是社会主义核心价值观。因此，在今后很长一段时期内，思想道德建设领域的工作方向是培育和践行社会主义核心价值观。高校作为培养人才、文化传承的重要阵地，加强高校师生社会主义核心价值观培育是高校思想政治教育的重要内容，并且必须贯穿于高等教育的全过程。可见，高校师生社会主义核心价值观培育的目的就是要改变现在这种多元价值和价值虚无主义并存的实然世界，以实现社会主义核心价值观在多元价值观中占主导地位的目的。

---

① 马克斯·舍勒著；倪梁康译：《伦理学中的形式主义与质料的价值伦理学》，生活·读书·新知三联书店，2004年，第249页。

另一方面，进一步规范、明确、清晰社会主义核心价值观基本范畴。众所周知，富强、民主、文明、和谐、自由、平等、公正、法治、爱国、敬业、诚信、友善的社会主义核心价值观基本范畴都具有丰富的思想内涵，凝结了包括西方在内的全人类文明发展史上的不同认识阶段的认识成果，但是不同的人对这些范畴会有不同的解读和指向，并且每一个范畴在其发展过程中其含义也会发生变化，会延伸出很多种不同的意义。以"富强"范畴为例，《管子·形势解》中有"富强也，故国富兵强，则诸侯服其政，邻敌畏其威"。可见，"富强"在古代主要指"富国强兵"的意思。今天"富强"可能更多地指"国富民强"，即国家物质富裕，民族精神强健的意思。作为社会主义核心价值观基本范畴的"富强"则更应该体现马克思主义生产力的观点，并从这方面加以理解和把握。因此，进一步规范、明确、清晰社会主义核心价值观基本范畴的内涵，也就成了高校师生社会主义核心价值观培育要达到观念应然世界的题中应有之意。

（三）能然：路径之维

能然是通过运用各种方法和手段由实然达到应然的意识和体验，因此，要实现培育高校师生社会主义核心价值观的应然目标，就必须注重能然，并重点从以下两个方面着手。

一方面，立足"实然"抓典型、树榜样，培育高校师生社会主义核心价值观的能然意识。在舍勒看来，"榜样就其内涵而言是在人格统一之统一形式中的一个有结构的价值状况、一个在人格形式中的有结构的如此价值性"[①]，换句话说，榜样就是人格化的价值结构。在实然世界中，每个人的人格是自由的，通过榜样激励、引导，每一个个体都可自由选择成为他想成为的那一类人。在当下的实然世界中，涌现出了最美乡村教师、最美司机、最美医生等诸多榜样和典型，他们都具有高尚的人格价值和人格魅力。最美乡村教师朱敏才、最美医生张卫达、最美司机吴斌、当代雷锋传人郭明义、乐于助人的白芳礼爷爷以及大学生自强之星王景光等，他们的行为，他们的人格，激励和引导着身边的人向他们学习，选择成为他们那样的人。这就是舍勒所倡导的"榜样"，向榜样学习，自己最终成为榜样。因此，通过挖掘身边的这些典型、榜样，弘扬他们身上体现出来的共同精神价值，有助于培育高校师生社会主义核心价值观的能然意识。

另一方面，实行"教学做"合一，激发高校师生社会主义核心价值观的

---

① 马克斯·舍勒著；倪梁康译：《伦理学中的形式主义与质料的价值伦理学》，生活·读书·新知三联书店，2004年，第705页。

"能然"体验。人民教育家陶行知先生倡导"教学做合一"，他视"教学做"为一体。认为"做"是核心，主张在做上教，做上学。强调"从先生对学生的关系上说，做便是教。从学生对先生的关系上说，做便是学。"他还主张"以教人者教己"①"在劳力上劳心"②。因此，"教学做合一"有助于强化高校师生社会主义核心价值观的能然体验。如在学习"和谐"内容时可以将其还原到生活场景中去，通过给师生们看一个堵车的经典案例，让师生们身临其境。现实生活中每个人都有过堵车的经历，通过让师生们讨论为什么会堵车，堵车时心情怎样，怎样才能使交通通畅。通过讨论，所有人都知道很多堵车是因为有车加塞、插队、闯红灯，如果所有的人都遵守交通规则，则马路上的每一个路口都会通畅有序，那些非常混乱、险象丛生的堵车场景就会消失，"和谐"就出现了。同样的道理，在食堂、在车站、在机场、在公共场所，如果大家都能按先来后到，有序排队，则公共秩序就会井井有条，这就是"和谐"。此外，师生们还可以将生活中经常遇到的事情编成剧本，以小品、话剧、微电影等形式进行表演，或者组织师生去法庭听审，感受法制的威严和法治的重要性。所有这些措施强化了广大师生在实然生活世界中进行能然的情感体验，有助于高校师生社会主义核心价值观的培育。

三、结论

实然是现实世界，应然是理念世界，是在扬弃实然基础上的升华，能然是立足于实然指向应然并决定着应然实现的方法和途径。实然是基础，应然是目标，而能然则是实现目标的路径。实然、应然和能然是相互联系不可分割的有机整体。高校师生社会主义核心价值观培育是一个系统工程，必须紧紧抓住"实然""应然"和"能然"三个基本维度，着眼于实然，从高校师生价值观现状出发，依靠能然意识和能然体验，朝着高校师生社会主义核心价值观的应然目标不断努力，最终实现高校师生社会主义核心价值观在多元价值观中占主导地位的价值目标。

第四节　高校思政课教师在中国梦"三进" 工作中的作用分析

中国梦的核心就是通过走中国特色的社会主义道路、坚持中国特色社会主义理论体系、弘扬民族精神、凝聚中国力量，加快实施政治、经济、文化、社

---

① 江苏省陶行知研究会南京晓庄师范学校编：《陶行知文集》，江苏教育出版社，1997年，第294页。
② 江苏省陶行知研究会南京晓庄师范学校编：《陶行知文集》，江苏教育出版社，1997年，第288页。

会、生态文明五位一体建设，实现国家富强、民族振兴、人民幸福，最终顺利实现中华民族的伟大复兴①。党的十八大以来，全国人民都开始讨论、诠释并践行着自己的中国梦。作为国家主导意识传播者、高校思想政治教育实施者和学生健康成长引领者的高校思政课教师，理所应当地承担起对社会主义建设中坚力量的大学生中国梦宣传教育工作的重任，让中国梦走进大学教材、走进大学课堂、走进大学生头脑，以便为中华民族伟大复兴和社会主义事业培养可靠接班人。那么，高校思政课教师在中国梦"进教材、进课堂、进学生头脑"的"三进"工作中，具体应该承担什么样的角色和发挥什么样的作用呢？

一、高校思政课教师要做好中国梦进教材的统筹设计

由于中国梦涉及中国特色社会主义道路、中国特色社会主义理论体系、民族精神、中国力量等方方面面的内容，而高校又开设了"思想道德修养与法律基础""马克思主义基本原理概论""中国近现代史纲要"和"毛泽东思想和中国特色社会主义理论体系概论"等四门内容容易交叉的课程，所以，为了能使中国梦顺利走进大学教材，当下高校思政课教师首先必须切实结合上述四门课程，加强对中国特色社会主义道路、中国特色社会主义理论体系、民族精神、中国力量等中国梦核心内容的解读与阐释，组织修订相关课程新编教材。此外，由于教材是教学活动开展的指挥棒，无论是教师的教学还是学生的学习，无不以教材为主要依据，因此，高校思政课教师特别是主编四门思想政治理论课教材的教师要做好中国梦进四门思政课教材的统筹设计，要从全局的高度统筹安排四门思想政治理论课教材的修订编写，将中国梦的科学内涵和丰富内容进行分解，适时、适量、适度、不交叉、不重复地插入四门思想政治理论课教材中去。也就是说，要将中国特色社会主义道路、中国特色社会主义理论体系、民族精神、中国力量等分解内容分别放到四门思想政治理论课中哪一门课的哪一章节进行阐述，以便不重复，不交叉。

二、高校思政课教师要做好中国梦进课堂的组织工作

思政课教师设计好了教材，接下来就是组织教学活动和实施教学过程，这就相当于设计好了一个中国梦进课堂的"剧本"，接下来就是如何表演的过程。当然，表演过程中首先要充分发挥思政课教师的主导作用。在中国梦进课堂的组织实施过程中，思政课教师切记应发挥在应然的思想政治理论课程体系、教材体系与实然的大学生经验体系、素质体系之间发挥中国梦的桥梁作用，把中

---

① 李君如：《中国梦的意义、内涵及辩证逻辑》，《毛泽东邓小平理论研究》，2013年第7期，第14-17页。

国梦的教材语言转换为教学语言，力戒中国梦话语霸权。在课堂上教师不对中国梦的教育文本做出过度解释，不以权威压制学生发表意见、谈想法和心得，而是积极拓展学生民主参与的中国梦的公共话语空间平台，唤醒学生的主体意识，激发学生的对话讨论兴趣。其次，中国梦进课堂的表演始终要充分发挥大学生在思政课堂教学中的主体作用，要多采用启发式、案例式、研究式等教学方式，调动大学生的积极性和主动性，提升中国梦"进课堂"工作的实效性。因此，在课堂教学过程中，应根据中国梦教学内容对教学进行微课程处理，可以有学生自主研究南京经济建设快速发展的现实问题及其思想的阐发，也可以有以小组为单位的事先由老师精心布置的有关辽宁舰航母和中国究竟需要怎样发展航母的中国航母梦的讨论，同时更鼓励学生课后以 QQ、微信、微博和天空教室等新媒体网络平台发表自己的研究成果和对某一重大热点事件的理性思考。最后，要充分利用思政课的各类社会实践活动，紧密联系国情、社情、民情和大学生思想实际，推出一系列中国梦主题社会调查，把百年中国梦的电视文本转化为学生的生活文本，由学生去体会和感悟。总之，中国梦进课堂的组织实施形式、方法、手段要多样和有效。

三、高校思政课教师应做好中国梦走进学生头脑的实施工作

高校思政课教师只有从理论上深刻认识中国梦走进学生头脑的价值实现机制，并详细规划实施，才能真正实现中国梦走进大学生的头脑，从而树立正确的价值观，并内化成自觉的追逐中国梦的实际行动。具体可从以下三方面入手。

第一，解决学生认知接受问题。在中国梦进学生头脑从而实现中国梦的价值目标过程中，学生的认知接受起着非常重要的作用。从价值观形成规律来看，主体价值观一经形成，就成为主体对某种新价值观念进行判断和选择的标准。当中国梦被传达给大学生主体时，大学生主体就会自觉地用已有的价值标准进行自我评判，看其是否符合自己原先认定的价值标准。如果符合，大学生主体就会心悦诚服地接受，否则就会将它拒之门外。因此，在中国梦进大学生头脑从而实现中国梦的价值目标过程中，高校思政课教师必须注意摒弃只把学生当作被动的施教对象，忽视其接受的选择性，单纯从主观愿望出发来设计思想政治理论课教育内容和教育方法的问题。因而需要高校思政课教师注重对不同群体、不同类别的大学生主体的认知特殊性展开研究，并考虑其接受的可能性以及接受的方式和程度，从而使得思想政治理论课教学更具针对性与实效性。此外，高校思政课教师还要与时俱进，创新中国梦内容，使中国梦内容更具科学性、系统性和可教性，增强大学生对中国梦内容的可接受性。

第二，注意正确的利益引导。马克思认为，"人们奋斗所争取的一切，都

同他们的利益有关"①，追求利益成为人们价值取向的重要内容，利益大小也成为人们进行价值比较和价值选择的重要标准以及价值追求的动力。于是，这种利益追求与人们价值活动的内在关系决定了利益调节构成了中国梦进学生头脑从而实现中国梦的价值目标的内在机制。因此，根据这种内在机制的客观要求，首先，要注意正确的利益引导。高校思政课教师要把大学生对中国梦的认同与满足他们的利益需求相结合，引导他们去追逐自己的中国梦。其次，要正确对待大学生多样化的利益诉求。显然，多样化的大学生利益主体自然会产生不同的利益诉求，因此，高校思政课教师要学会尊重和理解大学生各利益主体的利益表达，认真对待他们提出的合理利益诉求，并给予合理而完善的解决方案。再次，高校思政课教师要帮助大学生树立正确的利益观，学会正确处理好国家、集体和个人三者之间的利益关系，既要防止忽视个人利益实现的倾向，也要避免利益分配过分向个人倾斜而削弱集体和国家利益的倾向，从而避免利益分配两极分化，以促进中国梦价值目标的顺利实现。

第三，注意协助完善制度保障。如前所述，中国梦走进大学生头脑的价值实现是一项复杂的系统工程，需要一系列规章制度的规约和保障。因此，高校思政课教师首先要帮助完善一系列规章制度。在协助制定学校的各项规章制度时，要积极体现中国梦走进学生头脑的价值实现要求，并在规章制度的贯彻、执行中充分体现中国梦走进学生头脑的价值要求。其次，要注意把中国梦走进学生头脑的基本要求渗透到教师职业规范、学生手册、大学生守则等具体行为准则和各个部门的管理规章制度中。再次，高校思政课教师要协助强化学校的各级各类管理，要使学校全体管理服务人员认识到，让中国梦走进大学生的头脑是各部门自己分内的工作，各部门要建立健全有效的激励约束机制，使符合中国梦走进学生头脑的行为得到鼓励，违背中国梦走进学生头脑的行为受到制约，逐步建立健全中国梦走进大学生头脑的渗透机制，把中国梦走进学生头脑贯穿于学校管理的全过程。

第五节　基于"心本管理"的高校教师激励策略举要

在某种程度上说，管理就是通过组织其他人的劳动去实现自己为组织制定的目标的过程。为了使组织成员为组织做出更大的贡献，管理者要通过一系列创造性的工作，以调动组织成员的工作积极性，改变和引导他们的行为，从而把组织中个人的需要与组织的目标协调起来，这正是管理者的激励工作所需完成的任务，即激励就是主体通过运用某些手段或方式让激励客体在心理上处于

---

① ［德］马克思，恩格斯著：《马克思恩格斯全集 第一卷》，人民出版社，1956年，第3页。

兴奋和紧张状态，积极行动起来，付出更多的时间和精力，以实现激励主体所期望的目标①。高校教师肩负着培养国家建设所需要的高级专门人才的重大历史使命，如何调动他们教书育人的积极性和激发他们的工作热情，是一个非常重要的问题。实践证明，实行"心本管理"对于调动高校教师工作的积极性，激发他们教书育人的热情具有重要的意义。所谓"心本管理"就是要管理好下属的心灵，以人心换人心，从而争得他的心，进而赢得他整个人②。"心本管理"的关键是要"关心、宽心、赢心、聚心"。因此，基于"心本管理"的高校教师激励策略应主要表现为物质激励、精神激励、参与激励和目标激励等。

一、"关心"与物质激励

所谓"关心"，就是管理者要关心下属，关心下属的心灵。对下属，管理者要提供适宜的工作环境和关心他们的衣食住行并帮助他们解除烦恼。正如松下幸之助所说："管理者即是下级烦恼的承担者，员工为何追随你，在一定程度上，就是由于你能够帮助他解除烦恼。"为此，管理者要把烦恼的解决（当然包括自己、组织和下属的烦恼）当作表现自己生命价值体现的手段。如果下级有烦恼，你帮助他解除了烦恼，世界上就没有什么难以解决的问题了。当然，在关心下属方面，要从细微处见功夫，一个成功的管理者应该当下属心灵的雷达，像照顾花朵一样照顾员工的心灵，要努力让员工这些花朵开得更为美丽。

所以说，虽然改革开放以来，我国的高等教育取得了长足进展，高校教师的待遇有了很大提高，但是我国高校教师特别是青年教师的物质生活还不富裕，它决定了作为最基本的激励方式的物质激励对于提高教师工作满意度、激发教师工作动机、增强教师凝聚力等方面还会起着重要作用。一般地说，物质激励主要包括两个方面的内容：一方面是通过普遍提高全体教师的经济收入和福利待遇来调动教师积极性；另一方面是通过建立一定的物质奖励机制，对工作成绩突出的教师给予必要的物质奖励，以鼓励教师为教育事业做出更大的贡献。物质激励主要体现为工资、奖金、劳保福利、课时津贴、科研奖励、职称晋升、住房、工作环境和条件的改善等。因此，高校管理者要在总结原有高校工资分配模式的优点和缺点的基础上，继续深化人事分配制度改革，建立劳动、知识、技术和管理等生产要素按贡献参与分配的办法，建立以公平与效率为核心、富有激励作用的适应社会主义市场经济要求和学校长远发展需要的薪酬福利制度，提高全体教师的经济收入和福利待遇。重点要关注以下几个方

---

① 芮明杰著：《管理学：现代的观点（第二版）》，上海人民出版社，2005年，第297-298页。

② 吴甘霖著：《心本管理》，机械工业出版社，2006年，第38页。

面：在津贴分配改革中，要把教师的津贴分配与履行岗位职责、完成教学科研工作任务的数量与质量紧密挂钩，拉大分配差距，杜绝吃大锅饭和搞平均主义；要建立一套完善的有关职称晋升奖励和科研奖励的机制，做到奖励公开、公平、公正；要努力改善高校教师的住房和工作环境问题，因为住房和工作环境问题是当今高校教师最普遍头痛的问题。因此，高校管理者要从学校发展的战略高度出发想方设法解决教师的住房和工作环境问题，关心教师的衣食住行，想尽一切办法为教师解除烦恼，搬掉他们心灵中的那颗顽石。如果高校管理者懂得像照顾自己的亲人一样关心教师的心灵，广大教师的满足感和归属感就会得到极大的增强。那样，广大教师就会知恩图报，以校为家。他们就会心无牵挂、义无反顾地追随你去为学校、为社会拼命地工作，去开拓学校事业发展的新局面。

二、"宽心"与精神激励

精神激励也是一种基本的激励手段，实践证明，物质激励要和精神激励相结合。在教师取得突出成绩后，一方面要给予物质激励，另一方面也要给予精神激励，即以精神鼓励为诱因对教师进行的激励，如通过给教师的认可、表扬、表彰、授予光荣称号、颁发荣誉证书、奖章和包容等方法均可以对教师产生精神上的激励作用。具体地说，精神激励的形式多种多样，如授予某方面做出显著成绩的教师荣誉称号；对做出重大贡献的教师颁发证书、奖状和奖金；开展专场报告会、经验推广会、媒体宣传等宣传报道教师中的先进人物、先进事迹；对优秀教师给予特殊待遇等。在这里，需要强调的是，就"心本管理"中的"宽心"而言，精神激励主要强调高校管理者对教师的包容、宽慰和鼓励创新。

所谓"宽心"，就是管理者要居上先施，以一颗宽容的心宽以待人。老子《道德经》曰："上善若水，水善利万物而不争。处众人之所恶，故几于道。"意思就是说，作为管理者要学习水的品格，做像水的品格那样的人，甘愿处于人不喜欢的低处，不因位高权重而倨傲。一方面，像水那样具有亲和力的管理者是很得人心的。另一方面，管理者要有一颗包容、宽容的心，要宽以待人。实践证明，在一定条件下，管理者如果对犯有某些错误的人予以宽恕，不予追究，就能够赢得他的心。赢得了人心也就赢得了你的下属，赢得了你的事业。

如今，随着信息时代和知识经济时代的到来，科学技术发展日新月异，社会信息量倍增，信息传递的速度日益加快，人们占有的信息量相对而言总是有限的，不能满足管理和决策的需要。于是，在这样的时代背景下，高校教师进行创造性工作和创新的风险增大，失败的概率大大增加。金无足赤，人无完人。所以，在今天这个特别提倡创新的年代，高校管理者更应该运用精神激励，本着一颗宽容的心，包容、宽慰和鼓励教师创新，支持他们冒险并容忍他们的创新失败，甚至允许他们犯错误。对于失败要宽容甚至提出表扬，对于错误，只要教师认识到错误之处并愿意改正就应该再给予其机会。这样，高校管理者就会很得人心，就能够与广大教师打成一片，拧成一股绳，齐心协力，在失败中不断创新，在改正错误中不断前进，最终夺取学校事业的新胜利。

三、"赢心"与参与激励

"赢心"就是管理者通过以心换心，从而赢得下属的心。中国人为了实现组织的目标，倾向于表现为一种情感互换型的行为方式，即将心比心、人心换人心，我真心对你、你真心对我，我心中有你、你心中有我，我尊重你、你尊重我。作为管理者，如果你能尊重并将自己的心掏给你下属，下属可能会以十倍的热情和真心回报给你。上级给一尺，下级还一丈。当然，尊重和调动员工的积极性和创造性不能只停留在口头上，管理者必须放弃过去那种自己做决定，让别人去执行的"命令—支配型"的管理模式，要充分下放权力，吸引下属参与管理。"中国人其实很简单，只要你看得起他，他就会拼命去做；你看不起他，他完全不会把事情做好，更不会拼命。"①

正如行为科学理论所认为，组织中的个体都有参与组织管理的意识，并期望发挥自己的才能，一旦这种愿望得到满足或实现将可极大地调动个体的积极性，从而产生巨大的激励效果。在知识经济时代，知识和知识分子对经济建设和社会发展的作用越来越显著，这使得对教师的尊重需要进一步发展。所以，对高校教师来说，相对于生理需要和安全需要而言，他们更看重尊重和自我实现的需要。由于高校教师具有敏感的自我意识，丰富的情感世界，强烈的自尊心、自信心和进取心，所以高校教师参与学校管理的意识和愿望更加强烈。因此，作为高校的管理者，对待教师要树立尊重知识同尊重权威同样重要的思想，要学会充分授权，理解和尊重教师的积极性、创新性和参与管理性。敬人者人恒敬之。以心换心，其利断金。所以，高校管理者要学会与教师之间进行双向沟通，保持信息传递的畅通，保持心灵与心灵之间的充分融合；要尊重教师的民主管理权利，进行决策时要多考虑他们的意见，以便形成一个平等、民主、和谐、自由的环境，使教师产生一种被信任、被尊重的感觉，从而唤起教师的主体意识，使他们把学校的事当成自己的事情来办，使他们自己巨大的内在潜力自觉地发挥出来，使他们拼命地为学校干事。总之，要通过参与激励将教师的心留住，从而赢得他的心，最终达到促进学校内部的和谐和增强学校的竞争力的目的。

---

① 曾仕强著：《中国式领导——以人为本的管理艺术》，北京大学出版社，2006年，第170页。

四、"聚心"与目标激励

"聚心"就是管理者把下属的人心凝聚在一起。《列子·汤问》：北山愚公者，年且九十，面山而居。惩山北之塞，出入之迂也……遂率子孙荷担者三夫，叩石垦壤，箕畚运于渤海之尾。这就是众人协力同心可将高山移走的故事。《国语·周语下》：故谚曰："众心成诚，众口铄金。"比喻只要万众一心，团结一致，力量就会无比强大。对此，巴顿将军也有一番独特的见解。他认为，治军首先治心。一支军队，最关键的问题不是武器精良，也不是人数是否众多，更不是军粮是否充足，而是取决于军心。如若军心涣散，失败在所难免。所以，要实现组织的目标，不管是军队、企业、高校的管理者，还是其他组织的管理者都必须学会做好"聚心"这篇文章。因此，可以这么说，作为一个高明的管理者，高明之处在于，怎样凝聚人心，将部下心灵的潜能发挥到极致。

对高校管理者而言，通过目标管理，实施目标激励，有利于"聚心"，即把广大教师的人心凝聚起来，使大家心往一处想，劲往一处使，众志成城。所谓目标，是行动所要得到的预期结果，是满足人的需要的对象。目标同需要一起调节人的行为，把行为引向一定的方向。目标本身是行为的一种诱因，具有诱发导向和激励行为的功能。目标管理则是一种鼓励组织成员积极参加工作目标的制定，并在工作中实行自我控制、自觉完成工作目标的管理方法或管理制度[1]。就高校而言，目标管理就是通过自下而上、自上而下由学校的上层管理人员与下层管理人员、教师一起制定学校的总目标，并由此层层分解确定每一个教师的责任和分目标，最后又用这些目标来进行管理、评价和决定对每一个部门和成员的奖惩。通过目标管理建立的目标是系统的目标体系，即将学校的目标与基层单位的目标、教师个人目标层层联系起来，形成整体目标与局部目标、学校目标与个人目标的系统整合。这使得学校目标在内部层层展开，最终形成一种多维度、多时限、多方要求相结合的相互紧密联系的目标体系。就通过目标管理实施目标激励而言，为教师设立的个人目标还要满足以下一些条件：目标应是广大教师乐于接收的，并且应是具体的、可衡量的、富于挑战性的和有实现可能的，这样的目标才是最有激励性的。目标的考核评价应重视教师的工作成果而不是教师的工作行为本身，要强调教师的自我控制，最大限度地激发广大教师的积极性、主动性和创造性。如企业家芮明杰所言，这种目标管理有利于以最经济有效的方法统一学校每个人的思想、意志和行动；有利于学校总目标与分目标之间以及分目标与分目标之间相互支持、相互保证，形成

---

[1] 张玉利著：《管理学（第二版）》，南开大学出版社，2004年，第94页。

互相支援的目标网络体系，从而保证目标的整体性和一致性；有利于将学校每个人的需求与组织目标相结合，实现个人与组织的共同发展①。一句话，通过目标管理实施目标激励能够统一全校教师的思想、意志和行动，使广大教师万众一心，朝着既定的学校目标奋勇前进。

综上所述，作为高校的管理者，如果学会了"心本管理"，组合运用多种激励策略，关心教师的心灵，以一颗宽容的心对待教师，尊重教师的自由和权利，实行民主参与式的目标管理，以人心换人心，从而赢得他整个心，最终达到凝聚整个学校的人心，就能够实现管理好关系千百万人的学业前途和国家与学术之兴衰的高校的目标。

---

① 芮明杰著：《管理学：现代的观点（第二版）》，上海人民出版社，2005年，第96页。

>>> 第四章 重实践：在实践中发现问题解决问题，增强高校思政课针对性

第一节 "毛泽东思想概论"课教学应着重培养学生五种精神

"毛泽东思想概论"课的开设是我国政治理论课教学的重大改革，也是我国思想政治教育史上的一件大事，其主要目的是使大学生对毛泽东思想的基本内容和精神实质有一个完整准确的理解，使之成为合格的中国特色社会主义事业的建设者和接班人。为此，在长期的教学实践中，笔者认为应通过"毛泽东思想概论"课教学着重培养学生以下五种精神。

一、培养学生的大无畏的革命斗争精神

当代大学生是国家实行独生子女政策后的一代，又是享受着改革开放的物质成果成长起来的一代，基本上没经历过什么艰难困苦。因此，一旦遇到困难，他们就无所适从、不知所措，往往被困难所吓倒，没有战胜困难的勇气和毅力，经常幻想一帆风顺的生活环境。因此，笔者认为应通过"毛泽东思想概论"课的教学，让大学生深深懂得以毛泽东为代表的中国共产党人为了中国人民的解放事业和中华民族的独立，他们不会被任何敌人所吓倒，倒是吓倒了一个又一个敌人，经过艰苦卓绝的斗争终于推翻了帝国主义、封建主义和官僚资本主义在中国的统治，取得了新民主主义革命的胜利。革命前辈们为了中国人民的解放和中华民族的独立不惜抛头颅，洒热血，他们面对强大的敌人和困难所表现出来的大无畏的革命斗争精神正是我们所应当学习的。毛泽东的一生是革命的一生、斗争的一生。他有一句名言："与天斗，其乐无穷；与地斗，其乐无穷；与人斗，其乐无穷。"他曾提出"一切反动派都是纸老虎"的著名论断，并指出"看起来，反动派的样子是可怕的，但实际上并没有什么了不起的

力量。从长远的观点看问题，真正强大的力量不是属于反动派，而是属于人民"①。特别是 1945 年 8 月，毛泽东不顾个人安危亲自去虎穴重庆参加国共两党和平谈判，经过 43 天的不懈斗争，国共两党终于签署了《双十协定》。重庆谈判充分体现了毛泽东的大无畏的革命斗争精神。在以和平和发展为主题的新时期，我们仍然会遇到各种各样的敌人和困难，在敌人和困难面前我们不能软、不能怕、不能退缩，要有愚公移山的大无畏的革命斗争精神，但是我们应该注意策略，注意方式方法，战略上藐视敌人，战术上重视敌人，不能蛮干，以避免无畏地牺牲，既要敢于斗争，又要勇于斗争，更要善于斗争。

二、培养学生自力更生、艰苦奋斗的精神

改革开放以来，随着人们物质生活水平的提高，享乐主义思想越来越严重，而自力更生、艰苦创业的精神渐渐地被我们的大学生淡化了、遗忘了。因而，笔者认为应通过"毛泽东思想概论"课的教学，使大学生了解以毛泽东为核心的第一代中央领导集体为了中国人民的生存和发展，自觉地把马列主义和中国革命实践相结合，不断地排除了"左"右倾错误的干扰，在理论上和实践上都坚持自力更生、艰苦奋斗的革命精神，这种精神就是自己相信自己，自己依靠自己，自己发展自己，走自己的路。毛泽东曾经说过"永远保持过去十余年间在延安和陕甘宁边区的工作人员中所具有的艰苦奋斗的作风"②"没有什么困难、事情能够阻住我们去路的，问题只在坚持正确方针，艰苦奋斗，就能达到目的"③。自力更生、艰苦奋斗是中华民族的优良传统，它的关键是"奋斗"，艰苦是一种条件、困境和挑战；奋斗则是一种主观努力、回应和超越。自力更生、艰苦奋斗是一种"穷则思变"的革命精神。大生产的南泥湾精神就是自力更生、艰苦奋斗的精神。在社会主义初级阶段，我们党的基本路线是领导和团结全国各族人民，以经济建设为中心，坚持四项基本原则，坚持改革开放，自力更生、艰苦创业，为把我国建设成为富强、民主、文明的社会主义现代化国家而奋斗。④ 自力更生、艰苦奋斗作为一种思想境界和精神追求，是社会转型时期道德建设的一个重要内容，也是培养"四有"新人的内在要求。在社会主义市场经济条件下，只有把自力更生、艰苦奋斗与最终实现国富民强的大目标有机统一起来，把个人奋斗的价值与社会价值统一起来，才能真正实现中华民族的伟大复兴。

---

① 毛泽东著：《毛泽东选集 第四卷》，人民出版社，1991 年，第 1195 页。
② 毛泽东著：《毛泽东选集 第五卷》，人民出版社，1997 年，第 12 页。
③ 韶山毛泽东纪念馆编著：《毛泽东生活档案 下卷》，中共党史出版社，1999 年，第 773 页。
④ 人民网：《沿着有中国特色的社会主义道路前进——在中国共产党第十三次全国代表大会上的报告》，http://www.chinadaily.com.cn/dfpd/18da/2012-08/28/content_15713593.htm。

三、培养学生不唯书、不唯上、只唯实的彻底的反教条主义的精神

我们现在的许多大学生在学习上存在误区，要么过分强调书本知识，强调理论学习的重要性，以书本知识作为检验真理的唯一标准。要么过分强调实践经验的重要性，表现出一种狭隘的经验主义。因此，笔者认为要通过"毛泽东思想概论"课的学习，让大学生们知道"实事求是"是毛泽东思想的精髓和活的灵魂，并加以理解和把握。毛泽东受过清代实学思潮的影响，崇拜过顾炎武、颜习斋、王夫之、魏源、谭嗣同、杨昌济等实学家。他非常注重调查研究，主张理论联系实际。中国革命和建设的实际无不说明中国共产党和中国人民什么时候坚持实事求是，一切从实际出发，革命和建设就胜利；反之，革命和建设就会处于劣势甚至失败。因此，毛泽东始终坚持把实事求是作为我们党的思想路线来贯彻。实事求是思想路线的确立过程实质上就是与教条主义作斗争的过程。从 1930 年写《反对本本主义》对教条主义做公开的论战到 1945 年党的七大正式把实事求是确立为党的思想路线，可以说，毛泽东同志与教条主义整整斗争了 15 年。在此期间，毛泽东于 1938 年 10 月在《论新阶段》的报告中使用了实事求是这一概念。他指出，"共产党员应是实事求是的模范""因为只有实事求是，才能完成确定的任务"。1941 年 5 月，他对实事求是的深刻含义又做了进一步地解释，他说："'实事'就是客观存在着的一切事物，'是'就是客观事物的内部联系，即规律性，'求'就是我们去研究。"他进而指出，"我们要从国内外、省内外、县内外、区内外的实际情况出发，从其中引出其固有的而不是臆造的规律性，即找出周围事物的内部联系，作为我们行动的向导。"① 毛泽东通过发表《〈共产党人〉发刊词》《中国革命和中国共产党》《新民主主义论》等一系列理论著作，发动延安整风，加上对党的历史经验的系统总结，完成了彻底清算教条主义的任务。通过系统地学习，学生们最终明白了要反对教条主义即反对本本主义和经验主义，就必须做到一切从实际出发，而不是从书本和教条出发，既需要具有实事求是的精神又需要具有解放思想的勇气，坚持理论联系实际，不断进行理论创新。

四、培养学生全心全意为人民服务的精神

作为在社会主义市场经济条件下成长起来的大学生，受西方价值观念的影响，高扬个性，肯定自我，以自我为中心，看重利己主义和个人主义，而缺乏

---

① 毛泽东著：《毛泽东选集 第三卷》，人民出版社，1991 年，第 801 页。

全心全意为人民服务的人民本位、人民主体精神。基于这种情况，笔者认为应通过"毛泽东思想概论"的教学，使学生深知毛泽东等第一代中央领导集体一贯倡导和坚持为人民服务的思想，始终把符合人民利益作为制定党的政策的出发点和归宿，把全心全意为人民服务作为我们党的唯一宗旨。我们党和党的干部是人民的勤务员和公仆，也就是说作为党的干部必须具有全心全意为人民服务的思想。毛泽东曾经说过："一个人的能力有大小，但只要有这点精神，就是一个高尚的人，一个纯粹的人，一个有道德的人，一个脱离了低级趣味的人，一个有益于人民的人。"① 中国共产党人的这种视人民群众为主人，自己为公仆的观点，实现了由封建君王本位到人民本位，由为封建君王服务到为民做主到为人民服务价值取向的根本改变，也正是凭借这种为人民服务的精神，中国共产党赢得了广大人民的拥护，依靠广大人民的奋斗推翻了三座大山，建立了新中国，初步建立了社会主义社会，并将最终实现共产主义。在教学中，笔者曾以毛泽东在给好友邹蕴真的信中高度赞扬了母亲的品德的事情进行讨论。他在信中说："世界上有三种人，损人利己的，利己而不损人的，可以损己以利人的。我母亲属于第三种人。"讨论最后达成了一个共识，那就是在社会主义市场经济条件下人们要尽可能发扬损己利人的作风，培养全心全意为人民服务的精神，最起码我们要做第二种人即利己但不损人的人，这是市场经济条件下做人的底线，绝对不能做第一种人即损人利己的人。尽管在市场经济条件下，损人利己的人的确存在，但这种人会受到社会主义道德的谴责和社会主义法制的制裁。因为，首先市场经济是离不开服务的，发达国家的政府为市场服务、为纳税人服务，这是市场经济对政府、对公共管理的基本要求，企业在市场中最终是靠服务取胜的。其次，我国面临经济全球化的挑战和机遇，加入世界贸易组织后更能深刻感受到这种挑战。我们能否迎接挑战，抓住机遇，加快发展，归根到底是靠人才，靠树立了全心全意为人民服务人生观的各种人才。再次，全心全意为人民服务与社会主义市场经济重视个人利益、调动个人积极性是一致的，是相辅相成的。因此，作为 21 世纪中国社会主义现代化建设事业的接班人，就理所应当要端正观念，牢固树立为人民服务的人民本位、人民主体的思想。

五、培养学生为社会主义事业奋斗终生的精神

20 世纪 80 年代以来，由于苏联解体，东欧剧变，使国际共产主义运动进入低谷，因而同时代的大学生对社会主义信念开始显得不够坚定，对社会主义信仰和困惑同时并存。基于此，这就要求我们在"毛泽东思想概论"课教学实

---

① 毛泽东著：《毛泽东选集 第二卷》，人民出版社，1991 年，第 660 页。

践中以历史为基础，从中国的基本国情出发，让学生们知道：中国的近代历史已经证明，为在中国实现资本主义而进行的一切奋斗，无论是用革命的方法还是用改良的方法，都不能成功。因此，中国共产党人提出的实现社会主义的理想，正体现了中国历史发展的必然性。在中国实现社会主义，是中国共产党自创立之日起就已经确立的奋斗目标，也正因为有以毛泽东为代表的第一代中国共产党人对社会主义有着坚定的信念，树立了为社会主义事业奋斗终生的理想，经过艰苦卓绝的斗争，取得了新民主主义革命的胜利，建立了中华人民共和国，紧接着又进行了社会主义改造，初步建立起了社会主义制度。1956 年 4 月，毛泽东在《论十大关系》的著名讲话中开始提出走中国自己的社会主义建设道路的问题。在把马列主义与中国实际相结合，独立自主地探索建设社会主义道路的过程中，虽然我们有过挫折，有过失误，但社会主义事业的前途始终是光明的，历史也必将证明共产主义一定会实现。教学中笔者曾例证，早在第二次国内革命战争时期，革命形势处于低潮，林彪等人提出了"红旗到底打得多久"的疑问。毛泽东针对林彪以及党内一些同志对时局估量的悲观思想，发表了《中国的红色政权为什么能够存在？》《井冈山的斗争》《星星之火，可以燎原》等一系列著作，正确地、满怀信心地、高瞻远瞩地估量了红军的前途，指出"它是站在海岸遥望海中已经看得见桅杆尖头了的一只航船，它是立于高山之巅远看东方已见光芒四射喷薄欲出的一轮朝日，它是躁动于母腹中的快要成熟了的一个婴儿"①。中国革命后来的发展充分证明了它的正确性。通过这多种多样的教学方法，对学生晓之以理，动之以情，导之以行，消除学生的困惑，使学生明白社会主义建设事业的前途是光明的，而道路却是曲折的，从而增强他们对社会主义的坚定信念，培养他们为社会主义事业奋斗终生的精神，使他们成为共产主义事业的合格接班人。

第二节　高校思想政治理论课教学中运用
南京红色文化资源的实践研究

根据中共中央宣传部、教育部《关于进一步加强和改进高等学校思想政治理论课的意见》要求，近年，南京晓庄学院对思想政治理论课教学进行了一系列改革，其中推出的一项重大改革举措就是践行陶行知先生的教学做合一的教育理念，坚持从南京晓庄学院地方性高校的实际出发，把南京红色文化资源运用到思想政治理论课的课堂教学中，凸显了学校思想政治理论课教学的南京红色文化特色，大大地提高了学校思想政治理论课的课堂教学实效，南京晓庄学

---

① 毛泽东著：《毛泽东选集 第一卷》，人民出版社，1991 年，第 106 页。

院的思想政治理论课教学改革因而成绩显著，曾多次获得部、省、市级教育主管部门的表彰和奖励。

一、南京蕴藏丰富的红色文化

红色文化至今还没有一个规范的定义。一般认为红色文化是以中国共产党领导人民进行革命斗争所建立的丰功伟绩为标志，以建功立业时形成的纪念地标志物为载体，并以这些载体所承载的革命历史、革命事迹、革命精神为内涵而组成的具有宝贵历史意义与价值的文化体系。红色文化是以井冈山精神、长征精神、延安精神、抗战精神、西柏坡精神等优秀精神品质为内核的中国共产党创建和领导的一种反帝反封建的进步文化形态。红色文化是中国共产党人和广大革命群众共同作风、共同信念、共同精神品质和思维方式的集中体现，是马克思主义与中华优秀传统文化有机结合的产物。[1] 据此，红色文化应是指中国共产党领导全国各族人民在新民主主义革命、社会主义建设和改革开放进程中所产生的精神文化及其物质载体的总称。因此，南京红色文化应包括南京的各类遗址遗迹、陵园、纪念碑馆、名人故居旧址等各种有形的资源，还包括南京在这段时期内形成的革命文艺、励志事迹等所有无形的资源。南京历来被誉为"六朝古都""十朝都城"，特别是南京在中国近现代史上饱尝忧患、历尽沧桑，地位特殊，南京灿烂的民族文化遗产、丰富的革命斗争史迹、优美的自然风光、丰富的名人资源和改革开放的伟大成就，表明南京的红色文化资源丰富，为南京地方高校深入开展爱国主义教育、弘扬民族精神提供了宝贵的资源和生动的教材。

二、南京红色文化走进高校思想政治理论课教学的意义

作为一种宝贵的历史文化资源，南京地方红色文化历史悠久，内涵丰富，具有重要的教育价值：一方面，南京红色文化走进南京地方高校思想政治理论课堂，有利于提高南京地方高校的思想政治理论课教学水平；另一方面，南京红色文化是一种可持续利用的优质资源，能够促进南京的社会主义精神文明和物质文明建设，能为南京的社会主义现代化建设和改革开放提供的前进动力和精神支柱。具体来说包括如下内容。

第一，南京红色文化走进南京地方高校思想政治理论课堂，有利于丰富高校思想政治理论课的教学内容和内涵，优化教学资源，提高思想政治理论课的课堂教学质量。试想抗日战争时期毛泽东在延安抗日军政大学上给学员们讲深

---

[1]　秦洪涛：《地方红色文化融入高校思政工作的意义与途径研究》，《中国校外教育》，2013年第8期，第16页。

奥的哲学，教室里被挤得水泄不通，究其原因，就是因为毛泽东能够理论联系实际，而不照本宣科。须知理论必须彻底才能说服人，而理论要彻底就必须联系实际，解决实际问题。因此，高校思想政治理论课教学的研究也应做到理论联系实际，要从国内外、省内外、县内外和区内外的实际情况出发，从中引出其固有的而不是臆造的规律性，即找出周围事物的内部联系，作为我们行动的指南。只有民族的才是世界的，只有具有地方特色的，才是为人所最喜爱的，这正是普遍性寓于特殊性之中，并通过特殊性表现出来。所以，高校思想政治理论课要想说服人，必须有其民族、地方特色，贴近实际，贴近生活，贴近学生。因此，南京地方高校思想政治理论课程教学中选择运用具有代表性的南京地方红色文化，把南京地方红色文化与大学生的思想政治理论课教学有机地结合起来，不仅在其研究方法和内容上具有创新性，而且有利于提高思想政治理论课的课堂教学质量，抓住同学们急于要了解南京、认识南京的心理，诱发在宁大学生的学习兴趣，培养大学生们崇高的理想，坚定其共产主义信念。

第二，南京红色文化有利于大学生增强抵御西方社会腐朽思想的侵蚀，能够为增强马克思主义的理想和信念传递正能量。南京有 2 500 多年的建城史，1 700 多年跨度的建都史，特别是南京在中国近现代史上的特殊地位，使得南京现在共拥有 6 个全国爱国主义教育示范基地，17 个在省委宣传部命名的省级爱国主义教育基地，南京市委宣传部命名的 28 处市级基地（含国家级、省级）。除此之外，各县、区党委、政府还命名了一大批县、区级爱国主义教育基地。另外，南京还拥有 281 处文物保护单位，其中国家级 9 处，省级 77 处，文物保护单位与爱国主义教育基地相互重叠。[①] 可见，南京已经形成国家级、省级、市级、区级多层次的爱国主义教育基地网络。结合思想政治理论课教学的需要，充分利用上述爱国主义教育基地网络有选择地组织大学生参观南京渡江战役纪念馆、静海寺、侵华日军南京大屠杀遇难同胞纪念馆、雨花台烈士陵园、梅园新村纪念馆、中山陵等爱国主义教育基地，观看《南京！南京！》等影视资料，使学生们认识到今天的幸福生活是多少代人抛头颅、洒热血而建立起来的，来之不易，从而明白当代青年应承担的社会责任，达到教育学生树立正确的人生观、价值观和远大的社会理想，从而从内心热爱中国共产党，热爱伟大的社会主义祖国和勤劳勇敢的中国人民，并立志为实现中国梦而贡献自己的力量。

---

① 陈红英：《金陵文化走进南京地方高校思想政治理论课教学的实践探索》，《南方论刊》，2010年第 12 期，第 76 页。

三、南京红色文化走进南京晓庄学院思想政治理论课的实践探索

近年，南京晓庄学院思想政治理论课教学改革稳步推进，成效明显。改革的一个突出举措就是践行陶行知先生的教学做合一的教育理念，坚持从南京晓庄学院地方性高校的实际出发，始终强调高校思想政治理论课的课堂教学要联系南京的红色文化资源实际，注意丰富高校思想政治理论课的课堂教学内容，提高思想政治理论课的课堂教学质量。

第一，联系南京红色文化资源实际编写思想政治理论课校本教材，使南京红色文化进课堂，进教室，进学生头脑。课堂是针对学生进行思想政治和理想信念教育的主阵地，教材是进行思想政治理论课教学的核心材料，于是南京晓庄学院的思想政治理论课教师结合自身所教的课程，有代表性地选择南京红色文化将其编进校本教材，以增强教学的实效性。如将南京晓庄学院的老校长——陶行知先生改名的革命斗争故事编进"马克思主义基本原理"校本课程，让学生进一步明白知和行的辩证统一关系，懂得实践是认识的基础。又如将雨花台烈士陵园晓庄英烈馆中的晓庄英烈们的英勇反抗国民党反动派的革命斗争事迹编进"思想道德修养和法律基础"校本课程，进一步培养学生的爱国主义情感，增强爱国主义意识；还有将渡江战役纪念馆、中山陵、南京的诸多名人事迹、南京改革开放以来取得的成绩等素材编进"毛泽东思想和中国特色社会主义理论体系概论"校本课程，让广大学生明白我们今天的幸福生活来之不易，要懂得珍惜今天的幸福生活，并为了实现祖国繁荣富强的中国梦而努力奋斗；同时将侵华日军南京大屠杀遇难同胞纪念馆、总统府、梅园新村纪念馆等素材编进"中国近现代史纲要"校本课程，时时提醒广大学生前事不忘，后事之师，牢记落后要挨打的历史，明白自己的历史使命，奋发图强，誓为祖国的繁荣富强而贡献自己的力量。这样活用南京红色文化资源，生动活泼地对大学生进行生动形象的爱国主义教育和理想信仰等价值观教育，增强了思想政治理论课的吸引力、亲和力和影响力，达到了为大学生提供真信真用的价值观导向的目的。

第二，坚持理论联系实际，突出南京红色文化，切实加强实践教学。根据中共中央宣传部、教育部"高等学校思想政治理论课所有课程都要加强实践环节。要建立和完善实践教学保障机制，探索实践育人的工效机制"的指示精神，南京晓庄学院各级领导高度重视，各思想政治理论课教研室积极行动，采取各种措施切实加强实践环节教学。首先，保证实践教学课时。现在学校四门思想政治理论课都是按照教育部的规定，分别实施理论教学和实践教学，学校

每门课程均安排 8 课时的实践课。其次，每一门课程本着依据贴近实际、贴近生活、贴近大学生的"三贴近"原则，着重突出南京红色文化资源，每一个教研室都制定了相对完整的切实可行的实践教学大纲、实践教学实施方案和实践教学实施项目。如在实践教学中，考虑到经费不足、时间有限以及学生人数较多等因素的限制，学校的思想政治理论课实践调研项目基本上都是围绕南京红色文化资源开展，其中具有代表性的南京红色文化实践调查选题主要有：南京晓庄学院的产生发展历史调查、南京晓庄师范（南京晓庄学院的前身）早期革命斗争史调查、新时期南京爱国主义教育基地建设中存在的问题及解决路径调查、南京爱国主义教育基地教育资源和旅游资源的开发与整合调查、南京爱国主义教育基地的经济收入与支出情况调查、南京爱国主义教育基地主要受众群体及原因调查、南京红色文化资源开发现状调查、南京红色文化与校园文化的关系调查、南京红色文化对培养大学生"三观"的作用调查、南京红色文化在南京高校思想政治理论课中的开发和运用情况调查、南京红色文化的正能量调查——以南京晓庄学院在雨花台烈士陵园或侵华日军南京大屠杀遇难同胞纪念馆志愿者的成长为例、南京晓庄学院校园文化中的隐性文化资源状况调查等。

同学们在指导老师的精心指导下，通过认真制定调查问卷，依据统计数据分析现状、找出原因，并提出一些合理的建议。几年来，南京晓庄学院思想政治理论课程涌现出了一大批优秀的社会实践成果，同学们也在这社会实践中得到了素质和能力的同步提高。与此同时，南京晓庄学院思政部主持申报的《教学做合———高校思想政治理论课实践教学模式的探索》也荣获江苏省教学成果二等奖，以此为基础申报的《生活即教育、社会即学校——高校思想政治理论课实践教学模式的探索与创新》同时荣获"江苏省高校思想政治理论课示范点立项建设试点项目"，这些成果也从一个侧面说明南京晓庄学院思想政治理论课教学坚持理论联系实际，突出南京红色文化，切实加强实践教学所取得的成绩得到了大家的认可。

第三，共同开展以南京红色文化为主旋律的校园文化建设，积极营造有晓庄特色的红色校园文化氛围。高校校园文化"是加强和改进大学生思想政治教育、全面提高大学生综合素质的重要途径"[①]。南京晓庄学院的历史就是老校长陶行知及其早期晓庄革命英烈的斗争历史。因此，南京晓庄学院的校园文化建设始终以陶行知的教学做合一、爱满天下的教育理念以及早期晓庄革命英烈为了人民的幸福不惜抛头颅、洒热血的南京红色文化为主旋律，坚持把校园文化建设与南京红色文化有机结合，把社会主义核心价值体系融入校园文化建设的全过程，把志愿服务工作作为推动晓庄"陶子"成才的重要阵地，努力营造全

---

① 冯清：《地方高校思想政治工作创新的思考》，《新西部》，2007 年第 20 期，第 123 页。

面提高大学生综合素质的良好文化氛围。于是，学校各个部门协调配合，以学生为主体，充分发挥思想政治理论课教师的作用，成立了立足南京、服务南京的各种志愿组织，开展了形式多样的各种有益的志愿服务活动。如南京晓庄学院的学生利用周末和节假日在侵华日军南京大屠杀遇难同胞纪念馆为国内外游客义务讲解南京大屠杀历史已坚持开展了 18 年，至今已有 400 多名青年志愿者加入志愿讲解工作的行列，累计讲解时间为 8.28 万小时，累计讲解对象达260 多万人次，参加江苏省和南京市的重大悼念活动 190 多次，参加纪念馆的外事接待工作 100 余次。南京晓庄学院《志愿者在行动：晓庄学子 18 年义务为游客讲解南京大屠杀历史》项目获得教育部 2012 年高校校园文化建设优秀成果二等奖。与此同时，南京晓庄学院学生参与的《江东门纪念馆志愿讲解服务队》被授予江苏省优秀青年志愿服务项目，2009 级思想政治教育班学生李国荣被授予江苏省优秀青年志愿者。近几年，由于有晓庄特色的红色校园文化氛围的熏陶，南京晓庄学院先后涌现出了胡小五同学等感动南京十大杰出人物、获得第三届全国道德模范提名奖的王景光同学等一批模范人物。可见，有晓庄特色的红色校园文化激发了青年学生的激情，唤起了当代青年学生对高尚的、独立的人格追求和高尚的道德追求，促进了青年学生科学文化素质和思想道德素质的不断提升。

总之，南京红色文化资源蕴藏丰富，南京晓庄学院通过将南京这些丰富的红色文化资源编入思想政治理论课校本教材，坚持理论联系实际，突出南京晓庄学院校史等南京红色文化，切实加强实践教学，以及共同开展以南京红色文化为主旋律的校园文化建设，积极营造有南京晓庄特色的红色校园文化氛围等举措，使南京红色文化走进思想政治理论课的课堂，走进高校教室，走进大学生们的头脑，不仅极大地丰富了高校思想政治理论课教学的内容，提高了高校思想政治理论课课堂教学的实效性，而且也有利于增强大学生抵御西方社会腐朽思想侵蚀的免疫力，坚定马克思主义的理想和信念，使之迅速成长为社会主义现代化建设的有用之才。

第三节　金陵文化走进高校思想政治理论课实践教学现状、问题及其对策

思想政治理论课要想说服人，必须有其民族、地方特色，贴近实际，贴近生活，贴近学生。金陵文化历史悠久，内涵丰富。它包含着地理、历史、人文、景观、科学艺术和风情特产六个方面的丰富内容，并且这些内容都贴近实际，贴近生活，贴近学生。南京晓庄学院作为南京地方高校，围绕金陵文化开展思想政治理论课实践教学，对于提高思想政治理论课的实效性，帮助学生树

立正确的世界观、人生观和价值观具有重要的意义。

一、金陵文化走进南京高校思想政治理论课实践教学现状

为了贯彻执行中共中央宣传部、教育部《关于进一步加强和改进高等学校思想政治理论课的意见》中要求将加强实践教学作为改进高校思想政治理论课教育教学方式方法的重要内容精神，南京晓庄学院从 2007 年开始围绕金陵文化开展思想政治理论课实践教学，实施了让博大精深的金陵文化走进南京晓庄学院思想政治理论课实践教学的方案。几年来，南京晓庄学院围绕金陵文化开展思想政治理论课实践教学主要表现在以下七个方面。

（一）让学生了解南京，喜欢南京，热爱南京

结合大学新生的入学教育，思想政治理论课把南京悠久的历史、便捷的交通、博大的文化、热情的人民、优美的风景、先进的科技等介绍给大学新生。目的是使大学生转移注意力，能尽快适应南京的大学生活，尽快完成自己由中学到大学的角色转换，真正开始独立生活、学习。积极倡导大学生走入南京街头，走向社会，体验金陵文化，从而了解南京，喜欢南京，热爱南京，并进而热爱祖国的大好河山。

（二）观看《南京！南京!》，明白当代大学生的社会责任

南京的近现代史是中国近现代史的浓缩。结合思想政治理论课教学中"中国近现代史纲要"课程的教学，选取南京近现代史中的相关典型事例，特别是组织大学生观看《南京！南京!》等一系列相关影视资料，以史为鉴，从理想信念、爱党爱国、人生价值等方面与大学生探讨在新的条件下的社会责任。帮助学生树立远大的社会理想，使学生明白当代青年应担负的社会责任。

（三）参观南京的爱国主义教育基地，学会感恩

针对当代大学生大多数是独生子女的现状，在"思想道德修养与法律基础"的实践教学过程中，根据课程内容，选择时机组织学生参观侵华日军南京大屠杀遇难同胞纪念馆、雨花台烈士陵园、梅园新村纪念馆、中山陵等爱国主义教育基地，帮助大学生学会与他人和谐相处，引导学生更好地认识自我与父母、老师以及社会的关系，使学生懂得感恩，懂得关爱，懂得我们现在的幸福生活是无数革命先烈抛头颅、洒热血、不惜牺牲自己的生命换来的，使学生从心底里升起自己对祖国、对中国共产党、对人民、对亲人、对家庭、对师友的感激之情。

（四）了解杰出的南京名人，培养大学生树立崇高的理想和养成健康的人格

有着近 2 500 年历史的南京古城，无数的名人志士在这里指点江山，激扬文字。第一个在南京建都称王的政治家、军事家孙权，三任南京地方官的、"中国 11 世纪的改革家"王安石，一代伟人孙中山都曾在南京指点江山，留下了许多为后人所称颂的故事。作为一座文化名城，南京在文学、书画、教育等方面也涌现了无数的名人大师：文学巨星曹雪芹、吴敬梓，大书法家王羲之父子，现代"草圣"林散之，书画家傅抱石，著名的教育家陶行知、斯霞……他们为这块土地增添了无限光彩。在科学技术方面，南京也书写了光辉的一页，著名数学家祖冲之、航海家郑和、建筑学家杨廷宝、天文学家张钰哲都曾在南京挥写自己的人生，为中华和世界的科技事业作出了巨大的贡献，农民的"好支书"李云龙、见义勇为的平民英雄周光裕，他们成为人民和社会赞颂的榜样，是我们可亲、可敬、可信、可学的道德楷模。① 通过了解这些杰出的南京名人，使学生明白这些名人志士都有一个共同的特点：那就是都具有远大的理想以及为实现这个理想而不懈奋斗的健康人格。进而培养当代大学生树立崇高而远大的理想，并为实现这个远大理想而养成艰苦奋斗、勇于创新的健康人格。

（五）了解南京是全国文明城市，学做守法青年、为创建和谐校园做贡献

在"思想道德修养和法律基础"课实践教学过程中，结合南京成为全国文明城市，借助南京晓庄学院"大学生法律志愿者服务团"这个平台，组织大学生利用周末和课余时间走进社区，向社区居民宣讲文明礼貌、法律知识以及义务提供法律咨询服务。这样不仅可以增长法律知识、增强学生的道德修养，而且懂得自觉遵守法律，能主动地运用法律知识维护自己的合法权益，争做文明学生、文明市民。

（六）参观美丽的南京风景名胜区，帮助大学生树立爱护地球、建设绿色家园的意识

在"毛泽东思想和中国特色社会主义理论体系概论"课程实践教学过程中，组织学生参观调查紫金山、栖霞山、玄武湖、莫愁湖、中山陵、夫子庙等南京的风景名胜区，在欣赏南京优美的自然景观的同时，探寻这些风景名胜区存在的环境问题。帮助大学生树立爱护地球、建设绿色家园的意识，达到理解

---

① 陈红英：《金陵文化走进南京地方高校思想政治理论课教学的实践探索》，《南方论刊》，2010年第 12 期，第 76 页。

和感悟自然环境对人类社会生存和发展的重要性，人与自然和谐相处的必要性以及人类保护环境的紧迫性，努力为环境友好型社会建设贡献自己更大的力量。

（七）了解改革开放以来南京的伟大成就，了解南京人民锐意进取、勇于创新、与时俱进的精神

在"毛泽东思想和中国特色社会主义理论体系概论"课程的实践教学过程中，通过组织学生从"四个大幅提升"来了解南京改革开放以来的伟大成就，城市综合实力持续大幅提升，居民生活水平持续大幅提升，经济国际化水平持续大幅提升，城市化与城市现代化水平持续大幅提升。南京先后荣获"国家园林城市""全国优秀旅游城市""全国科技兴市先进城市""全国文明城市""联合国人居奖特别荣誉奖"等称号。南京改革开放的伟大成就，得益于南京人民在中国共产党的领导下，锐意进取、勇于创新、与时俱进，有助于培养学生对建设中国特色社会主义的坚定信心和不断创新的品质。

二、金陵文化走进南京高校思想政治理论课实践教学存在的问题

为切实提高思想政治理论课"05方案"实施后的课堂教学效果，对此，学校在强化思想政治理论实践教学环节方面也进行了一些大胆的探索和尝试，促推金陵文化走进南京晓庄学院思想政治理论课实践教学。几年来，学校作为南京地方高校，从南京市的实际情况出发，探索和尝试金陵文化走进南京晓庄学院思想政治理论课实践教学，实践教学效果明显，这是大家有目共睹的，但与思想政治理论课理论教学的规范性和系统性相比，实践教学还不成熟、不完善，特别是在具体组织和实施的过程中，还存在着一些急待解决的问题。

（一）认识还不到位

根据教育主管部门加强思想政治理论课实践教学的要求，高校从2009年开始实行思想政治课分为理论课和实践课。在实践课的组织、实施的过程以及实施效果方面出现了偏差，特别是在给思想政治理论课实践指导教师计算工作量时打折的做法极大地挫伤了思想政治理论课实践指导教师的积极性，无疑影响了思想政治理论课实践教学的效果。究其原因，这种偏差来源于学院部分领导对思想政治理论课实践教学的认识不足。因而在实践教学的具体组织和实施过程中没能很好地遵循实践教学的规律，没能很好地体现实践教学的原则和特点，使实践教学缺乏科学性。实事求是地说，无论是从实践教学的组织还是从实践教学过程以及实践教学的结果来看，实践教学的工作量应该说远远大于理

论教学，表现在无论是老师还是学生都将花费远远大于理论教学的时间和精力去从事实践课教学、学习。

（二）缺乏足够的资金支持

实践经费不足的问题较为明显地显现出来。在市场经济中，"钱虽然不是万能的，但没有钱是万万不能的"。尽管我们的社会实践限定在南京市，但指导老师、学生进行社会实践调查的交通费、问卷调查费等相关费用都需要资金支持。由于资金不足，老师就不去实地进行指导、监督，学生也就不去实地调查，而是利用网络，从网络上直接进行下载、拼凑和组合社会实践调查报告，这样一来，学生的社会实践教学的效果不尽人意。

（三）实践课指导教师积极性不高，指导不到位

基于以上两方面的原因，思想政治理论课教师对从事社会实践课教学积极性不高，主要表现为教师不愿意带学生进行社会实践。即使带学生进行社会实践的部分思想政治理论课教师对待学生的实践教学活动却采取了"放羊"的做法，即以"任课教师出题并作适当指导—大学生组队参加实践活动—大学生撰写实践论文—任课教师批阅论文"的模式进行，结果任课教师不能够跟踪大学生的实践活动，只能对一"头"一"尾"进行有限监控，对实践教学过程放任自流，指导和管理不到位，没有很好地发挥教师是学生实践活动的组织者、参与者和指导者的角色作用，直接影响到学生思想政治理论课实践活动的教学效果。

（四）实践教学评价缺乏科学性

对思想政治理论课实践教学的考核，应该坚持定性与定量相结合，前期、中期、后期有机结合的原则，明确规范每一个环节的考核评分标准，综合评定实践成绩。实践中，南京晓庄学院思想政治理论课实践教学要求学生根据金陵文化的相关内容进行调查，之后撰写一份社会实践调查报告，指导教师对社会实践调查报告进行评分。但这种评价沿袭过去单一的考核评价方式，简单机械地根据学生的参观心得、实践总结或是实践报告给分。由于这种评价缺乏综合的评价标准，导致评价过于单一，缺乏科学性。

（五）指导教师实践指导时间安排不过来

思想政治理论课一般都是三个以上的班级合班上课，约 100 多名学生，学生们通常是根据自己的兴趣和知识积淀选择社会实践的题目，有的选择参观南京爱国主义教育基地，有的选择了解南京的名人资源，有的选择研究南京改革

开放取得的成就，还有的选择调查研究南京的生态环境问题，学生多，选题广，导致指导老师分身无术，指导教师实践指导时间安排不过来，无法在同一时间对所有学生进行全程指导监管。

三、解决金陵文化走进南京高校思想政治理论课实践教学存在问题的对策

（一）转变观念，切实提高对思想政治理论课实践教学重要性的认识

金陵文化走进南京高校思想政治理论课实践教学是南京地方高校思想政治理论课理论联系实际的重要途径，有利于大学生了解南京、了解江苏、了解中国社会，进而正确认识社会实际，并将所学的理论知识和社会实际结合起来；以金陵文化为核心的思想政治理论课实践教学是以引导学生亲身参与南京的社会实践为前提的，有助于培养学生观察问题、思考问题和解决问题的能力，有助于促进学生知与行的统一，真正践行陶行知先生的"教、学、做合一"的教学理念。既然思想政治理论课实践教学的作用这么大，那么全校上下特别是学校的相关领导应该转变观念，切实深化对思想政治理论课实践教学重要性的认识，以实现提高思想政治理论课实效性的目的。当然这种重视不应停留在口头上，而是应该落实在行动中，至少在当下实践课课时计算不应该打折。

（二）贯彻落实教育主管部门精神，专项经费足额到位，专款专用

一方面，学校应该根据教育主管部门的通知精神，如实地将学生的思想政治理论课社会实践经费足额按时拨付到二级单位，以方便其开展社会实践活动。另一方面，学校必须加强财务管理和审计监督，确保思想政治理论课实践经费专款专用，防止二级单位将思想政治理论课专项经费挪作他用。

（三）加强对思想政治理论课实践指导教师的监管

由于思想政治理论课实践教学定性为课，按课时计算工作量，那么就应该按课时来对指导老师的实践指导进行监管。对指导教师帮助学生从金陵文化中寻找选题，指导学生进行调查问卷的设计、实地考察调研、调查数据的统计分析、调查报告的撰写等进行监管。特别是对指导教师利用电话网络指导的次数、去实践基地指导的次数要做到有据可查，以切实加强对思想政治理论课实践指导教师的监管。

（四）建立科学的实践教学评价机制

科学评价金陵文化走进南京高校思想政治理论课的实践教学，可以借鉴一

些好的方法和机制。比如，可采用定性方法和定量方法相结合的方式，最终形成学分，记入学生学分档案。这种评价机制具体方式为：一是成立二级评估委员会或小组，实行定性定量考评，坚持学生自测与集体（小组）评估相结合；二是如实记录社会实践活动各项资料、学生具体表现以及实践单位评价；三是学院（系）要建立社会实践活动信息接收、反馈及处理机制；四是学校要出台有关社会实践活动的条例与管理办法，各学院（系）、班级制定实施细则。①在评价大学生社会实践的效果时，也可采用"显性与隐性指标相结合"的原则。"显性指标"就是考察大学生在社会实践中参加了哪些具体环节的活动，承担了哪些具体任务，解决了哪些具体问题等；所谓"隐性指标"，是指学生参加社会实践而形成调查报告的质量、水平以及工作态度、思想收获等。②应该说上述两种方法对建立和完善学校思想政治理论课的实践实践教学评价指标体系提供了可供借鉴的思路、方法以及考核的内容。

（五）科学管理，协调安排指导教师的时间

基于思想政治理论课大多是三个班一起上大课的现状，再加上每个学生所选社会实践课题多种多样，如果仍然是按惯例由任课老师独自指导，确实不太现实。由于思想政治理论课社会实践都是围绕金陵文化来进行的，因此，社会实践课的开展可以在学生确定选题后，根据不同类型的选题再重新分配给思想政治理论课老师，这样几个老师组成一组负责某一个项目组的实践教学，包括调查问卷的制定、实地考察调研、调查数据的统计分析处理、调查报告的撰写、评分考核等，就可以避免一个老师同时要去几个实践基地而分身乏术的两难境地。

第四节　金陵文化走进南京地方高校思想政治理论课教学的实践探索

文化是人类在社会历史发展过程中所创造的物质财富和精神财富的总和，是一个群体（包括国家、民族、地区、企业、家庭）在一定时期内形成的思想、理念、行为、风俗、习惯、代表人物，及由这个群体整体意识所辐射出来的一切活动。思想和理论是文化的核心、灵魂。文化的价值在于它以理论依据为导向，通过调整和控制各种生产要素配置规则，以实现规划社会目标、统一

---

① 赵振华：《大学生社会实践的现状及路径探析》，《教育探索》，2007年第4期，第63-64页。

② 宋一，祁金利：《加强文科大学生社会实践工作的思考》，《江南大学学报》，2007年第1期，第60-62页。

社会意志、协调社会行为、融合社会观念、集中社会智慧、团结社会力量，达到财富增值的目的。因此，探讨国家、民族文化特别是金陵文化走进南京地方高校思想政治理论课教学，以提高大学生理想信念教育的针对性、实效性和吸引力、感染力，培育一代又一代社会主义事业"四有"新人，担负起中华民族伟大复兴的神圣使命，不仅在理论上而且在实践中都具有重要的意义。

一、金陵文化走进南京地方高校思想政治理论课教学是高校思想政治理论课课改的必然要求

《中共中央　国务院关于进一步加强和改进大学生思想政治教育的意见》中，把以理想信念为核心，深入开展树立正确的世界观、人生观、价值观教育，作为加强和改进大学生思想政治理论课教育的核心任务之一。其主要目的就是通过理想信念教育使大学生弘扬以爱国主义为核心的民族精神和以改革创新为核心的时代精神，坚定社会主义信念，使全体大学生始终保持积极进取的人生态度、昂扬向上的精神状态和不屈不挠的坚强意志。当下的问题是如何在当今世界政治多极化、经济全球化、科技信息化、文化多样化的时代潮流中，解放思想、实事求是、与时俱进，坚持以人为本，贴近实际，贴近生活，贴近学生，努力提高大学生理想信念教育的针对性、实效性和吸引力、感染力，培育一代又一代社会主义事业"四有"新人去肩负中华民族伟大复兴的神圣使命。

作为高校思想政治课理论教师，首先应认识到高校思想政治理论课教学应做到理论联系实际，要从国内外、省内外、县内外和区内外的实际情况出发，从中引出其固有的而不是臆想的规律性，即找出周围事物的内部联系，作为行动的向导。其次，只有民族的才是世界的，只有具有地方特色的，才是为人所喜爱的，这正是普遍性寓于特殊性之中，并通过特殊性表现出来。所以，思想政治理论课要想说服人，必须有其民族、地方特色，贴近实际，贴近生活，贴近学生。

南京是我国七大古都之一，历史文化古城，别名"金陵"，有"六朝古都"之美名，又有"十朝都会"之美誉。勤劳勇敢的南京人民，在长期的实践探索中创造了灿烂辉煌的金陵文化。金陵文化包含着地理、历史、人文、景观、科学艺术和风情特产六个方面的丰富内容①，并且这些内容都贴近实际，贴近生活，贴近学生。因此，把金陵文化与南京地方高校思想政治理论课教学有机结合起来，通过抓住同学们急于要了解南京、认识南京的心理，诱发南京地方高校大学生的学习兴趣，从而提高大学生理想信念教育的针对性、实效性，培养

---

① 汪笑梅主编：《金陵文化》，江苏教育出版社，2008年，第1页。

他们崇高的理想、坚定的共产主义信念，培育他们为了实现中华民族伟大复兴的目标而不懈努力。

二、金陵文化走进南京地方高校思想政治理论课教学的实践

(一) 精心选择金陵文化素材

金陵文化历史悠久，内涵丰富。在思想政治理论课中选择金陵文化素材既不能太多、太滥，也不能随心所欲。在思想政治理论课教学实践中，我们认为将其山水文化、爱国主义教育资源、丰富的名人资源和经济发展成就四大内容恰当选择、合理利用，会收到较好的效果。

1. 山水文化

南京风景优美，有山有水，山水相映。南京"负山带江"，背靠宁镇山脉，濒临滚滚长江。南京城内与近郊既有钟山、富贵山、覆舟山、鸡笼山、五台山、清凉山、马鞍山、狮子山、牛首山、汤山、方山、幕府山、栖霞山等，又有秦淮河、金川河等流经南京市区而注入长江的两条支流，还有玄武湖、莫愁湖就像两颗明珠布列在南京市的左右。一句话，南京有山有水，山水相映①。从入学开始，老师就可引导同学们利用周末去欣赏南京优美的自然风光，去了解南京的山山水水，从而喜欢上南京的山和水，进而达到培养大学生热爱祖国大好河山的爱国主义情感。同时，通过参观美丽的南京风景名胜区，增强大学生的环保意识，达到理解自然环境对人类社会生存和发展的重要性，人与自然和谐相处的必要性以及人类保护环境的紧迫性，从而帮助大学生树立爱护地球、建设绿色家园、为环境友好型社会建设贡献自己力量的意识。除此之外，更要让同学们懂得南京的山水文化交相辉映并由此而形成的深厚的人文底蕴，更好地理解祖国丰富多彩的地域文化风情，激发对中华民族传统文化的无限热爱。

2. 爱国主义教育资源

南京在中国近现代史上的特殊地位，使得南京的爱国主义教育资源特别丰富。南京拥有 6 个全国爱国主义教育示范基地，17 个在省委宣传部命名的省级爱国主义教育基地，28 个南京市委宣传部命名的市级基地（含国家级、省级）。除此之外，各县、区党委、政府还命名了一大批县、区级爱国主义教育基地。另外，需要指出的是，南京拥有 281 处文物保护单位，其中国家级 9 处，省级 77 处，文物保护单位与爱国主义教育基地相互重叠，有的文物保护

---

① 陈书录：《坚持与发展金陵特色文化——南京城市现代化与先进文化建设的探究》，《南京社会科学》，2002 年第 4 期，第 23 页。

单位命名了爱国主义教育基地，有的没有命名，但仍然具有一定爱国主义教育功能。由此可见，南京具有十分丰富的爱国主义教育资源，而且已经形成国家级、省级、市级、区级多层次的爱国主义教育基地网络。结合思想政治理论课教学的需要，充分利用上述爱国主义教育基地网络，有选择地组织大学生参观静海寺、侵华日军南京大屠杀遇难同胞纪念馆、雨花台烈士陵园、梅园新村纪念馆、中山陵等爱国主义教育基地，观看《南京！南京！》等影视资料，使之认识到今天的中国是多少革命先烈抛头颅、洒热血建立起来的，我们今天的幸福生活来之不易，从而明白当代青年应承担的社会责任，达到教育学生树立正确的人生价值观和远大的社会理想，热爱中国共产党，热爱伟大的社会主义祖国和勤劳勇敢的中国人民，并立志为中华民族的伟大复兴而贡献自己的力量。

3. 丰富的名人资源

有着近 2 500 年历史的南京古城，无数的名人志士在这里指点江山，激扬文字。第一个在南京建都称王的政治家、军事家孙权，三任南京地方官的"中国 11 世纪的改革家"王安石，明朝开国皇帝朱元璋，一代伟人孙中山都曾在南京留下了许多为后人所称颂的故事。作为一座文化名城，南京在文学、书画、教育等方面也涌现了无数的名人大师：文学巨星曹雪芹、吴敬梓，大书法家王羲之父子，现代"草圣"林散之，书画家傅抱石，教育家陶行知、斯霞……他们为这块土地增添了无限光彩。在科学技术方面，南京也书写了光辉的一页，数学家祖冲之、航海家郑和、建筑学家杨廷宝、天文学家张钰哲都曾在南京挥写自己的人生，为祖国和世界的科技事业做出了巨大的贡献。作为一座英雄的城市，南京涌现了无数可敬的革命志士：抗日英雄刘粹刚、革命先烈卢志英、军事家刘伯承……无数像他们一样的革命志士抛洒热血，鞠躬尽瘁，才铸就了南京今天的辉煌。更让我们欣慰的是，在今天南京的现代化建设中，各条战线上都涌现出了许多英雄人物和杰出者，他们的光辉业绩正激励着每一个南京人奋勇前行。中国第一位电子学女博士韦钰院士，还有农民的好支书李云龙、见义勇为的平民英雄周光裕，他们成为人民和社会赞颂的榜样，是我们可亲、可敬、可信、可学的道德楷模。通过挖掘南京丰富的名人资源，开展向南京杰出者的学习活动，了解南京各行各业的杰出人士做出的卓越成就，懂得他们为南京的发展所付出的汗水，有利于培养当代大学生为了实现自己的人生价值和自己的崇高理想必须艰苦奋斗，勇于创新，用自己的实际行动为祖国的明天增光添彩。

4. 经济发展成就

改革开放以来是南京城市发展史上综合实力提升最快、城乡面貌变化最大、人民群众得益最多的时期，2020 年南京市"地区生产总值达 14 817.95 亿元，经济总量首次跻身全国十强之列"①。今天的南京街道很漂亮，古都风貌和现代化建筑水乳交融，相得益彰，满街的参天梧桐搭建的绿色走廊是南京人最引以为豪的城市名片，改革开放四十多年来，南京市曾先后荣获"国家园林城市""全国优秀旅游城市""全国科技兴市先进城市""全国文明城市""联合国人居奖特别荣誉奖"等称号。结合思想政治理论课教学，让学生了解改革开放以来南京的伟大成就，了解南京人民锐意进取、勇于创新、与时俱进的精神，有利于培养学生对建设中国特色社会主义的坚定信心和不断创新的品质。党的十八大以来，南京在党中央领导下坚定不移贯彻新发展理念，奋力书写经得起历史检验的高水平全面小康时代答卷。"迈上新台阶、建设新南京"，从部署"五个迈上新台阶"，到深化"两聚一高"新实践，再到确立"高质量发展走在前列"目标、全面展开"六个高质量"工作布局，率先建立高质量发展监测考评体系，"强富美高"成为南京发展最鲜明的标志，创新驱动成为南京发展道路上最鲜明的底色，以"创新名城、美丽古都"为最新城市定位和发展愿景，创新活力与日俱增，为全面建设社会主义现代化新征程奠定了坚实基础。特别是在抗击新冠肺炎疫情的斗争中，南京全力以赴打好疫情防控阻击战，千方百计打好经济发展主动仗，交出了一份彰显"南京力量"、体现"南京效率"、展现"南京担当"的优异答卷，统筹兼顾，取得了疫情防控和经济社会发展双胜利。

（二）恰当运用金陵文化素材并尝试创新教学方法以提高教学效果

2005 年改革后的高校思想政治理论课程由原来的七门课整合为四门课，课程结构得到优化，课程内容加强了与学生生活以及现代社会、科技、经济发展的联系，课程实施倡导学生主动参与、乐于探究、勤于动手，以培养学生获取新知识、分析和解决问题的能力。思想政治理论课程的上述性质特点和教学目标决定了教师在教学模式的选取上要强调开放性、启发性、激励性、合作性、创造性和发展性。基于此，老师尝试选择运用金陵文化素材，采取多样化的教学手段，充分利用现有的多媒体教室，运用幻灯、电视、电影等进行演示，以增加教学的直观性和趣味性，增强学生的感性认识，以激发学生的学习热情，启发学生的创新思维，增强学生提出问题、分析问题、解决问题的能力。这种尝试主要体现在下述两个方面。

1. 关注金陵文化的热点、难点，激发学生学习基础理论知识的兴趣，搞好理论性教学

理论性教学是指任课教师在课堂向学生讲授课程的基本概念、基本原理和

---

① 中共南京市委党史工作办公室编：《南京党史一百年》，中共党史出版社，南京出版社，2021年，第259页。

基础知识。客观地说，思想政治理论课程中的基本概念、基本原理和基础知识的内容非常抽象、枯燥，因此，不少学生觉得思想政治理论课程理论性教学太枯燥乏味，缺乏吸引力，从而影响了理论性教学的效果。其实，这个问题的关键在于教师如何正确处理思想政治理论课程中的内容与课堂教学内容的关系。众所周知，教材是教学大纲要求的理论概括，它只关注知识点的逻辑展开，而教学活动则是教师将教学大纲要求的知识点传授给学生并培养他们能力的过程，这就要求教学活动要以学生的认知逻辑为基础。因此，教材与教学活动的逻辑结构、重点是不一样的。这就要求教师在教学过程中切忌照本宣科，应该按照学生的认知规律对教材的知识点进行重组。教师只有以教材为依据，按照学生的认知逻辑过程，并且根据学生普遍关注而且又与基本概念、基本原理和基础知识内容相关的社会特别是金陵文化的热点、难点问题，重新组织教材内容，找准教学的切入点和突破口，激发学生学习基本概念、基本原理和基础知识的兴趣，才能够切实提高理论性教学水平。事实上，思想政治理论课程中的基本概念、基本原理和基础知识的很多内容都与当前金陵文化的热点、难点问题密切相关，学生也非常关注。因此，在思想政治理论课程理论性教学中，教师一定要善于抓住这些热点、难点问题吸引学生兴趣，而不能只是空洞说教。例如，在讲授辩证法相关原理的内容时，笔者就曾让学生评价金陵文化之"南京大萝卜"式特色文化。通过引导，学生们认识到金陵文化的特色之一是山水文化，是儒道合流的文化。这种儒道合流的文化在魏晋及南朝的表现形态是玄学，其特征之一为魏晋名士风度。这种魏晋名士风度在南京人身上的残留，被戏称之为"南京大萝卜"。从正面看，这种"南京大萝卜"式的特色文化价值表现为纯真朴实、厚德载物；从反面看，则表现为自由散漫、做事不紧不慢。持续不断地运用这种授课方法，特别能调动学生学习的积极性，学生会积极参与进来，课堂气氛特别活跃。同时，学生也不知不觉地养成了独立思考问题的习惯，加深了对基本概念、基本原理和基础知识的理解和运用，理论性教学效果非常好。

2. 围绕金陵文化进行互动式教学，培养学生创造性思维能力，提高应用性教学水平

"互动式教学"是指教师和学生充分发挥主体能动性，在课堂内外、师生之间和学生之间互相讨论、互相观摩、互相交流、互相学习，从而达到认知共振、思维同步、情感共鸣，创造性地完成教学任务和教学目标的教育实践活动。在思想政治理论课教学实践中，任课教师围绕金陵文化灵活地运用辅助讲课、小组案例分析与演示、课堂讨论、课外调研、角色扮演、实地观摩等方式，借助多媒体和计算机网络开展互动教学，从而使学生实现对相关知识的融会贯通，自觉地将思想政治理论课程的理论、方法与中国以及南京的实际有机结合起来。具体主要表现为以下几个方面。

（1）细心组织课堂讨论。讨论法是首先由教师选择或学生提出与关键的教学内容有关的现实中的热点问题作为讨论的课题；然后根据小组成员的智力、性格、性别特点等对讨论小组成员进行优化组合；让学生利用课余时间通过各种途径查阅相关资料并查找论据，为课堂讨论做准备；设计好讨论课的结构，使每个学生都能够发表自己的见解；注意引导和控制好讨论，同时教师还应以讨论集体中平等的一员和学生共同讨论、交流思想，并在最后对讨论发言进行总结评议，先肯定学生的新观点、新想法，然后对不正确的观点加以正确引导，形成全体学生的共识。组织课堂讨论，有助于培养学生独立思考能力、独立活动能力、合作能力和表达能力[①]。例如，教师在讲授"继承爱国传统，弘扬民族精神"时，可以充分利用南京丰富的爱国主义教育资源，在有组织、有选择性地组织同学们参观静海寺、雨花台烈士陵园、梅园新村纪念馆和侵华日军南京大屠杀遇难同胞纪念馆等爱国主义教育基地的基础上组织同学们讨论。同学们个个感同身受、各抒己见，讨论十分热烈，最后形成了一致的看法，作为新世纪的大学生一定要继承先辈们的爱国主义传统，弘扬中华民族精神，做新时期的爱国者，为中华民族的伟大复兴做出自己应有的贡献。

（2）认真指导学生"辅助教学"。"辅助教学"是指教师从教材中选择一些比较简单的内容，提前一个星期将其分派给学生，学生则在课余广泛阅读收集积累资料，编写教案，做好上课的充分准备。学生辅助教师上课讲授的时间一般限定在10分钟左右，同时留有10分钟左右的时间让其他同学和老师进行评议，最后老师进行总结，并在学生辅助讲授的基础上进一步精讲教学内容，使学生对内容的理解消化有进一步的提升。"辅助教学"这种师生角色的互换真正体现了学生的主体地位，使学生由被动的"要我学"变为主动的"我要学"，从而诱发学生深层次地思考问题，并学会系统地归纳和分析问题。通过"辅助教学"，学生不仅从中学到了知识，而且提高了分析问题、解决问题的能力。比如，笔者曾就"社会主义改革和对外开放"这一内容组织学生进行"辅助教学"，学生们兴趣很高，课余收集了丰富多彩的南京改革开放伟大成果的资料，并能以此为依据制成演示文档，辩证地分析认为南京之所以能取得伟大的成就在于坚持改革开放，南京要进一步发展同样离不开继续走改革开放之路。

（3）精心策划小组案例分析与演示活动。案例教学法是通过组织学生讨论分析一系列具有典型意义的案例，针对案例提出解决问题的方案，使学生掌握有关的专业知识理论和实践技能[②]。作为一种互动式的教学方式，案例教学已

①　周川著：《简明高等教育学》，河海大学出版社，2006年，第151页。

②　周川著：《简明高等教育学》，河海大学出版社，2006年，第156页。

经被实践证明具有强大的生命力，对于提高学生学习的主动性和创造性、培养学生的沟通能力和团队合作意识、培养学生的分析和判断能力等方面具有明显的优势。在思想政治理论课教学小组案例分析与演示教学过程中，首先，依据典型性、真实性和有分析价值三个原则选编案例；其次，要求学生分小组收集资料，进行充分讨论，并做成演示文档，派代表上讲台进行演示讲解；再次，教师根据不同的要求分别采取"强指导型"和"弱指导型"方式进行案例分析引导[①]；最后师生对各个小组的案例分析方案进行评论。比如，在上道德素质教育和法律素质教育的内容时，就可结合南京市2009年、2011年连续两次获得"全国文明城市"荣誉称号的案例，让学生分析南京市是如何通过制度化、法制化的手段整治环境脏乱差、行人闯红灯等一系列老大难问题，从而提高城市管理水平和市民素质，争创全国文明城市。通过这个案例讨论最终达到加强学生自身道德修养，增长法律知识，做遵纪守法的好青年，为创建和谐校园做贡献的目的。

除了精选金陵文化素材和创新教学方法外，为了推进金陵文化走进南京地方高校思想政治理论课教学实践工作，学校相应地改革了考核机制，促推学生走近金陵文化而实施实践教学。学生应积极参与并结合实践体会和课程有关内容，撰写并提交实践成果，其中社会调查报告不低于3 000字。任课教师对学生的实践成果及时评阅，并结合学生在整个实践教学活动中的表现综合评定实践教学成绩。所有同学的社会实践成绩计入思想政治理论课总评成绩中，占比30%。同时每学期评选一定数量的优秀实践成果由学校颁发获奖证书并给予一定的奖励，被评为一等奖的学生和指导教师优先安排外出考察实践。

三、结论

金陵文化走进南京地方高校思想政治理论课的实践探索表明：一方面，它使思想政治理论课由"灰色"变成了生动活泼的"绿色"。学生们学习思想政治理论课的积极性、主动性和创新意识大大提高，不再感到思想政治理论课的抽象、枯燥和空洞。相反，绝大多数学生都能从具体、生动的金陵文化中感同身受，能够理论联系实际，进而提高自己观察和处理社会现实问题的能力。但是，另一方面也暴露出一些亟待解决的问题。由于高校思想政治理论课都是合班上课，人数多，互动教学难以满足每个同学的需要；由于统一组织参观、考察等受到时间和经费的限制，学校只能利用周末安排同学们分散开展活动，效果自然会打折扣；从学生提交的实践成果来看，虽然种类多，大多数学生都能认真对待，但是还有少数人有应付了事的现象，且由于缺乏评价成果的具体标准，成果评价难以达到激励的目的。所有这些都是学校今后需要继续探讨的问题。

---

① 王凤彬，朱克强主编：《MBA管理学教学案例精选》，复旦大学出版社，1998年，第337-349页。

>>> 第五章 知行果统一：内化于心、外化于行，增强高校思政课实效性

第一节 "慕课"视阈下思想政治理论课教学改革创新探析

一、"慕课"视阈下思想政治理论课教学改革的重要意义

慕课（MOOC）时代已经来临，规模大、开放型和网络型课程大量涌现，这是一个不以人的意识为转移的客观实在。在这样的时代背景下，教学的质量、便捷性以及可获得性成为人们选择学习方式时考虑的关键因素。高校思想政治理论课教学如果因循守旧，不顺势利导，不积极改革，掌握主动权，就会被时代所抛弃。因此，慕课时代，对高校思想政治理论课教学改革创新不仅具有重要的理论意义，而且具有重要的实践意义。

首先，从理论研究来看，笔者以"慕课"为主题在知网上能找到的条目有428条，以"高校思想政治理论课教学改革"为主题在知网上能找到的条目有8 000多条，而以"慕课"和"高校思想政治理论课教学改革"为主题在知网上能找到的条目仅有12条。由此可见，慕课时代下高校思想政治理论课教学改革实践研究是一个理论研究的前沿问题。

其次，从实践研究来看，一切理性认识都来源于实践，理性认识成果偏少说明了实践研究开展得少，或者说明实践活动正在启动之中。因此，加强慕课时代下高校思想政治理论课教学改革实践研究是正当其时的重大实践课题。

再次，从南京晓庄学院思想政治理论课教学的实际情况来看，学校思想政治理论课是采用大班化教学，学生程度参差不齐。主要可分为四个层次：第一层次是高中学文科的学生学习基础较好，第二层次是高中学理科的学生学习基础较差，第三层次是高中学艺术和体育的学生学习基础更差，第四层次是单招进来的根本就没有上过高中的学生，因而没有任何学习基础可言。现在把这四个不同层次的学生放在一起上课，教师无论怎么上课都会有人不满意，也无所

适从。现在有了慕课这个平台，则可以把已经有课堂录像的讲解书中基本理论的资源发布在网上，不同层次的同学可以根据自己的实际情况在网上进行提前学习，不懂的也可以在网上进行交流和讨论，正好可有效解决基础不同这个矛盾。这样教师上课的时候就可以根据教学内容，真正地调动学生的积极性，充分发挥学生的主体作用。可见，慕课时代中高校思想政治理论课教学改革实践研究课题是学校思想政治理论课不断适应深化改革、与时俱进的现实要求。

二、"慕课"视阈下思想政治理论课教学改革认知

"慕课"，简称"MOOC"。第一个字母"M"代表"massive（大规模）"，一门慕课课程动辄上万人共同上课，最多可达 16 万人；第二个字母"O"代表"open（开放）"，以兴趣为导向，凡是想学习的人，都可以进来学；第三个字母"O"代表"online（在线）"，学习在网上完成，不受时空限制；第四个字母"C"代表"course（课程）"。慕课是新近涌现出来的一种在线课程开发模式。最主要的特点就是规模大、开放型和网络型课程。通俗地说，慕课是大规模的网络开放课程，它是为了增强知识传播而由具有分享和协作精神的个人组织发布的、散布于互联网上的开放课程。2013 年 5 月 21 日，清华大学和北京大学宣布加入 edX 在线教育平台。7 月 28 日，上海交通大学和复旦大学也宣布加入。2013 年可算是中国的"慕课"元年。

"慕课"视阈下思想政治理论课教学改革在复旦大学开了一个好头。2013年复旦大学将"思想道德修养与法律基础"开设成为"慕课"＋翻转课堂，开始了"慕课"＋翻转课堂的混合式教学改革和探索。所谓"翻转课堂"，就是在这种课堂形式中，教师不再是学习的模范。作为"慕课"的思想道德修养与法律基础课程的教学设计主要分为两个部分，在线学习 36 个学时，见面课 12个学时（大课堂视频直播 4 个学时，小课堂讨论 8 个学时），总学时 48 个学时，而考核方式分为在线学习 40％，见面课 30％，期末考试 30％。在线学习中汇集了复旦大学、中国人民大学、上海交通大学、北京大学和上海理工大学等近 10 所高校 20 多位名师共建课程。因此，在线课程既能听到名师齐聚的课，又不是单纯的教师讲课，而是通过网络技术，将课堂教学、学习体验、师生互动等环节完整地在线实现，从而形成一种"在做中学"的模式。

当下，"慕课"在思想政治理论课中的改革也还只在个别学校，属于初期探索的阶段，还未成熟也没有全面推广，"翻转课堂"能否做到让效果"翻转"，还有待更多的实践，但是以"慕课"＋"翻转课堂"方式进行教学的确改变了传统的教育方式。主要体现在以下几个方面：第一，以"教师为中心"翻转成"以学生为中心"。传统的思想政治理论课的教学是以教师课堂讲授为主，教师是教学的中心，既是主导也是主体，而"慕课"则将学生从填鸭式教

学中解脱出来，强调学生的自主学习与独立思考，学习更有灵活性，学生成为教学活动的中心。第二，以"课上听课，课下作业"翻转成"课下听课，课上作业"。传统的教学是学生在课堂听课，课后做作业，"慕课"充分利用网络平台，学生在课下通过看教师视频"听课"自己掌握基础知识，并根据提出的相关问题进行自主学习和思考，再在课堂上与教师和同学展开讨论才得以完成的作业，这样传统意义上的课堂就成了启发思维、探索思路的场所。第三，以"现实课堂"翻转成"虚拟课堂"。传统的教师授课活动必须在现实课堂中展开，受时间与空间的限制，优秀的教育教学资源难以共享，而"慕课"却打破了时间与空间的障碍，在虚拟的网络课堂上来自不同学校的学生都可以聆听多位名师在线教学讲演。

三、"慕课"视阈下思想政治理论课教学改革创新思考

（一）教学方法方面的创新思考

"慕课"背景下思想政治理论课教学改革创新，并不是完全照搬"慕课"，而是结合思想政治理论课的课程性质和特点，借鉴"慕课"平台及"微课程"的教学技术，以"微课程"为基本教学单元，聚焦某一问题，直接指向具体问题，层层剖析，有深度，有思考，有效解决课堂教学改革中遇到的问题与困惑，是一种既可以发挥教师的主导作用，又可以满足学生自主学习需要的新型教学模式方法。具体来说，这种教学方法的结构和程序表现在以下四个方面。

第一，在对教学目标、教学内容总体认识和把握的基础上，教师围绕教学重点、难点、疑点，以提出问题、分析问题、解决问题为线索，通过问题层次细化及问题逻辑关联，以"微课程"为教学单元，建立"微课程"教学的问题体系。首先，教师对提出的基本问题进行梳理、归纳后，通过问题层次细化，预设一级问题，然后把问题细化为二级、三级层次；或者把大的难题化解为小的问题。其次，确定一、二、三级不同层次及同一层次问题之间的逻辑关系，这种关系主要有三种形式：并列逻辑、递进逻辑和因果逻辑。再次，对这些问题进行逻辑关联，以问题逻辑的方式，围绕一级问题的二、三级问题构成若干个"微课程"教学单元，形成一个"微课程"教学的问题逻辑体系。

以《中国近现代史纲要》"反对外国侵略的斗争"这一章节为例：首先，这一章需要解决三个基本问题，即资本—帝国主义侵略究竟给中国带来了什么？中国人民反侵略斗争失败的原因是什么？反侵略斗争的意义是什么？这三个基本问题，可以预设为三个一级问题。其中，资本—帝国主义侵略究竟给中国带来了什么是本章的教学重点、难点。这三个一级问题之间的关系是递进逻辑，即前一个问题为下一问题做前提、基础或者铺垫，后一个问题是前一个问

题的深化和拓展，建立递进的逻辑关系是基于问题逻辑开展有效教学的根本。其次，通过问题层次细化，形成"微课程"教学单元。把这个一级问题细化为四个二级问题，即资本—帝国主义的"军事侵略""政治控制""经济掠夺"和"文化渗透"分别给中国带来了什么？这四个二级层次问题之间的关系是因果逻辑，即问题之间产生一种因果联系，正是有了"军事侵略"这个问题，才会导致产生另外一个问题，或者导致一系列的问题。因此，"军事侵略"给中国带来了什么是教学的重点，同时构成一个"微课程"教学单元。再次，"军事侵略"（二级问题）又可以细化为三个三级问题：资本—帝国主义"发动侵略战争，屠杀中国人民""迫签不平等条约，破坏中国的领土主权""勒索赔款，抢掠财富"究竟给中国带来了什么？这三个三级问题之间的关系是并列逻辑，就是说在二级问题内部所细化的诸多问题之间属于一种并列的逻辑关系，并不存在一个问题比另外一个更为重要、更为根本的问题，它们以同等的叙述共同支持一个二级问题。最后，通过以上三级层次问题的细化及问题逻辑的关联，"资本—帝国主义侵略究竟给中国带来了什么"这个问题有四个"微课程"教学单元，从而形成一个"微课程"教学的逻辑问题体系。

第二，教师通过把预设的问题与学生提出的问题进行对接，调整原有问题体系结构或重设问题，通过"微课程"来解答学生提出的问题。比如，根据学生学习第一章后提出的问题，教师把"资本—帝国主义侵略究竟给中国带来了什么"这个一级问题，可以调整为讲述"西方列强侵略中国的目的，是要把中国变成自己的殖民地；西方列强并不愿意中国成为独立的资本主义国家"。这个问题可以从"军事""政治""经济"和"文化"四个三级问题的"微课程"分别进行阐述。

第三，以"微课程"为教学单元，从教师课内教学、学生课外学习两个层面，开展教学活动。首先，"微课程"视频的设计。主要有两种思路：第一种是在收集学生问题之前，教师依据预设的问题，通过问题层次细化及问题逻辑关联后建立的问题逻辑体系，构成"微课程"的教学内容；第二种是在收集学生问题并与教师预设的问题对接，调整原有问题体系结构或重设问题后，制作"微课程"视频。其次，"微课程"视频的制作。如果采用第一种设计思路，关于"资本—帝国主义侵略究竟给中国带来了什么"这个一级问题，需要制作资本—帝国主义的"军事侵略""政治控制""经济掠夺"和"文化渗透"分别给中国带来了什么这四个二级层次问题的四个"微课程"来解答。教师通过集体备课，选择部分教师拍摄四段"微课程"视频，时间各为8～10分钟，上传到"慕课"平台，作为一课时的教学内容。再次，"微课程"的教学实施。教师可以自己决定在课堂上现场授课或播放"微课程"视频。如果播放其中的一段视频，让学生先观看视频中教师的讲解，可以把课堂的时间节省出来，师生、生生之间可以进行面对面的讨论。如果把本校或其他学校最优秀教师的"微课程"视频课录下来，让平行班的学生一起学习，对学生来说则是充分享受了优质的教育。学生除了课堂学习外，通过"慕课"平台可以自主开展在线学习、在线做作业、讨论协作、在线答疑等学习活动。如果采用第二种设计思路，讲述"西方列强侵略中国的目的，是要把中国变成自己的殖民地；西方列强并不愿意中国成为独立的资本主义国家"这个问题，教师在课堂上讲授时需要调整原先讲课的思路和侧重点，但所需引用的资料同样可以从"军事""政治""经济"和"文化"四个三级问题的"微课程"中获得。如需重新制作"微课程"视频，可留作下一轮开课时使用。教师把事先录制好的"微课程"视频上传到"慕课"平台，学生按照自己的学习习惯来安排学习进度；通过网络及时反馈，教师可以发现学生学习的问题所在，进而做出更有针对性的调整。最后，"微课程"的教学评介。"慕课"学习方式具有独特的优势，但不能完全替代教师的课堂教学，缺乏教师的深度参与，学习效果并不会像预期的那么理想。由于有了"微课程"，原来的授课教师很可能从课程主讲"降"为辅导、答疑的角色，这种教学模式会倒逼教师将更多的精力用于研究教学。

综上所述，"慕课"背景下，思想政治理论课教学以问题逻辑的方式，通过设计与创作"微课程"教学单元，把教材的逻辑体系转化为"微课程"教学的问题逻辑体系，探析一种既可以发挥教师的主导作用，又可以满足学生自主学习需要的新型教学方式，只是一种尝试性的探索。其价值不在于探索的结论或结果，而在于在探索过程中对思想政治理论课教学问题的思考。

（二）教学评价方面的创新思考

对于教学评价设计而言，需要针对测试、作业及习题设计效果的反馈情况，改善教学设计，以更好地满足学生需求；对于教学支持设计而言，慕课平台网络课程的学习支持十分重要，主要负责为教学视频活动及评价工作提供相应的支持。

第一，采用多主体评价方式，各个主体之间应采取自评与互评相结合。"慕课"视阈下的高校思想政治理论课教学的评价主体到底是什么呢？有人认为是评价教师，有人认为是评价学生，有人认为是评价教学方法，也有人提出测评主要是评价教学效果，还有学者从综合层面来设置思想政治理论课教学测评系统，提出教学测评体系，包含学绩测验体系、素质评价体系和教学评议三个体系。"慕课"视阈下的高校思想政治理论课评价体系的实施主体应包括教育者、受教育者、教学过程和教学方法、教学手段、教学效果等内容，这些方面都是"慕课"视阈下的高校思想政治理论课教学评价中不可或缺的因素。有人认为，高校思想政治理论课教学评价有四类评价主体：管理主体、教育主体、学习主体和社会主体。这四类主体的评价以及主体之间的评价构成思想政治理论课的教育教学评价主体系统。"慕课"视阈下的高校思想政治理论课的实际教学效果好坏取决于以上四类主体的综合性评价。评价"慕课"视阈下的高校思想政治理论课的实际效果，可以采取各个主体进行自我评价与相互评价相结合的操作方法。学校和学院应成立"慕课"教学督导组，定期深入课堂，定期通过听课和与教师谈心等方式，对教师的计算机网络技术水平、微视频制作能力、微视频质量、微视频问题设置等方面进行全面和综合评价，对"慕课"视阈下的高校思想政治理论课教学进行有效监控。尤其是采用"慕课"教学模式的思想政治理论课教师，督导组应经常去听课，帮助其不断改进教学方法并进行教学反思，帮助其在教学实践中不断总结经验，不断提高"慕课"教学质量。与此同时，同行可以相互评价各自在"慕课"教学中的教学态度和教学能力等。学生评价可以通过网上评教，制定各项评价指标，让学生对教师的"慕课"教学进行客观公正地评价，尤其要注重学生对"微视频"的质量评价和对问题设置的合理性进行评价。

第二，建立综合教学过程评价模式，坚持过程性评价与终极性评价的有机统一。过程性评价是通过诊断教育方案或计划、教育过程或活动中存在的问题，为正在进行的教育活动提供反馈信息，以提高正在进行的教育活动质量的评价。"慕课"视阈下的高校思想政治理论课教学中应对"慕课"教学过程进行公正性、合理性的评价。教师应及时了解学生的实际需要，努力实现过程性评价手段、方法的多样化和科学性的统一，使每位学生都在"慕课"教学中充分展现自我，提高对"慕课"教学评价体系的认同度。终结性评价是在某一相对完整的教育阶段结束后对整个教育实现的程度做出的评价。要建立一个科学的"慕课"教学评价体系必须确定一些具体的指标作为监控的对象，在设计评价量化指标时，相应的权重值要符合"慕课"教学实际。如"慕课"质量应首先保证学生出勤率和参与率，让每位学生都参与"慕课"教学活动，这是取得良好"慕课"教学效果的基础和前提。除此之外，应鼓励学生开展"慕课"课前的交流和对话，并及时反馈"微课程"学习中的收获和遇到的相关问题。教师应经常观察学生行为、在"慕课"教学平台上向学生提问或与学生谈心，跟踪调查"慕课"教学全过程中学生的学习情况。采用多元化评价方法，使"慕课"教学全过程得到科学公正的评价。就评价主体来说，"慕课"视阈下的高校思想政治理论课教学评价应是教师对学生的评价、学生对教师的评价、教师和学生自评、专家组评价、同行交互评价相结合的综合性评价。就评价手段来说，既要有常规性手段评价，又要运用网络手段进行评价，应建立"慕课"教学评价网，把学生满意度作为评价"慕课"教学质量的一项重要指标。应成立"慕课"教学的评估处，每学期应组织学生给教师做出评价，评价内容包括

"慕课"中教师的教学态度、教师制作的微视频效果、教师的计算机网络技术、教师在微视频中设置的问题合理性等，以此量化教师业绩。专家组的评价则主要是在教学评价处的统一组织下进行，着重对"慕课"教学过程中的各个环节进行评价监控，专家组应经常深入"慕课"课堂，以保证评价结果的客观公正性。

总之，"慕课"视阈下的思想政治理论课教学改革创新，要结合思想政治理论课的课程性质和特点，借鉴"慕课"平台及"微课程"教学技术，以"微课程"为基本教学单元，聚焦某一问题，层层剖析，进行深度思考，有效解决课堂教学改革中遇到的问题与困惑，充分发挥教师的主导作用，最大限度地满足学生自主学习的需要。同时，教学评价方面也需要进行相应的配套改革和创新。

（本节系 2017 年南京晓庄学院重点教改项目）

第二节　南京历史文化资源开发与学生社会主义核心价值观培育研究报告

一、引言

习近平总书记在《做党和人民满意的好老师——同北京师范大学师生代表座谈时的讲话》中明确指出："广大教师要用好课堂讲坛，用好校园阵地，用自己的行动倡导社会主义核心价值观，用自己的学识、阅历、经验点燃学生对真善美的向往，使社会主义核心价值观润物细无声地浸润学生们的心田、转化为日常行为，增强学生的价值判断能力、价值选择能力、价值塑造能力，引领学生健康成长。"[①] 这一论断表明，在今后很长一段时期内，学校思想道德建设领域的工作方向是培育和践行社会主义核心价值观。

南京晓庄学院非常重视大学生的社会主义核心价值观的培育工作，主要分为两种渠道进行：一种是进行理论学习，另一种就是实践教学。从理论教学来看，主要以"思想道德修养与法律基础""马克思主义基本原理概论""中国近现代史纲要""毛泽东思想和中国特色社会主义理论体系概论"和"形势与政策"等相关课程内容进行相关的专题教学研究，来夯实大学生们的理论基础。教育的最终目的不是传授已有的东西，而是要把人的创造力量诱导出来，将生命感、价值感唤醒。因此，笔者根据思想政治理论学科的主要教学任务，认为

---

① 新华社：《习近平：做党和人民满意的好老师——同北京师范大学师生代表座谈时的讲话》，http://www.gov.cn/xinwen/2014-09/10/content_2747765.htm.

思想政治理论课落实社会主义核心价值观教育的总体教学要求应该确定为：通过教学，引导学生正确认识社会主义核心价值观的地位和作用，深刻理解社会主义核心价值观的基本内容，领悟社会主义核心价值观的主要观点；提高自觉用社会主义核心价值观分析判断能力和价值选择能力，在社会生活中进行正确的价值判断、价值选择和评价；树立社会主义民主法治、自由平等、公平正义等理念，自觉践行社会主义核心价值观，从而成为社会主义合格的建设者和接班人。2012年《教育部等部门关于进一步加强高校实践育人工作的若干意见》指出，进一步加强高校实践育人工作，是全面落实党的教育方针，把社会主义核心价值体系贯穿于国民教育全过程，深入实施素质教育，大力提高高等教育质量的必然要求。同时，各地教育行政部门和大中小学校要认真贯彻落实《中共中央　国务院关于进一步加强和改进未成年人思想道德建设的若干意见》精神，在当地党委、政府的领导下，联合社会各方面，努力开发丰富多彩的实践课程，积极建设和完善各种类型的大中小学社会实践基地，把社会主义核心价值观融入实践，把社会主义核心价值观的主题教育开到社会，把社会实践与社会主义核心价值观的培育有机结合起来，取得了积极的成效。因此，开发和利用好南京历史文化社会资源是开展社会实践、弘扬社会主义核心价值观的必然要求，也是促进学生内涵发展的重要内容。因此，我们对南京晓庄学院大学生及南京市50所中小学学生的社会主义核心价值观培育的实践情况进行了调研。

二、研究思路与方法

(一) 研究思路

首先，收集和分析社会主义核心价值观研究的文献资料；之后，对南京晓庄学院和南京市50所中小学学生进行问卷调查，总结经验，分析存在问题；最后，提出解决问题的对策。

(二) 研究方法

1. 实地调查研究的方法

一方面，通过调查才能真正了解南京大中小学师生的社会主义核心价值观状况。所以该项目主要采用问卷或访谈等方式对南京市的中小学师生的社会主义核心价值观状况进行调查，并对调查结果进行统计、分析和综合，以切实了解南京大中小学师生的社会主义核心价值观状况。另一方面，通过调查考察南京历史文化资源，并对其进行深刻的解读和研究。

2. 历史和逻辑相统一的方法

通过实际的调查数据得出的结论必须回到现实生活状态中，从历史的视角来审视当下大中小学师生社会主义核心价值观的现状、存在问题及产生原因，同时还要运用逻辑推演的思维方法，符合逻辑地推演出解决问题的对策。

三、研究结果及其分析

（一）开发南京历史文化资源对培育学生社会主义核心价值观的意义

社会主义核心价值观是社会主义核心价值体系的内核，是社会主义意识形态的核心内容，是社会主义价值追求的集中反映。它体现了社会主义核心价值体系的根本性质和基本特征，反映了社会主义核心价值体系的丰富内涵和实践要求，是社会主义核心价值体系的高度凝练和集中表达。党的十八大报告进一步明确提出了三个倡导的"社会主义核心价值观"，"倡导富强、民主、文明、和谐，倡导自由、平等、公正、法治，倡导爱国、敬业、诚信、友善"。这是对社会主义核心价值观的最新、最准确的概括。表明富强、民主、文明、和谐是国家层面的价值目标，自由、平等、公正、法治是社会层面的价值取向，爱国、敬业、诚信、友善是公民个人层面的价值准则，这24个字是社会主义核心价值观的基本内容。从国家、社会和个人三个层面规范了我们对核心价值的追求，反映了全国各族人民共同的价值诉求与理想信念，具有鲜明的中国特色，构成了一个具有紧密联系的逻辑整体。

南京历史文化资源内涵丰富，具有重要的教育价值：一方面，开发南京历史文化资源，有利于提高南京地方学校的社会主义核心价值观教学研究水平；另一方面，南京历史文化资源是一种可持续利用的优质资源，尤其是南京红色历史文化资源能够促进南京的社会主义精神文明和物质文明建设，能为南京的社会主义现代化建设和改革开放提供前进动力和精神支柱，同时也是学校培育学生社会主义核心价值观的实践基地。

第一，南京历史文化资源作为南京地方学校社会主义核心价值观培育的重要资源，有利于丰富学校社会主义核心价值观的教学内容和内涵，优化教学研究资源，提高关于社会主义核心价值观的课堂教学质量。试想抗日战争时期毛泽东在延安抗日军政大学给学员们讲深奥的哲学，教室里被挤得水泄不通，究其重要原因，就是因为毛泽东能够理论联系实际，不照本宣科。须知理论必须彻底才能说服人，而理论要彻底就必须联系实际，解决实际问题。因此，学校社会主义核心价值观的研究也应做到理论联系实际，要从国内外、省内外、县内外和区内外的实际情况出发，从中引出其固有的而不是臆测的规律性，即找出周围事物的内部联系，作为我们行动的向导。只有民族的才是世界的，只有具有地方特色的，才是为人所最喜爱的，这正是普遍性寓于特殊性之中，并通过特殊性表现出来。所以，学校社会主义核心价值观培育要想说服人，必须有其民族、地方特色，贴近实际，贴近生活，贴近学生。因此，南京地方学校的社会主义核心价值观培育教学工作中选择运用具有代表性的南京历史文化资源，把南京历史文化资源与学生的社会主义核心价值观培育有机地结合起来，不仅在其研究方法和内容上具有明显的创新性，而且有利于提高社会主义核心价值观的课堂教学质量，抓住同学们急于要了解南京、认识南京的心理，诱发学生的学习兴趣，培养学生们崇高的理想、坚定的共产主义信念。

第二，南京历史文化资源中丰富的红色文化有利于大学生增强抵御西方腐朽思想侵蚀的免疫力，能够增强马克思主义的理想和信念，为培育社会主义核心价值观传递正能量。南京有 2 500 多年的建城史，1 700 多年跨度的建都史，特别是南京在中国近现代史上的特殊地位，使得南京现在共拥有 6 个全国爱国主义教育示范基地，17 个在省委宣传部命名的省级爱国主义教育基地，南京市委宣传部命名的 28 处市级基地（含国家级、省级）。除此之外，各县、区党委、政府还命名了一大批县、区级爱国主义教育基地。另外，南京还拥有 281处文物保护单位，其中国家级 9 处，省级 77 处，文物保护单位与爱国主义教育基地相互重叠。可见，南京已经形成国家级、省级、市级、区级多层次的爱国主义教育基地网络。结合社会主义核心观教学的需要，充分利用上述爱国主义教育基地网络有选择地组织学生参观南京渡江战役纪念馆、静海寺、侵华日军南京大屠杀遇难同胞纪念馆、雨花台烈士陵园、梅园新村纪念馆、中山陵等爱国主义教育基地，观看《南京！南京！》等影视资料，使学生们认识到今天的中国是多少代革命先烈抛头颅、洒热血建立起来的，我们今天的幸福生活来之不易，从而明白当代青年应承担的社会责任，达到教育学生树立正确的人生价值观和远大的社会理想，从而热爱中国共产党，热爱伟大的社会主义祖国和勤劳勇敢的中国人民，并立志为尽早实现富强、民主、文明与和谐中国梦而贡献自己的力量。

（二）南京历史文化资源开发与学生社会主义核心价值观培育状况

1. 南京历史文化资源开发与中小学生社会主义核心价值观培育情况

南京历来被誉为"六朝古都""十朝都城"，特别是南京在中国近现代史上饱尝忧患、历尽沧桑，地位特殊，南京灿烂的历史民族文化遗产、丰富的革命斗争史迹、优美的自然风光、丰富的名人资源和改革开放的伟大成就，表明南京的历史文化资源丰富，为南京地方学校深入开展社会主义核心价值观教育，培育爱国主义精神以及弘扬民族精神提供了宝贵的资源和生动的教材。南京历史文化资源应包括南京的各类遗址遗迹、陵园、纪念碑馆、名人故居旧址等各种有形的资源，还包括南京在这段时期内形成的革命文艺、励志事迹等所有这些无形的资源。本次接受调查的中小学校包括琅玡路小学、茶花里小学、南湖三小、红山小学、南京市炼油厂小学、中山门小学、南京市幕府山庄小学、昆仑路小学、五塘小学、三牌楼小学、芳草园小学、致远外国语小学、南京市南湖第二小学、天妃宫小学、宁工小学、力学小学、后标营小学、苏杰小学、长江路小学、中央路小学、莫愁新寓小学、南京信息工程大学附属实验小学、南京市郑和小学、南京晓庄学院附属小学、百家湖小学；中学主要包括南京市二十九中学、南湖二中、南湖一中、十三中红山校区、南京炼油厂中学、行知实验中学、五塘中学、金陵汇文学校、育英第二外国语学校、南京市滨江中学、文枢中学、南京市五十中、育英外国语学校、江苏育才实验学校、南京玄武外国语学校、南师附中新城中学、南京市二十九中学致远校区、宁海中学、宁海中学分校、金陵中学、南师附中、南京一中、中华中学、南京十三中学、宁海中学共 50 所中小学，通过对以上 50 所中小学的调研发现，每个学校所采取的社会主义核心价值观培育方式基本上是相同的，具有以下四个方面的共同特点。

第一，每个学校都十分重视对社会主义核心价值观的宣传教育，都在十分显眼的地方悬挂着社会主义核心价值观的巨幅条幅，同时每个班级教室前面都挂着社会主义核心价值观的书法作品，可以说只要一上学就能看到社会主义核心价值观。可见，社会主义核心价值观已经进了学校，进了教室，进了学生头脑。通过调查发现，每个学校都要求学生们熟记社会主义核心价值观，从调查中可知一年级的小学生也要求背诵，学校要检查。因为才上学，记不住，往往是今天背会了，过两天也就忘了，更不用说理解其中深刻的内涵和意义了。

第二，中小学生的思想品德课中有社会主义核心价值观内容的简单介绍，老师上课会对社会主义核心价值的内容进行系统讲授。当前中学政治课教学对学生进行社会主义核心价值观教育中，教师能够深刻地认识到培育和践行社会主义核心价值观的重要性和必要性，十分清楚"为什么"要进行社会主义核心价值观教育，但是在如何落实社会主义核心价值观教育上，还存在一定的问题。

第三，中小学每学期在期中考试完成之后，都会有一天的时间走出校门去进行参观、考察等社会实践活动。学校要求三年级以上的同学在参观完之后写一篇观后感，参观考察的地点一般都是历史文化资源丰富的地方。据调查以上的中小学的参观考察的地点为：红山森林动物园、玄武湖、中山陵、侵华日军南京大屠杀遇难同胞纪念馆、中山植物园、南京科技馆、珍珠泉、明孝陵、总统府、将军山、清凉山公园、紫金山、绿博园、行知基地、青少年科技园、雨花台烈士陵园、栖霞山公园、梅花山、海底世界、莫愁湖公园、十月军校、古林公园、梅园新村、燕子矶公园、渡江战役纪念馆、宝船厂遗址、汤山青少年社会实践基地、阳山碑材、阅江楼、石头城、汤山的"南京猿人"考古遗址、明文化村、牛首山、天生桥、江南贡院、夫子庙、东吴大帝孙权纪念馆、音乐台、灵谷寺、龙幡里魏源故居、云锦博物馆、南京博物院、孙中山故居纪念馆、瞻园、中华门城堡及门东、门西文化保护区、邓演达墓、谭延闿墓、灵谷塔、郑和墓和纪念馆、将军山岳飞抗金战场遗址、栖霞大道两旁的六朝石刻遗迹等。当然有些地方可能会重复参观，小学去了，可能初中还会去，同学们通过参观考察体会到了祖国的强大来之不易，要珍惜现在的幸福生活，热爱祖国，热爱人民。

第四，每个中小学校100％的学生都非常喜欢社会实践活动，更有65％的学生因为第二天要进行社会实践前一天晚上都激动得睡不着觉，95％的学生认为进行社会实践或者参观考察南京历史文化景区是培育社会主义核心价值观的一种行之有效的途径，希望学校多开展社会实践活动，开发和利用好南京深厚的历史文化资源。

2. 南京历史文化资源开发与大学生社会主义核心价值观培育情况

（1）南京各类大学对南京历史文化资源的开发情况。南京大学众多，利用南京历史文化资源培育学生社会主义核心价值观的情形大致相同，本课题以南京晓庄学院为例进行调查分析。为了系统地开发和利用南京历史与文化资源，充实"中国近现代史纲要"的教学内容，更好地启发学生多角度、多层次、全方位了解和认识中国历史发展进程及其发展的内在规律。南京晓庄学院马克思主义学院在老师们的带领下对南京历史文化资源进行充分调研，主要结合"中国近现代史纲要"实践教学的实际情况，按照城东、城西、城南、城中、城北五个地理方位对南京的历史文化资源进行开发，五条具体考察线路如下。

一是城东明故宫遗址、午朝门公园、中山门城墙、南京博物院、梅花山、东吴大帝孙权纪念馆、石像路、明孝陵、中山陵、音乐台、灵谷寺、孙中山故居纪念馆、邓演达墓、谭延闿墓、灵谷塔等。

二是城西石头城遗址公园、清凉山公园、乌龙潭公园、龙幡里魏源故居、侵华日军南京大屠杀遇难同胞纪念馆、云锦博物馆、朝天宫博物馆、渡江战役纪念馆等。

三是城东北郊栖霞大道两旁的六朝石刻遗迹、栖霞山风景区里面的栖霞寺、舍利塔、千佛崖、明征君碑、乾隆行宫遗址等；城东南郊汤山的"南京猿人"考古遗址、明文化村和阳山碑材等。

四是城中总统府、梅园新村中共代表团纪念馆、夫子庙、江南贡院、瞻园、中华门城堡及门东、门西文化保护区等。

五是城南雨花台革命烈士陵园、郑和墓和纪念馆、南唐二陵、牛首山弘觉寺、将军山岳飞抗金战场遗址等。

通过五条具体考察线路，对南京的历史文化资源进行开发、利用，以丰富大学生社会主义核心价值观培育的方式和方法。

（2）南京历史文化资源开发与大学生社会主义核心价值观培育情况。本着上述思路，重点对南京晓庄学院学生社会主义核心价值观培育工作进行考察。南京晓庄学院学生社会主义核心价值观培育的一个突出举措就是践行陶行知先生的"教学做合一"的教育理念，坚持从南京晓庄学院地方性高校的实际出发，始终强调高校大学生社会主义核心价值观培育要联系南京历史文化资源开发利用，注意丰富南京晓庄学院社会主义核心价值观的教学内容，提高社会主义核心价值观的课堂教学质量。

第一，开发利用南京历史文化资源，编写社会主义核心价值观校本教材，使南京历史文化资源进课堂，进教室，进学生头脑。社会主义核心价值观课堂教学主要是在"思想道德修养与法律基础""马克思主义基本原理概论""中国近现代史纲要""毛泽东思想与中国特色社会主义理论体系概论"和"形势与政策"等专题研究中进行，应该说课堂是针对学生进行社会主义核心价值观教育的主阵地，而校本教材是进行社会主义核心价值观教学的核心材料，于是南京晓庄学院的思想政治理论课教师结合自身所教的课程，有代表性地选择南京历史文化资源将其编进校本教材，以增强教学的实效性。如将南京晓庄学院的老校长陶行知先生改名的革命斗争故事编进"马克思主义基本原理"校本课程，让学生进一步明白知和行的辩证统一关系，懂得实践是认识的基础；又如将雨花台烈士陵园晓庄英烈馆中的晓庄英烈们英勇反抗国民党反动派的革命斗争事迹编进"思想道德修养和法律基础"校本课程，进一步培养学生的爱国主义情感，增强爱国主义意识；还有将渡江战役纪念馆、中山陵、南京的诸多名人事迹、南京改革开放取得的成绩等素材编进"毛泽东思想和中国特色社会主义理论体系概论"校本课程，让广大学生明白我们今天的幸福生活来之不易，要懂得珍惜，并为了实现祖国繁荣富强的中国梦而努力奋斗。同时，将侵华日军南京大屠杀遇难同胞纪念馆、总统府、中共代表团梅园新村纪念馆等素材编进"中国近现代史纲要"校本课程，时时提醒广大学生前事不忘，后事之师，牢记落后要挨打的历史，明白自己的历史使命，奋发图强，誓为祖国的繁荣富强贡献自己的力量。这样用好用活南京历史文化资源，生动活泼地对大学生进行生动形象的爱国主义教育和理想信仰等价值观教育，增强了社会主义核心价值的吸引力、亲和力和影响力，达到了为大学生提供真信真用的价值观导向的目的。

第二，开发利用南京历史文化资源，坚持理论联系实际，切实把培育大学生的富强、民主、文明、和谐，自由、平等、公正、法治，爱国、敬业、诚信、友善的社会主义核心价值观落到实处。根据中共中央宣传部、教育部"高等学校思想政治理论课所有课程都要加强实践环节，要建立和完善实践教学保障机制，探索实践育人的长效机制"的指示精神，南京晓庄学院各级领导高度重视，各个思想政治理论课教研室积极行动，采取各种措施切实加强实践环节教学。首先，保证实践教学课时。严格按照教育部的要求开足五门思想政治理论课的实践课时，共 32 学时，2 学分，每一门思想政治理论课有 8 学时的社会实践课时。其次，每一门课程本着依据贴近实际、贴近生活、贴近大学生的"三贴近"原则，充分开发利用南京历史文化资源，着重突出南京红色文化资源，每一个教研室都制定了相对完整的切实可行的实践教学大纲、实践教学实施方案和实践教学实施项目。如在实践教学中，考虑到经费不足、时间有限以及学生人数较多等因素的限制，学校的思想政治理论课实践调研项目基本上都是围绕南京红色文化资源开展的。其中，具有代表性的南京红色文化实践调查选题主要包括"南京晓庄学院的产生发展历史调查""南京晓庄师范（南京晓庄学院的前身）早期革命斗争史调查""新时期南京爱国主义教育基地建设中存在的问题及解决路径调查""南京爱国主义教育基地教育资源和旅游资源的开发与整合调查""南京爱国主义教育基地的经济收入与支出情况调查""南京爱国主义教育基地主要受众群体及原因调查""南京红色文化资源开发现状调查""南京红色文化与校园文化的关系调查""南京红色文化对培养大学生'三观'的作用调查""南京红色文化在南京高校思想政治理论课中的开发和运用情况调查""南京红色文化的正能量调查——以南京晓庄学院在雨花台烈士陵园或侵华日军南京大屠杀遇难同胞纪念馆志愿者的成长为例"等。

同学们在指导老师的精心指导下，通过认真制定调查问卷，依据统计数据分析现状、找出原因，并提出一些合理的建议。几年来，南京晓庄学院思想政治理论课程涌现出了一大批优秀的社会实践成果，同学们也在社会实践中得到了素质和能力的同步提高。与此同时，南京晓庄学院思政部主持申报的《教学做合一——高校思想政治理论课实践教学模式的探索》也荣获江苏省教学成果二等奖，以此为基础申报的《生活即教育、社会即学校——高校思想政治理论课实践教学模式的探索与创新》同时荣获"江苏省高校思想政治理论课示范点立项建设试点项目"，这些成果也从一个侧面说明南京晓庄学院思想政治理论课教学坚持理论联系实际，充分开发和利用南京历史文化资源，切实培育和践行社会主义核心价值观，取得了一定的经验，形成了自己的特色，并已经取得了较明显的成效。

第三，开发利用南京历史文化资源，突显南京红色历史文化主旋律，积极创建有晓庄特色的社会主义核心价值观培育模式。南京晓庄学院的历史就是老校长陶行知及其早期晓庄革命英烈的斗争历史，因此，南京晓庄学院的社会主义核心价值观培育始终以陶行知的"教学做合一""爱满天下"的教育理念以及早期晓庄革命英烈为了人民的幸福不惜抛头颅、洒热血的南京红色文化为主旋律，坚持把社会主义核心价值观与南京红色文化有机结合，把社会主义核心价值观融入校园文化建设的全过程，把志愿服务工作作为推动晓庄"陶子"成才的重要阵地，努力营造全面提高大学生综合素质的良好文化氛围。于是，学校各个部门协调配合，以学生为主体，充分发挥思想政治理论课教师的作用，成立了立足南京、服务南京的各种志愿组织，开展了形式多样的各种有益的志愿服务活动。南京晓庄学院的"专注讲解寻访·传承红色基因"的志愿服务项目在全国产生较大影响，传递正能量。

南京晓庄学院"专注讲解寻访·传承红色基因"志愿服务项目以纪念抗战胜利、国家公祭日、烈士纪念日等为契机，以侵华日军南京大屠杀遇难同胞纪念馆、雨花台烈士纪念馆和渡江战役纪念馆三支志愿服务队为核心开展红色讲解、史料整理、寻访实录等活动，着力开创并形成由地方政府支持、学校团委组织、马克思主义学院的思想政治理论课老师指导、大学生青年志愿者为主体、无限受益面的"红色讲解—志愿寻访—文化传承"模式，将白色恐怖时期、抗日战争时期和解放战争时期的红色记忆串联起来，三位一体地传承红色文化，弘扬爱国主义精神。该项目以侵华日军南京大屠杀遇难同胞纪念馆、雨花台烈士纪念馆和渡江战役纪念馆三个场馆为依托开展志愿服务。志愿服务活动的实施地域涵盖南京市及江苏省各地市。在南京市内，志愿者们利用双休日、节假日、寒暑假开展常态化、长期化的红色文化志愿服务。团队分别在三个纪念馆内开展红色志愿讲解，结合国家公祭日等纪念日开展大型纪念活动，配合纪念馆开展历史证人档案墙整理、英烈名绣品制作、纪念馆史料收集和整理工作等。团队成员还计划将志愿服务领域在南京市内拓展到汉中门、五台山、清凉山、北极阁、花神庙、普德寺、中山码头、草鞋峡、燕子矶等遗址和遇难同胞丛葬地等，前期已完成调研、部分史料收集和讲解词的撰写工作。此外，结合南京晓庄学院教师教育特色，团队将在共建的江东门小学、莫愁新寓小学、百家湖小学、天景山小学、百家湖中学开展"红色文化宣讲"和"带领红领巾一起去寻访"，红色文化进课堂常态化推进，每1～2周一课时；"带领红领巾一起去寻访"活动一般安排在周末和寒暑假开展。

在江苏省部分地市，重点开展烈士家属寻访、抗战老兵寻访和实录等活动。晓庄英烈、侵华日军南京大屠杀遇难者、渡江战役老兵的寻访工作以江苏省内为主线，涵盖各地市，如汤藻、马名驹、石俊等烈士故居，南通如皋、连云港等地，以及位于徐州彭城养老服务中心的省内首家"抗战老兵照护中心"寻访和照顾老兵。

自1994年以来，南京晓庄学院已有近1 000名青年志愿者加入了志愿讲解服务的行列，累计讲解时间为10万多小时，累计讲解对象达350万人次，参加江苏省和南京市的重大悼念活动100多次，参加纪念馆的外事接待工作

200 余次。已累计投入项目活动经费 20 余万元。该项目未来预计惠及各纪念馆参观人员、共建的中小学生等受益群体达 10 万人以上。待集结的项目成果出版后受益人数会更多。项目服务团队在业余时间整理寻访、实录资料，查阅相关文献，在专业指导教师的带领下凝练项目成果成册、纪录片，并提供给纪念馆、中小学校、企事业单位甚至政府相关部门开展红色文化宣传教育活动。此外，参与项目的大学生志愿者也是主要的受益群体，在专业指导下提升志愿讲解、寻访实录、整理研究等方面的能力，真正地培育和践行社会主义核心价值观。

与此同时，南京晓庄学院学生"江东门纪念馆志愿讲解服务队"被授予江苏省优秀青年志愿服务项目。近年，南京晓庄学院先后涌现出了胡小五同学等感动南京十大杰出人物、李国荣同学等江苏省优秀青年志愿者、获得第三届全国道德模范提名奖的王景光同学等一批模范人物。可见，有晓庄特色的社会主义核心价值观培育模式激发了青年学生的激情，唤起了当代青年学生对高尚的、独立的人格追求和高尚的道德追求，促进了青年学生科学文化素质和思想道德素质的不断提升。

第四，为将社会主义核心价值观教育推向深入，南京晓庄学院积极探索，不断创新工作内容和形式。结合办学特色和工作经验，于 2015 年 6 月成立南京晓庄学院大学生社会主义核心价值观宣讲团，组成人员为学校马克思主义学院 2014 级思想政治教育专业的 10 名学生。宣讲团先后多次深入南京晓庄学院各二级学院、中小学、社区，以多种形式宣讲社会主义核心价值观。宣讲团通过青年学生传递时代精神，开辟高校大学生自我教育与同伴教育相结合的机制，从青年学生角度解读社会主义核心价值观，为在学生中推进马克思主义大众化、弘扬中国传统文化、构建和谐社区发挥了重要作用。宣讲团开展的系列宣讲活动收到了良好效果。

首先，明确内涵，提高了青年学生的理论素养。通过宣讲活动，成员们深入学习宣传贯彻党的十八大、十八届三中、四中、五中全会和习近平总书记重要讲话精神，树立了正确的社会主义核心价值观，巩固专业知识以及锻炼各方面的能力。将社会主义核心价值观内化于心、外化于行，以高尚人格感召宣讲对象、引领风尚，促进和谐，在培育和践行社会主义核心价值观的过程中发挥了主体作用。

其次，开拓途径，拓宽了理论宣讲的新形式。学习并践行社会主义核心价值观是每一位青年学子应该明确的方向。宣讲团的系列宣讲活动，积极探索了社会主义核心价值观学习与践行的有效途径，探索了理论宣讲与大学生社会实践结合创新模式。宣讲内容涉及国家、集体、个人三个层面，结合宣讲对象的实际特点，讲述身边人的故事，讲述日常生活中的事例，避免了理论宣讲的空洞。第一届全国未成年人思想道德建设先进工作者陶勑恒、江苏省教学名师史爱华、"蝴蝶教授"李朝晖、第三届全国道德模范候选人王景光、全国优秀共青团员黄岳、感动南京人物胡小五等学校师生的感人故事，入选了宣讲稿并鼓舞着宣传团成员和听众。宣讲团成员通过活动，推动社会主义核心价值观大众化、生活化，让宣讲对象懂得从自己做起、从身边做起、从小事做起，践行社会主义核心价值观。除此之外，宣讲活动让更多的人认识到社会主义核心价值观与每个人息息相关，让大家深刻理解社会主义核心价值观的内涵。实现了社会主义核心价值观走进个人内心、走进家庭、走进社会，不断拓宽理论宣讲的覆盖面和有效性。

再次，思想引领，发挥了青年学子的时代先锋作用。宣讲活动引导大学生党员，发挥党员先锋模范作用，带动身边的同学深入领会中央精神；引导广大学生在中央精神的指引下，树立正确的世界观、人生观、价值观。宣讲团成员通过理论讲述、典型示范，帮助宣讲对象开阔视野，提高思辨能力，对自身的人生与理想、前途与责任等问题进行深入思考。帮助青年学生树立理想信念，将个人的青春梦和中国梦的实现有机结合；帮助青少年树立科学的信仰和理想，确立正确的人生目标；帮助社区居民学会邻里相处之道，构建和谐社区。宣讲活动得到中国江苏网、凤凰江苏网、江苏教育新闻网、《南京日报》等媒体的报道，产生了良好的社会反响。

（三）南京历史文化资源开发与学生社会主义核心价值观培育存在的主要问题

目前，各校都积极探索培育社会主义核心价值观的新途径，注重增强社会主义核心价值观教育的实效性，也开始注意开发利用南京历史红色文化资源直观生动地提升培育质量，但在实际应用中还存在不少问题。

1. 南京历史文化资源开发整合力度不够

第一，资源整合和开发有待进一步加强。其主要表现为：一方面南京历史文化资源的开发没有立足整体的规划和统筹，有些历史文化资源还处于自发的点状分布，没有对南京历史文化资源进行科学的整合；另一方面，南京历史红色文化资源的开发主要以革命英雄故居、纪念馆、革命遗址为主，资源开发深度不够，展示方法比较单一，缺少特色，趋同化的倾向严重，特别是针对中小学生"寓教于乐"的项目开发较少。

第二，基础设施及相关配套和开放程度不够，服务意识有待进一步提高。有些历史文化资源地处偏僻，基础设施较差，进入性较难。同时，相关服务也比较落后，不少名人故居、纪念馆都是自行参观，没有配备专业的讲解员，群众只能走马观灯花地逛逛，缺少对革命过程和精神的深刻理解，历史红色文化资源带给人心灵的震撼不太强烈，对中小学生思想政治教育的作用不太明显。

2. 对南京历史文化资源利用价值认识不足

南京历史文化资源尤其是红色文化资源在培育社会主义核心价值观中有着十分重要的价值，为人们思想政治教育提供了本源性的优质资源，拓宽了社会主义核心价值教育的方法和途径。然而，地方上更看重的是经济价值而忽视了其精神价值和社会价值，当然也有少数师生对这些价值认识不足，因而没有充分开发和利用好南京现有的历史红色文化资源。

3. 教育经费不足、安全责任重大

虽然南京历史红色文化资源能提升培育学生社会主义核心价值观的实效，但所有学校不可能都为学生的参观、考察、调研提供经费支持，对一些低收入学生而言，想要去参观体验最基本的消费包括车费、伙食费等，更何况有些景点并不是免费的，门票价格还挺高，这对于他们来说算一个难题。另外，各学校可能考虑到带学生出去参观、考察，学生人数多，老师人数少，安全难以得到保障，责任重大，这也是很多学校没有真正实施社会实践教学的原因之一。

（四）开发利用南京历史文化资源，加强学生社会主义核心价值观培育对策分析

通过开发利用南京历史红色文化资源培育学生社会主义核心价值观，需要在研究南京历史文化资源的基础上，不断创新历史文化资源教育的载体，采用学生能接受的途径与方法，将南京历史文化资源植入社会主义核心价值观教育体系，实现南京历史文化资源的可持续开发利用和发展。

1. 整合开发南京历史文化资源，创新社会主义核心价值观培育内容体系

经过长期沉淀的南京历史文化资源非常丰富，但由于各种原因南京历史文化资源目前没有发挥应有的功能，因此老师们要对南京历史文化资源进行创造性地归纳、提炼与综合，紧密结合大学生社会主义核心价值观培育实际，努力实现南京历史文化资源与时代特征有机统一，建立融物质与精神为一体的南京市学校社会主义核心价值观培育内容体系。

首先，积极收集整理南京历史文化资源。尤其是通过对革命遗址、红色纪念馆等进行实地考察与对红色人物的寻访，在查阅相关革命档案资料的基础上形成文字与多媒体红色资源，通过展板、宣传册、新媒体等形式向学生展出与推送，使大学生感受南京红色文化的熏陶，充分接触鲜活的红色文化资源。

其次，深入挖掘南京历史文化资源的教育功能。比如，以南京历史文化资源为题材的小说、诗歌、歌曲、影视作品等，通过各种途径充分挖掘其鼓舞、感染、激励的功能，在潜移默化中让南京历史文化尤其是将红色文化的精髓植入学生大脑，培育学生们的社会主义核心价值观。

再次，注意南京历史文化精神的延伸性，结合时代变迁与南京大学生所学专业相结合的实践教学活动。以南京晓庄学院的调查为例，如旅游专业的学生可以对南京历史名胜或南京红色旅游状况展开调研，教师引导学生对南京历史文化资源开发利用进行选题研究，初步形成系列论文。旅游专业或历史专业的学生可以对南京历史文化资源进行考察，利用撰写毕业论文之机，有目的、有计划地引导部分学生围绕南京历史与文化进行选题和专题研究，初步形成系列论文或调查报告。教师利用南京历史与文化资源，充实中国古代史、近现代史教学内容，改进课堂教学方法，启发学生多角度、多层次、全方位了解和认识中国历史发展进程及其内在规律。外语专业的学生可以将南京历史文化资源书籍翻译成外文，在世界范围内更广泛地宣言南京。艺术专业的学生可以对南京历史文化资源进行艺术创作，如谱写歌唱南京的歌曲，以南京历史文化资源为题材创作绘画作品、小品、诗词、散文等。通过专业知识与南京历史文化资源开发教育相结合，既能使大学生的所学知识得到实践，丰富南京历史文化资源的表现形式，增强吸引力，又能提升南京晓庄学院大学生的创作能力及思想境界。

2. 深化开发利用南京历史文化资源，为培育社会主义核心价值观搭建平台

研究南京历史文化资源需要挖掘、整理南京历史文化，把握中华优秀传统文化历史的脉络进行传承性地研究整合与凝练，并结合时代精神进行全方位解读。通过党委政府、学校、科研机构与社会组织，结合当地具体情况，有重点地对南京历史文化资源进行开发与研究，高等学校更要发挥自身的优势，积极组织科研力量，为培育社会主义核心价值观搭建平台。

一所高校能否提高自身的核心竞争力，文化建设是关键，提升高校核心竞争力的物化形式就是建构大学生的社会主义核心价值理念，因此要充分认识红色文化在社会核心价值观建构中的延伸价值，通过构建红色文化研究平台与高校文化建设进行无缝对接，促进大学生社会主义核心价值观的培育。比如，南京市于2014年成立的"南京师范大学·雨花台烈士陵园管理局红色文化研究中心"，就充分发挥了当地高校教育资源的优势，并与当地红色旅游区形成了良性互动与优势互补。南京晓庄学院也与南京博物院、总统府、南唐二陵博物馆、侵华日军南京大屠杀遇难同胞纪念馆、雨花台烈士陵园、渡江战役纪念馆等进行了接洽，即将与这些单位签订协议，进行合作共建，为构建大学生社会主义核心价值观的实践提供理论引导与学术支撑，为大学生服务社会探索新路子。同时也有利于南京历史文化资源的有效开发利用。

3. 增加教育投入，推动南京历史文化资源融入社会主义核心价值观课堂教学

在整合南京历史文化资源的基础上将南京历史文化资源进行详细规划，增加教育投入，把南京历史文化资源植入南京中小学的思想品德课或高校的思想政治课的教学环节，可以拓展思想政治课教学内容，也是对大中小学生进行社会主义核心价值观教育的最直接途径。

首先，要构建南京历史文化资源与思想政治教育相结合的运行机制。学校要制定相关的制度，将南京历史文化资源教育的体系纳入教学计划中来，结合实际制定适合学科发展的教学计划，并给予制度经费等保障。在教学方法上，教育者要结合时代发展，在充分把握南京历史文化资源直观形象特点基础上利用现代传媒手段，采取讨论式教学、启发式教学与案例教学等途径，实现教学模式的转变。比如在"中国近现代史纲要"的教学中，南京可以说是中国近代史的缩影，教师可以把握中国革命和建设过程中的关键节点，将当今现实事件与具体历史相结合，深挖南京历史文化资源，加深学生对南京历史文化的理解，提高学生分析解决问题的能力，使学生坚持道路自信。

其次，充分发挥网络教育的功能。教育者要充分利用信息网络技术，通过开设南京历史文化论坛、南京历史文化微博、南京历史文化微信、南京历史文化影视作品在线欣赏等方式，使更多的南京历史文化资源融入校园文化与网络课程。在师生的良性互动中，不断培育大学生社会主义核心价值观。当然网络教育需要专人管理，并及时更新，提供互动与反馈环节。

再次，将南京历史文化教育纳入课堂教学实践中。课堂教学实践在大学生知与行的转化过程中发挥着重要的功能，也是非常重要的环节，有助于将学生的思想最终外化成行动。高校要特别重视课堂教学实践，通过情景式与体验式的教育活动，将教育内容与教学实践有效结合，不断提高教育的实效性。南京晓庄学院的思想政治理论课都有社会实践教学，并有相应的课时保证。

最后，建立南京历史文化校外实践基地。目前，我国为数众多的革命遗址、红色文化展览馆等物质载体，为南京大中小学生核心价值观培育实践基地的建立提供可能。学校要与红色文化实践基地建立并保持稳定的合作关系，政府对红色文化实践基地应给予专项经费的保障。同时，在国家政策的允许范围内，学校要鼓励学生结合自身专业服务相关社会群体，到红色革命区域或国家需要的地方从事社会实践，强化服务意识，自觉践行社会主义核心价值观。

总之，南京历史文化资源蕴藏丰富，南京市地方学校通过开展社会实践活动充分开发和利用南京丰富的历史文化资源，坚持理论联系实际，突出南京历史文化，尤其是南京历史红色文化资源，切实加强实践教学，以及共同开展以南京红色文化资源为主旋律的校园文化建设，积极营造有南京特色的红色校园文化氛围等举措，使南京历史红色文化走进校园，走进学校教室，走进学生们的头脑，不仅极大地丰富了学校社会主义核心价值观培育的内容，提高了学校社会主义核心价值观培育的实效性，而且也有利于增强大学生抵御西方腐朽思想侵蚀的免疫力，坚定马克思主义的理想和信念，使之迅速成长为社会主义现代化建设的有用之才。

四、小结

课题组采用实地调查研究、历史与逻辑相统一的研究方法，对南京历史文化资源开发与南京学生社会主义核心价值观培育进行了研究，调查发现存在南京历史文化资源开发整合力度不够、南京历史文化资源利用价值认识不足、南京历史文化资源开发利用教育经费不足和安全责任重大等主要问题，并相应地提出了整合开发南京历史文化资源，创新红色文化教育内容体系；深化开发利用南京历史文化资源的认识，为培育学生社会主义核心价值观搭建平台；增加教育投入，推动南京历史文化资源融入课堂教学的对策措施。

（本节系 2015 年江苏省社会精品运用课题——南京历史文化资源开发与学生社会主义核心价值观培育研究，项目批准号：15SYB-002）

第三节 哲眼观世界："马克思主义基本原理概论"课程实践教学模式创新研究

一、成果简介

哲眼观世界："马克思主义基本原理概论"课程实践教学模式创新研究成果是近五年南京晓庄学院马克思主义基本原理概论教研室老师遵循"教学做合一"的生活教育理念通力合作进行"马克思主义基本原理概论"课实践教学模式创新研究的原创性成果，凸显了晓庄特色。

"马克思主义基本原理概论"课实践教学只有真正做到"时代化""生活化""青年化"，贴近现实、贴近生活、贴近青年，才能克服理论教学中时代感、现实感、生活感不强，感召力、吸引力、感染力不够等突出问题。课题组从 2011 年 9 月开始谋划实施"哲眼观世界：'马克思主义基本原理概论'课程实践教学模式创新研究"实践教学项目，围绕实践教学课程化、实践教学教材体系标准化和实践教学活动规范化等方面进行了积极的探索，形成了"哲眼观世界"六大类共十九册实践成果，包括哲眼观世界之社会调查 4 册、读书笔记 4 册、时政评论 4 册、演示文档报告 4 册、哲学创作 2 册和志愿活动 1 册。

"哲眼观世界"就是用哲学思维方式观察现实世界。"哲眼观世界：'马克思主义基本原理概论'课程实践教学模式创新研究"项目，引导青年学生运用"马克思主义基本原理概论"中的哲学原理来分析、解释生活世界的现象和问题，并提出解决问题的方法。该成果从根本上解决了大学生对马克思主义基本原理概论课程的真信、真学和真用问题，坚定了他们的马克思主义信仰，提高了他们的马克思主义理论水平，增强了他们的辩证思维能力和创新能力。

二、成果主要解决的教学问题及解决教学问题的方法

"哲眼观世界"实践教学模式解决的主要教学问题就是："如何从根本上解决大学生对马克思主义基本原理概论课程的真信、真学和真用问题，以提高青年学生的马克思主义理论水平、辩证思维能力和创新能力等"。

"哲眼观世界"实践教学实施基于生活世界的"课内外一体化"的开放式体验教学方法，通过三个步骤，成功解决了上述备受瞩目的马克思主义理论教学难题。

第一步，构建"马克思主义基本原理概论"课实践教学模式。

遵循实践教学课程化、实践教学教材体系标准化和实践教学活动规范化要求，构建"马克思主义基本原理概论"课实践教学模式，从实践教学目的、教学目标、教学内容、教学组织、教学要求、教学课时安排等方面设计实践教学课程；出版系列实践教学教材，完善实践教学教材体系，使实践教学标准化；从哲眼观世界之社会调查、读书笔记、时政评论、演示文档报告、哲学创作和志愿活动六个方面规范实践教学活动，提高实践教学的有效性。

第二步，教学做合一。

坚持"教学做合一"的生活教育理念，全力开展"马克思主义基本原理概论"课实践教学探索，主要包括哲眼观世界之社会调查、读书笔记、时政评论、演示文档报告、哲学创作和志愿活动六个方面。

（1）社会调查。实践教学中要求学生用马克思主义哲学原理指导开展至少一次社会调查。4人为一组开展社会实践调查，小组撰写3 000字以上的调查报告，每人上交500字以上的心得体会。要求叙述一次参加社会实践调查的名称、时间、地点、过程、结果及新发现，并说明这次社会实践调查发挥了哪些（或哪一个）马克思主义原理的指导作用，哪些（或哪一个）马克思主义的命题或观点需要发展等。

（2）读书笔记。阅读经典，是一个追本溯源和"寻根"的过程。马克思主义理论内容丰富、体系庞大，经典著作众多。实践教学中要求学生认真研读经典著作，并在教师指导下认真撰写读书摘要、笔记、报告或随感等，以便夯实自己的理论基础。

（3）演示文档报告。哲学源于生活又高于生活，需要学生认真观察生活，体味生活，感悟哲理。实践教学中要求学生精心选择生活中的素材或案例，用马克思主义哲学原理加以解释，并做成图文并茂的演示文档，在课前5分钟报告。

（4）时政评论。要求学生运用所学的马克思主义哲学原理，理论联系实际，分析当下现实生活中的某一个热点、难点或焦点问题，并做成图文并茂的电子报。

（5）哲学创作。要求热爱哲学并有较为深厚的知识储备的同学自由创作蕴含丰富哲理的哲理诗、散文、动漫，或改编歌词，创作微电影、微视频剧本等，自觉将哲学语言转化为生活语言或者学科语言。

（6）志愿活动。鼓励学生走出课堂，学以致用，积极参加志愿者活动及社会主义核心价值观宣讲，以达到培养科学的世界观、人生观和价值观的目的。

第三步，实践检验。

经过近五年的"哲眼观世界"实践教学检验，"马克思主义基本原理概论"课程真的成为青年大学生真心喜爱、终身受益和毕生难忘的优秀课程，同学们的生活力、学习力、创造力和自治力得到显著提高。

三、成果的创新点

1. 生活化的实践教学理念创新

"马克思主义基本原理概论"课实践教学只有真正做到"时代化""生活化""青年化"，贴近现实、贴近生活、贴近青年，才能克服理论教学中时代感、现实感、生活感不强，感召力、吸引力、感染力不够等突出问题。"马克思主义基本原理概论"实践教学改革遵循哲学源于生活又高于生活，生活中处处有哲学，理论联系实际的方法论理念；"生活即教育、社会即学校、教学做合一"的理念，实行基于生活世界的"课内外一体化"的开放式体验教学方法，特别重视实践教学的生成性，不断挖掘富有地方特色的生活世界为我们提供的实践教学的丰富材料与鲜活思想。

2. 高效且可操作的实践教学模式创新

课题组从 2011 年 9 月开始谋划实施"哲眼观世界：'马克思主义基本原理概论'课程实践教学模式创新研究"实践教学项目，遵循实践教学课程化、实践教学教材体系标准化和实践教学活动规范化要求，构建"马克思主义基本原理概论"课实践教学模式，从实践教学目的、教学目标、教学内容、教学组织、教学要求、教学课时安排等方面设计实践教学课程，为开展实践教学打下坚实基础；出版系列实践教学教材，完善实践教学教材体系，使实践教学有章可循；从"哲眼观世界"之社会调查、读书笔记、时政评论、演示文档报告、哲学创作和志愿活动六个方面规范实践教学活动，提高实践教学的有效性和可操作性。

3. 高质量的实践教学使学生得到可持续发展

基于"生活化"的"马克思主义基本原理概论"课实践教学实施五年来，

从根本上解决了大学生对马克思主义基本原理概论课程的真信、真学和真用的问题，提高了思想政治教育课程的有效性，有助于培养青年学生科学的世界观、人生观和价值观，提高了他们发现问题、思考问题、研究问题和解决问题的辩证思维能力和创新能力，大大增强了他们服务社会、报效祖国、服务人民的决心和意识，胡小伍、王景光、崔佰贵、杨超、李俏和黄岳等晓庄学子先后被评为"南京好市民"就是最好的证明。

四、成果的推广应用效果

1. "马克思主义基本原理概论实践教程"实践教材的应用与推广

《马克思主义基本原理概论实践教程》教材是 2015 年南京晓庄学院重点教改课题"慕课时代下高校思想政治理论课教学改革与实践研究"和 2015 年南京晓庄学院校级精品开放课程"马克思主义基本原理概论"项目的阶段性成果之一，是马克思主义基本原理概论教研室教师近五年教学经验的总结。本书也是"马克思主义基本原理概论"课的配套实践教材，已经在南京晓庄学院大一学生中广泛使用。一年来，以《马克思主义基本原理概论实践教程》指导学生社会实践和自主学习，获得了很好的使用效果，产生了一批优秀社会实践成果，涌现了一批社会实践先进个人，提高了学生发现问题、思考问题、研究问题和解决问题的能力，并帮助学生树立了正确的世界观和价值观。实践证明，凸显晓庄特色、体现陶行知"教学做合一"理念的"马克思主义基本原理概论实践教程"能切实提高思想政治理论课的实效性。在与省内外其他高校"马克思主义基本原理概论"课教师的交流中，"马克思主义基本原理概论实践教程"获得了同行们的广泛赞誉。作为配套教材，《马克思主义基本原理概论实践教程》可供其他高校的"马克思主义基本原理概论"实践教学使用，可作为高校其他公共政治理论课师生学习参考教材，也可供马克思主义理论爱好者、考研复习者阅读。可以预见，《马克思主义基本原理概论实践教程》会有越来越多的读者使用，应用前景广阔。

2. "哲眼观世界"实践教学模式与成果的应用与推广

"哲眼观世界、教学做合一"的教学模式在"马克思主义基本原理概论"课实践教学上有很大创新，对这门课程的教育教学改革实践具有广泛示范作用，对提高思想政治教育教学水平和教育质量、实现培养目标具有显著成效，在学校教学中产生了重要影响。该项目已经在南京晓庄学院"马克思主义基本原理概论"课程教学中全面实施，为达成培养马克思主义哲学素养的教学目标取得了良好效果。该成果预计可以在三个层次上进行应用和推广。首先"哲眼观世界、教学做合一"成果为学校思想政治教育专业学生的马克思主义哲学类课程教学改革提供经验借鉴，以后可以在该专业的哲学类专业课教学中加以应用和推广。其次，"哲眼观世界、教学做合一"这种模式可为其他高校的马克思主义基本原理概论课程教学提供直接的借鉴。再次，"哲眼观世界、教学做合一"成果也为高校其他公共政治课和相关专业课教学改革提供了可供借鉴的经验。

（本节系南京晓庄学院 2017 年教学成果特等奖）

第四节　传承弘扬中华优秀传统文化，加强家庭、家教、家风建设

在党的十九届六中全会审议通过的《中共中央关于党的百年奋斗重大成就和历史经验的决议》中强调，中华优秀传统文化是中华民族的突出优势，是我们在世界文化激荡中站稳脚跟的根基，必须结合新的时代条件传承和弘扬好。在中共中央、国务院印发《新时代公民道德建设实施纲要》《新时代爱国主义教育实施纲要》明确提出，要加强传承和弘扬中华优秀传统文化教育，深入阐发中华优秀传统文化蕴含的讲仁爱、重民本、守诚信、崇正义、尚和合、求大同等思想理念，用良好家教家风涵育道德品行。

一、中华优秀传统文化的核心内容

（一）讲仁爱

"仁爱"来源于"仁者爱人"，而"仁者爱人"最早出自《论语》中的"樊迟问仁，子曰：'爱人'"。在这里孔子将"爱人"作为一种道德范畴提出来了，以后还发展了"仁者爱人"的思想理念[1]。在孔子看来，仁者爱人就是要友爱亲人、关爱他人、仁爱世间万物，并可引申为仁者爱人是处理人与人之间、人与社会之间、人与自然之间关系的一种道德准则。"孝悌也者，其为仁之本与"[2]。孝悌是仁爱的根本，可见"友爱亲人"是仁爱思想中最基础、最根本的价值体现。"泛爱众，而亲仁"则是与社会中的他人交往时应遵循的"关爱他人"的道德原则，即要超越血缘和家庭的界限去关爱他人，推而广之则要求当政者要施仁政，以民为本。"亲亲而仁民，仁民而爱物"，则进一步指出，应当如同爱护人一般爱护世间万物，这种"泛爱万物"思想要求人们节约资源，保护环境，实现人与自然的和谐共处。

---

① 冯天瑜主编：《中华文化词典（第二版）》，武汉大学出版社，2010 年，第 59 页。

② 中国哲学教研室，北京大学哲学系编：《中国哲学史》，商务印书馆，1995 年，第 23 页。

（二）重民本

早在夏商周时期，由于人们不再相信天神，而是逐步认识到人自身的力量。据《尚书》记载："民为邦本，本固邦宁"①。意思是人民是国家的根本，基础和根本稳固了国家才会安宁，这应是传统民本思想的渊源。到春秋战国时期，儒家学派在融合墨家等诸学派思想的基础上对民本思想进行了进一步阐释和发展，并通过汉武帝的独尊儒术发展为中国历代统治者奉行的主流民本思想。"民本"既是中国古代的一项道德原则，也是一种政治理念。作为中国古人的根本道德追求在政治领域中的具体化政治理念，"民本"具体包含"立君为民""民为邦本"和"爱民养民"三个观念，分别表明君主的权力来源于人民，国家社会稳定的基础只能是人民，当政者的最终目的就是要让百姓过上好日子。

（三）守诚信

诚，诚实、事实，即尊重事实，实事求是；信，信守承诺，"人而无信，不知其可也"，即守信用，遵守诺言。诚信是一个道德范畴，是儒家思想的核心理念之一，是中华民族历来重视的道德准则和精神追求。按照张晓敏的观点，中国古代的诚信思想主要是由《论语》《大学》《中庸》《孟子》奠定的。"诚者，天之道也；诚之者，人之道也"②。儒家思想认为，诚信是天道，真实性是宇宙万物存在的基础，唯有真实才能取得信任。《周易·系辞上》指出，"默而成之，不言而信"。认为上天的变化是诚实可信的，这种"天之道"是人们应该学习和遵守的准则，人们必须按照天道，即规律性办事，否则会受到惩罚。

（四）崇正义

"正"是正当、公正的意思；"义"则是应当、适宜等意思。正义作为中华优秀传统文化的核心理念是中华民族永恒的价值追求，其发展历史悠久。最早对正义思想进行阐释的是《中庸》，"义者，宜也"③。那时正义被视为中国古代重要的道德行为规范和价值准则。在儒家看来，正义是"正"与"义"的有机统一，"正"是公允公正，"义"则是道义，"凡人之所以为人者，礼义也。"这种道义体现出一定的社会性要求。可见，在中国传统道德规范形成过程中，

---

① 张岱年主编：《中国哲学大词典（修订版）》，上海辞书出版社，2014年，第286页。
② 张岱年主编：《中国哲学大词典（修订版）》，上海辞书出版社，2014年，第27页。
③ 张岱年主编：《中国哲学大词典（修订版）》，上海辞书出版社，2014年，第72页。

"正义"思想发展出人人平等、天下为公的精神和重义轻利的正义精神以及人应当履行自己道德义务和责任。

（五）尚和合

"和"的原始含义指声音和谐，借指人、事物的祥和、和谐；"合"的本义是上下唇的合拢，借指两物结合、联合、融合①。孔子在《论语·子路》中最先提出"和"的理念，"君子和而不同，小人同而不和"②。"和"在古代儒家思想里是指人与上天关系和谐、不同国家之间关系和谐、政事和谐、家事和谐等。"和合"较早出自《国语·郑语》，"商契能和合五教，以保于百姓者也"③。这里"和合"可能指的是诸事和谐等内容。"和合"思想后来经过儒家、道家、墨家、阴阳家、佛家等文化流派相互碰撞、互相渗透、彼此融合而形成，"和合"的思想后来逐渐延伸到人与人之间、人与社会之间、国家之间以及人与自然之间的和谐等内容。中华优秀传统文化中的"和合"思想承认不同事物之间存在的差异性、多样性，只有重视事物之间的这种差异性、多样性，不同事物之间才能彼此共存、相互交融、相辅相成、共同发展。

（六）求大同

大同思想，源远流长。在《诗经》中就已经有天下大同的思想萌芽，《礼记·礼运》则最早完整提出并阐释定义了"大同"的概念，"大道之行也，天下为公，选贤与能，讲信修睦。故人不独亲其亲，不独子其子。使老有所终，壮有所用，幼有所养，矜、寡、孤、独、废、疾者皆有所养。男有分，女有归。货恶其弃于地也，不必藏于己；力恶其不出于身也，不必为己。是故谋闭而不兴，盗窃乱贼而不作，故外户而不闭，是谓大同。"④ 可见，中国古代大同思想认为，理想的大同社会就是"天下为公"，即天下是大家共有的，大家把品德高尚的人、有才能的人选出来管理，大家讲求诚信，培养和睦气氛，整个社会都是和谐的。这是充分吸收、凝练和升华了孔子的"克己复礼"、墨家的"兼相爱、交相利"和"尚贤""尚同"思想后形成的。天下大同着眼的是人类未来理想社会的应有状态，体现了人们对美好生活的追求和向往。

---

① 张岱年主编：《中国哲学大词典（修订版）》，上海辞书出版社，2014年，第38页。
② 中国哲学教研室，北京大学哲学系编：《中国哲学史》，商务印书馆，1995年，第28页。
③ 张岱年主编：《中国哲学大词典（修订版）》，上海辞书出版社，2014年，第38页。
④ 张岱年主编：《中国哲学大词典（修订版）》，上海辞书出版社，2014年，第292页。

二、传承弘扬中华优秀传统文化以推进家庭、家教、家风建设

（一）传承弘扬中华优秀传统文化以推进家庭文明

家庭是指以婚姻和血统关系为基础的社会单位，包括配偶、父母、子女和其他共同生活的亲属在内①。家庭是社会的基本细胞，是构成社会有机整体的基本单位。家庭和睦则社会安定，家庭幸福则社会祥和，家庭文明则社会文明。要通过传承弘扬讲仁爱、重民本、守诚信、崇正义、尚和合、求大同的中华优秀传统文化，推进家庭文明建设。例如，"仁爱"思想在今天处理人与人、人与社会、人与自然之间关系方面仍具有独特的价值和借鉴意义。习近平总书记指出，"家庭的前途命运同国家和民族的前途命运紧密相连。我们要认识到，千家万户都好，国家才能好，民族才能好""要发扬中华民族孝亲敬老的传统美德，引导人们自觉承担家庭责任、树立良好家风，强化家庭成员赡养、扶养老年人的责任意识，促进家庭老少和顺"②。友爱亲人的"仁爱"思想对于构建稳固的家庭关系，形成良好的家庭美德，推进家庭文明建设具有重要的启示意义。

再比如"和合"文化在当今社会发展中仍具有重要的启示和现实意义。习近平总书记曾指出：中华文明历来崇尚"以和邦国""和而不同""以和为贵"③。强调要注重家庭、注重家教、注重家风，紧密结合培育和弘扬社会主义核心价值观，将中华民族传统家庭美德发扬光大，促进家庭和睦，促进亲人相亲相爱，促进下一代健康成长，促进老年人老有所养，使千千万万个家庭成为国家发展、民族进步、社会和谐的重要基点。

（二）传承弘扬中华优秀传统文化以强化家庭教育

家教，一般指家庭中的礼法或父母对子女的教育④。家庭是人生的第一个课堂，家长是孩子的第一任老师，有什么样的家教就有什么样的人。虽然家庭教育包括很多方面，但最重要的是品德教育，是如何做人的教育。因此，家庭教育要重言传、重身教，教知识、育品德。因此，应通过多阅读文学、史学、哲学、艺术等中华优秀传统文化的书籍引起家庭成员的注意，家长应通过重言传、重身教以增强下一代对中华优秀传统文化中讲仁爱、重民本、守诚信、崇正义、尚和合、求大同的思想精华和时代价值的认知。比如"崇尚正义"的理

① 夏征农，陈至立主编：《大辞海（二）》，上海辞书出版社，2015年，第1547页。
② 习近平著：《习近平谈治国理政 第二卷》，外文出版社，2017年，第90页。
③ 习近平著：《习近平谈治国理政 第二卷》，外文出版社，2017年，第545页。
④ 夏征农，陈至立主编：《大辞海（二）》，上海辞书出版社，2015年，第1544页。

念在今天对社会发展仍具有十分重要的意义。2014年11月，习近平总书记在出席中央外事工作会议并发表重要讲话强调，要坚持正确义利观，做到义利兼顾，要讲信义、重情义、扬正义、树道义。习近平总书记指出，"要大力弘扬社会主义核心价值观，加强思想教育、道德教化，进一步加强新形势下的见义勇为工作，改进见义勇为英雄模范评选表彰工作，让全社会充满正气、正义。"①

作为中华传统美德的"诚信"是个人成长成才、个人与个人的交往、国家与国家之间的交往必须具备的道德准则，今天仍具有重要的现实意义。2013年8月，习近平总书记在辽宁考察时指出，领导干部要把深入改进作风与加强党性修养结合起来，自觉讲诚信、懂规矩、守纪律，襟怀坦白、言行一致，心存敬畏、手握戒尺，对党忠诚老实，对群众忠诚老实，做到台上台下一种表现，任何时候、任何情况下都不越界、越轨②。习近平总书记的上述指示表明，只有大力加强守诚信教育、培育守诚信意识，牢牢抓住这个个人成长成才、市场经济发展、社会和谐稳定的重要精神纽带，人与人之间、人与社会之间才能遵守诚信，言行一致，也才能构建起良好的社会道德风尚，促进社会的全面发展和进步。

（三）传承弘扬中华优秀传统文化以建设良好家风

家风指一个家庭或家族的传统风尚③。家风是社会风气的重要组成部分，家风良好就能家道兴盛，家庭和顺美满；家风若差则难免殃及子孙，贻害社会。因此，广大家庭都应继承、弘扬中华优秀传统文化和革命前辈的红色家风，讲仁爱、重民本、守诚信、崇正义、尚和合、求大同，把修身、齐家落到实处。比如"民本"思想今天仍然具有重要的当代价值，值得我们吸收和借鉴。《习仲勋传》中有这样记述。一次，习近平的母亲齐心对孩子们说："家中的小事不能影响工作。"习仲勋听到后却严厉地说："大事也不能影响工作！"正所谓国事大过天！正因为父亲的言传身教，习近平将工作看得重如泰山。即使是父亲88岁大寿，时任福建省省长的习近平也因工作未能回家为父亲祝寿，只是给父亲写了一封信，信中希望从父亲那里继承和吸取其高尚的品质，继承和弘扬"国事大过天""重民本"的习氏家风。

再如中华民族一直将实现天下大同作为追求的理想，并在当今赋予了其新

---

① 习近平著：《习近平谈治国理政 第二卷》，外文出版社，2017年，第353页。

② 人民日报：《习近平在辽宁考察时强调 深入实施创新驱动发展战略 为振兴老工业基地增添原动力》，https://news.12371.cn/2013/09/02/ARTI1378064922012429.shtml? from＝groupmessage。

③ 夏征农，陈至立主编：《大辞海（二）》，上海辞书出版社，2015年，第1543页。

的内涵。习近平总书记在发表二〇一七年新年贺词时指出，中国人历来主张"世界大同，天下一家"。总书记真诚希望，国际社会携起手来，秉持人类命运共同体的理念，把我们这个星球建设得更加和平、更加繁荣。2017 年 12 月 1 日，习近平总书记在中国共产党与世界政党高层对话会上的主旨讲话中也指出中华民族历来讲求"天下一家"，主张民胞物与、协和万邦、天下大同，憧憬"大道之行，天下为公"的美好世界①。习近平总书记的上述思想指导我们仍然应秉承"求大同"的思想，追求天下大同的理想状态，在国内应构建"共建共治共享"的社会治理格局，让全体人民走向共同富裕；在国际上，要构建人类命运共同体。

三、注重家庭、家教、家风建设以培养高尚的家国情怀

（一）注重家庭，加深对家国情怀的认知

注重家庭，强化对家国情怀的认知。家国情怀这一概念主要来源于"家国同构"和"家国一体意识"观念。家国同构，即家庭、家族、国家具有共通的组织结构。传统的家国同构思想可归纳为血缘、忠孝两方面，血缘成为家国同构的基本依托点，忠孝则是家国同构伦理层面的结合，更是家国同构的本质内涵。传统社会的家国同构体现为对父权和君权的认可和保护，是一种稳定的心理状态，其核心是追求"忠孝一体"和"家国一体"，其背后的实质则是巩固封建社会制度的要求。广义的家国一体意识是指人们个体对家国一体化的一种稳定的认知、深厚的情感和坚定的意志。家国一体意识是儒学的重要文化意识，是儒家的人生哲理，更是古代文人志士矢志不渝的行动指南。正是受到儒学的"修齐治平"思想的熏陶，所以才有了"居庙堂之高则忧其民，处江湖之远则忧其君。是进亦忧，退亦忧"的心怀天下的家国一体意识。儒家的家国一体意识强调个人应担负起对家庭和国家的责任，实践也已经证明，家国一体意识在维护家庭稳定、国家安宁方面发挥了重要的作用。可见，"家国情怀"是一种个人对家庭、家乡、单位、民族和祖国等的一种纯真而朴素的真挚情感，体现为由家及国的深情大义，表达了个体对国家的高度归属感与认同感，以及愿为国家贡献自己全部力量的奉献精神②。今天"家国情怀"蕴含了以爱国主义为核心的民族精神、发展了"以德治国"的思想、升华了"依法治国"的理念。

---

① 新华社：《携手建设更加美好的世界——在中国共产党与世界政党高层对话会上的主旨讲话》，http://www.gov.cn/xinwen/2017-12/01/content_5243852.htm。

② 戴孝悌著：《新时代高校经管类课程思政理论与实践研究》，经济科学出版社，2020 年，第 71 页。

（二）注重家教，加强家庭成员的家国情怀教育

每个家庭的家长都要重言传、重身教，帮助孩子扣好人生的第一粒扣子。新时代公民的家国情怀具有了新的时代内涵，包括爱自己、爱家、爱单位、爱党、爱国等优秀品质。注重家教，强化家庭成员的家国情怀教育，就要在家庭中继承和弘扬中华优秀传统文化，培育和践行社会主义核心价值观，引导家庭成员特别是下一代爱自己、爱家、爱单位、爱党、爱国，爱自己就是要爱护自己的身心，维护自己的身体、心理健康，促进个体健康成长；爱家就是要爱护自己的家庭，担负起作为家庭一分子的责任；爱单位就是要爱护单位的一草一木，爱护单位的每一位同事，关注、关心单位并尽力推进单位的发展；爱党就是要热爱并坚持拥护中国共产党的领导，坚决维护党的权威；爱国就是要理性爱护我们的国家，坚定走中国特色社会主义道路的信心。因此，应经常围绕新时代公民的家国情怀的内涵并通过开展多种多样的传承弘扬优秀传统文化的家庭日常活动来培养公民的家国一体意识，培养他们对自己、对家庭、对单位、对中国共产党以及对中国社会主义制度的持久深厚的情感，从而有助于广大公民形成稳定的、高尚的思想道德品质，培养他们对家国的深厚持久的感情。

（三）注重家风，培育家庭成员高尚的家国情怀

家风是社会风气的重要组成部分，家风正则民风淳。中国传统社会历来讲究修身、齐家、治国、平天下，通过修身立德、整齐家风以实现家庭乃至家族关系的和谐美满，为进一步治国、平天下打下基础。可见，作为修身与治国之间的重要环节，"齐家"之首在整齐家风，之要在修身立德。中国传统社会的家风与中华优秀传统文化是同生共体的，与政治文化也是休戚相关的。中国许多政治文化理念原本就是来源于家风中对个人美德的赞誉，并且是经过历代统治者的倡导，且通过各种制度化、规范化的教育逐渐演化而来的。可见，家风润物无声地内化为家庭、家族的集体意识，成为人们普遍向往和追求的社会政治理念，从而构成中国独具特色的政治文化教育资源。于是，中国传统社会家风培育的影响已经远远超出了家庭、家族的范围，体现在优良家风具有了使个人安身立命，被社会所接纳的意义，对家庭、家族具有了荫泽后代、光宗耀祖的意义，对社会具有和谐稳定、有序发展的作用，对国家则具有礼治天下、约束为政者行为的功能。因此，广大家长要以身垂范、言传身教地注重家风，要传承弘扬毛泽东、周恩来、朱德等老一辈革命家的红色家风，将良好家风的培育传承与社会主义核心价值观的培育传承联系起来，各级领导干部特别是高级干部更应带头抓好家风，做优良家风建设的表率，以自己优良的家风推动良好

的党风、政风，最终千千万万家庭的优良家风支撑起全社会的良好风气，并达成通过传承弘扬优良家风使家庭成员牢固树立起家国一体的社会责任意识，自觉肩负起实现两个一百年奋斗目标和中华民族伟大复兴中国梦的重任，从而培育其高尚的家国情怀目标。

参考文献

H. 哈士曼，2004. 全球正义——日益扩展的行动范围 [J]. 世界哲学（2）：17 - 24.

艾四林，2019. 新时代如何办好思想政治理论课 [M]. 北京：人民出版社.

北京大学哲学系外国哲学史教研室编译，1981. 西方哲学原著选读（上卷）[M]. 北京：商务印书馆.

北京大学哲学系外国哲学史教研室编译，1982. 古希腊罗马哲学 [M]. 北京：商务印书馆.

曹广喜，2011. 金融危机背影下的大学生就业瓶颈及对策研究 [J]. 徐州工程学院（社会科学版）（1）：87-89.

陈红英，2002. 毛泽东人才思想初探 [J]. 宁夏党校学报（9）：8 - 10.

陈红英，2004.《毛泽东思想概论》课教学应着重培养学生五种精神 [J]. 广西青年班干部管理学院学报（12）：8 - 9, 34.

陈红英，2005. 论马克思世界历史思想对黑格尔世界历史思想的扬弃 [J]. 甘肃社会科学（12）：77 - 79.

陈红英，2006. 毛泽东荣辱观探析 [J]. 求实（7）：15 - 17.

陈红英，2007. 马克思的社会正义思想探析 [J]. 求实（3）：9 - 11.

陈红英，2008. 对实践观的另一种解读——奥克肖特实践概念的文本探究 [J]. 广西社会科学（12）：47 - 50.

陈红英，2009. 基于"心本管理"的高校教师激励策略举要 [J]. 当代教育论坛（8）：82 - 83.

陈红英，2009. 马克思主义辩证理性观探析 [J]. 中共郑州市委党校学报（2）：21 - 23.

陈红英，2010. 金陵文化走进南京地方高校思想政治理论课教学的实践探索 [J]. 南方论刊（12）：75 - 78.

陈红英，2011. 金陵文化走进南京晓庄学院思想政治理论课实践教学研究 [J]. 中国电力教育（10）：142 - 144.

陈红英，2011. 论马克思世界历史理论视域中的人的全面发展思想 [J]. 社科纵横（12）：1 - 4.

陈红英，2013. 高校思政课教学中运用红色文化资源的实践研究 [J]. 中国电力教育（12）：99 - 100, 105.

陈红英，2014. 高校思政课教师在中国梦"三进"工作中的作用分析 [J]. 思想政治课研究（6）：23 - 25, 22.

陈红英，2015. 高校师生社会主义核心价值观培育的三个基本维度 [J]. 发展（8）：86-88.

陈红英，焦磊，2019. 模拟联合国活动：高校思想政治教育途径新探 [J]. 生活教育（8）：26-28.

陈剑，2013. 对社会主义核心价值观的思考——兼论培育和践行社会主义核心价值观的对策 [J]. 探索（2）：171-173.

陈书录，2002. 坚持与发展金陵特色文化——南京城市现代化与先进文化建设的探究 [J]. 南京社会科学（4）：46-51.

陈晏清，王南湜，李淑梅，2001. 马克思主义哲学高级教程 [M]. 天津：南开大学出版社.

戴孝悌，2020. 新时代高校经管类课程思政理论与实践研究 [M]. 北京：经济科学出版社.

戴孝悌，陈红英，2005. 80/20 原理的哲学方法论意义 [J]. 党政论坛（12）：10-11.

戴孝悌，陈红英，2012. 金融危机背景下大学生从事农业物流服务的必要性与可行性分析 [J]. 中国证券期货（9）：240-241.

戴孝悌，陈红英，2018. 习近平人才开发培育思想探析 [J]. 经济研究导刊（2）：125-127.

邓小平，1993. 邓小平文选第三卷 [M]. 北京：人民出版社.

邓小平，1994. 邓小平文选第二卷 [M]. 北京：人民出版社.

恩格斯，1970. 反杜林论 [M]. 中共中央马恩列斯著作编译局，译. 北京：人民出版社.

菲利普·科特勒，凯文·莱恩·凯勒，2006. 市场营销 [M]. 梅清豪，译. 上海：上海人民出版社.

费拥军，2012. 高校社会主义核心价值观教育路径探究——基于人的自由全面发展思想的视阈 [J]. 学术探索（12）：167-169.

枫丹娜，1988. 现代思想辞典 [Z]. 北京：社会科学文献出版社.

傅维利，2006. 师德读本 [M]. 北京：高等教育出版社.

耿洪江，1992. 西方认识论史稿 [M]. 贵阳：贵州人民出版社.

郭广银，1999. 伦理学原理 [M]. 南京：南京大学出版社.

韩振峰，2012. "最美精神"：社会主义核心价值体系的生动诠释 [N]. 光明日报，2012-07-07.

韩震，1998. 重建理性主义信念 [M]. 北京：北京出版社.

何其鑫，向国华，余雪源，2013. 红色文化资源在培育社会主义核心价值观中的应用 [J]. 江西社会科学（10）：235-239.

何毅亭，2017. 以习近平同志为核心的党中央治国理政新理念新思想新战略 [M]. 北京：人民出版社.

贺斌，2014. 慕课：本质、现状及其展望 [J]. 江苏教育研究（1）：3-7.

黑格尔，1956. 历史哲学 [M]. 王造时，译. 北京：生活·读书·新知三联书店.

黑格尔，1980. 小逻辑 [M]. 贺麟，译. 北京：商务印书馆.

胡松，朱小理，2011. 近年来关于红色文化资源研究评述 [J]. 江西科技师范学院学报（1）：55-59.

黄宇，2004. 新管理事典 [M]. 北京：民主与建设出版社.

回翠翠，张斌，2008. 农业物流概念解析 [J]. 经济论坛（2）：133-134.

江苏省陶行知研究会南京晓庄师范学校编，1997. 陶行知文集 [M]. 南京：江苏教育出
版社.

江小国，吴凤平，2009. 发展现代农业物流助推新农村建设进程 [J]. 江苏商论（10）：
81-82.

焦磊，陈红英，2018. 新时代背景下模拟联合国活动发展新要求探析 [J]. 生活教育（9）：
21-23.

教育部，2018. 中小学教师违反职业道德行为处理办法（2018年修订）[EB/OL]. http：//
www. gov. cn/gongbao/content/2019/content_5368623. htm.

教育部，2021. 中小学教师职业道德规范2021年修订 [EB/OL]. https：//wenku. baidu.
com/view/0d5a52ea6cdb6f1aff00bed5b9f3f90f77c64d31. html.

康德，1996. 历史理性批判文集 [M]. 何兆武，译. 北京：商务印书馆.

克利斯特勒，1987. 意大利文艺复兴时期八个哲学家 [M]. 姚鹏，陶建平，译. 上海：上
海译文出版社.

李德顺，2004. 邓小平人民主体价值观思想研究 [M]. 北京：北京出版社.

李飞，李涛，2015. 红色文化视域下大学生社会主义核心价值观的培育 [J]. 高教学刊
（13）：184-186.

李君如，2013. 中国梦的意义、内涵及辩证逻辑 [J]. 毛泽东邓小平理论研究（7）：14-
17，91.

李文，刘彩生，2007. 双赢之举：引导高校毕业生投身新农村建设 [J]. 中国大学生就业
（13）：96-97.

李志民，2013. MOOC的挑战与大学的未来 [N]. 中国教育报，2013-09-23.

列宁，1990. 列宁全集第55卷 [M]. 中共中央马克思恩格斯列宁斯大林著作编译局，编
译. 北京：人民出版社.

刘戟锋，2013. "慕课"挑战传统教学 [N]. 人民日报，2013-11-05.

刘军宁，1998. 保守主义 [M]. 北京：中国社会科学出版社.

马克思，恩格斯，1956. 马克思恩格斯全集（第1卷）[M]. 中共中央马克思恩格斯列宁
斯大林著作编译局，译. 北京：人民出版社.

马克思，恩格斯，1957. 马克思恩格斯全集（第2卷）[M]. 中共中央马克思恩格斯列宁
斯大林著作编译局，译. 北京：人民出版社.

马克思，恩格斯，1972. 马克思恩格斯全集（第4卷）[M]. 中共中央马克思恩格斯列宁
斯大林著作编译局，译. 北京：人民出版社.

马克思，恩格斯，1975. 马克思恩格斯全集（第3卷）[M]. 中共中央马克思恩格斯列宁
斯大林著作编译局，译. 北京：人民出版社.

马克斯·舍勒，2004. 伦理学中的形式主义与质料的价值伦理学 [M]. 倪梁康，译. 北
京：生活·读书·新知三联书店.

迈克尔·奥克肖特，2003. 政治中的理性主义 [M]. 张汝伦，译. 上海：上海译文出版社.

迈克尔·奥克肖特，2005 经验及其模式 [M]. 吴玉军，译. 北京：文津出版社.

毛泽东，1977. 毛泽东选集（第五卷）[M]. 北京：人民出版社.

毛泽东，1986. 毛泽东著作选读 下册 [M]. 北京：人民出版社.

毛泽东，1991. 毛泽东选集（第一卷、第二卷、第三卷、第四卷）[M]. 北京：人民出版社.

浦玉忠，2015. 地域文化视阈下社会主义核心价值观"跟进式"培育研究 [J]. 思想理论教育导刊（5）：72-76.

秦洪涛，2013. 地方红色文化融入高校思政工作的意义与途径研究 [J]. 中国校外教育（24）：16.

芮明杰，2005. 管理学：现代的观点（第二版）[M]. 上海：上海人民出版社.

韶山毛泽东纪念馆，1999. 毛泽东生活档案（上卷、中卷、下卷）[M]. 北京：中共党史出版社.

生活·读书·新知三联书店，1959. 费尔巴哈哲学著作选读 下卷 [M]. 荣震华、王太庆、刘磊，译. 北京：生活·读书·新知三联书店.

施密特，1993. 历史和结构——论黑格尔马克思主义和结构主义的历史学说 [M]. 张伟，译. 重庆：重庆出版社.

石国亮，2014. 社会主义核心价值观十讲：党员干部读本 [M]. 北京：人民日报出版社.

石元康，2004. 罗尔斯 [M]. 桂林：广西师范大学出版社.

宋一，祁金利，2007. 加强文科大学生社会实践工作的思考 [J]. 江南大学学报（1）：60-62.

孙杰，2014. 当代中国社会主义核心价值观研究 [D]. 北京：中共中央党校.

谭冬发，吴小斌，2002：红色资源与扶贫开发 [J]. 老区建设（7）：44-45.

涂成林，杨耕，2007. 论马克思东方社会理论的生成逻辑 [J]. 哲学研究（12）：3-11，124.

汪立夏，2010. 红色文化资源在大学生思想政治教育中的价值及实现——以江西省高校红色文化进校园为例 [J]. 思想教育研究（7）：54-57.

汪笑梅，2008. 金陵文化 [M]. 南京：江苏教育出版社.

王凤彬，朱克强，1998. MBA 管理学教学案例精选 [M]. 上海：复旦大学出版社.

王关义，2007. 现代企业管理（第二版）[M]. 北京：清华大学出版社.

王丕君，2016. 为实现中国梦造就宏大人才队伍——学习习近平总书记人才思想体会 [EB/OL]. http://opinion.china.com.cn/opinion_55_150955.html.

吴甘霖，2006. 心本管理 [M]. 北京：机械工业出版社.

吴云峰，张德学，2014. 地方红色文化资源与大学生核心价值观建设——以黄山市红色文化资源为核心的考察 [J]. 黄山学院学报（4）：93-96.

习近平，2013. 深入实施创新驱动发展战略为振兴老工业基地增添原动力 [EB/OL]. http://news.12371.cn/2013/09/02/ARTI1378064922012429.shtml?from=groupmessage.

习近平，2013. 在欧美同学会成立一百周年庆祝大会上的讲话 [N]. 人民日报，2013-

10 - 22.

习近平，2013. 中国将努力发展全民教育、终生教育 [EB/OL]. http://politics. people. com. cn/n/2013/0926/cl024 - 23047714. html.

习近平，2014. 干在实处走在前列——推进浙江新发展的思考与实践 [M]. 北京：中共中央党校出版社.

习近平，2014. 习近平谈治国理政 [M]. 北京：外文出版社.

习近平，2014. 习近平在中国科学院第十七次院士大会、中国工程院第十二次院士大会上的讲话 [M]. 北京：人民出版社.

习近平，2015. 创新驱动实质上是人才驱动 [EB/OL]. http:/www. rencai. gov. cn/Index/detail/4395.

习近平，2015. 之江新语 [M]. 杭州：浙江人民出版社.

习近平，2016. 人才是创新的第一资源 [EB/OL]. http://china. huanqiu. com/hot/2016 - 03/8644871.

习近平，2016. 我们比历史上任何时期都更接近中华民族伟大复兴的国标 [EB/OL]. http://cpc. people. com. cn/n/2015/0310/c64094 - 26668197. html.

习近平，2017. 习近平关于社会主义经济建设论述摘编 [M]. 北京：中央文献出版社.

习近平，2017. 习近平谈治国理政（第二卷）[M]. 北京：外文出版社.

习近平，2020. 习近平谈治国理政（第三卷）[M]. 北京：外文出版社.

新华社，2017. 习近平在中国共产党与世界政党高层对话会上的主旨讲话 [EB/OL]. http://www. gov. cn/xinwen/2017 - 12/01/content_5243852. htm.

熊栎天，2015. 浅析模拟联合国活动发展中遇到的问题 [J]. 乐山师范学院学报（5）：131 - 135.

徐青英，阎玉珍，2015. 社会主义核心价值观与师德修养 [M]. 长春：东北师范大学出版社.

许纪霖，2004. 全球正义与文明对话 [M]. 南京：江苏人民出版社.

许静波，陈若男，2013. 灌输理论在高校社会主义核心价值观教育中的应用 [J]. 东北农业大学学报（社会科学版）（1）：33 - 36.

亚里士多德，1983. 形而上学 [M]. 吴寿彭，译. 北京：商务印书馆.

杨春茂，1999. 师德修养十讲 [M]. 北京：北京大学出版社.

杨国荣，2004. 全球正义：意义与限度 [J]. 哲学动态（3）：3 - 5.

杨平，乔雯，易法海，2008. 现代农业物流对农业经济增长的影响 [J]. 生产力研究（19）：32 - 33，36.

杨旭，2010. 我国农业物流现状及对策分析 [J]. 物流科技（10）：70 - 71.

以赛亚·伯林，2003. 自由论 [M]. 胡传胜，译. 南京：译林出版社.

约翰·罗尔斯，2001. 万民法 [M]. 张晓辉等，译. 长春：吉林人民出版社.

约翰·罗尔斯，2003. 正义论 [M]. 何怀宏等，译. 北京：中国社会科学出版社.

曾仕强，2006. 中国式领导——以人为本的管理艺术 [M]. 北京：北京大学出版社.

张岱年，2014. 中国哲学大词典（修订版）[M]. 上海：上海辞书出版社.

张泰城，张玉莲，2013. 红色资源研究综述 [J]. 井冈山大学学报（社会科学版）（6）：15 - 21.

张玉利，2004. 管理学（第二版）[M]. 天津：南开大学出版社.

赵振华，2007. 大学生社会实践的现状及路径探析 [J]. 教育探索 (4)：63-64.

中共中央办公厅，2013. 关于培育和践行社会主义核心价值观的意见 [N]. 人民日报，
2013-12-24.

中共中央马克思恩格斯列宁斯大林著作编译局，1975. 资本论 [M]. 北京：人民出版社.

中共中央马克思恩格斯列宁斯大林著作编译局，1995. 马克思恩格斯选集（第1卷、第2
卷、第3卷、第4卷）[M]. 北京：人民出版社.

中共中央马克思恩格斯著作编译局，1959. 马克思恩格斯全集（第7卷）[M]. 北京：人
民出版社.

中共中央马克思恩格斯著作编译局，1961. 马克思恩格斯全集（第6卷）[M]. 北京：人
民出版社.

中共中央马克思恩格斯著作编译局，1971. 马克思恩格斯全集（第37卷）[M]. 北京：
人民出版社.

中共中央马克思恩格斯著作编译局，1972. 马克思恩格斯全集（第46卷）上册 [M]. 北
京：人民出版社.

中共中央马克思恩格斯著作编译局，1972. 马克思恩格斯全集（第46卷）下册 [M]. 北
京：人民出版社.

中共中央马克思恩格斯著作编译局，1979. 马克思恩格斯全集（第42卷）[M]. 北京：人
民出版社.

中共中央马克思恩格斯著作编译局，2009. 马克思恩格斯文集（第1卷）[M]. 北京：人
民出版社.

中共中央文献研究室，2002. 江泽民论有中国特色社会主义（专题摘编）[M]. 北京：中
央文献出版社.

中国联合国协会，2006. 模拟联合国指南 [M]. 成都：四川人民出版社.

中国联合国协会，2015. 中国模拟联合国大会指导手册 [M]. 北京：中国人民大学出
版社.

中国联合国协会中国模拟联合国发展情况调研小组，2011. 中国模拟联合国活动发展报告
[J]. 国际政治研究 (2)：169-177.

中国哲学教研室、北京大学哲学系，1995. 中国哲学史 [M]. 北京：商务印书馆.

周川，2006. 简明高等教育学 [M]. 南京：河海大学出版社.

周立波，2013. 高校社会主义核心价值观实现路径探析 [J]. 黑龙江教育（高教研究与评
估）(10)：101-102.

Michael Oakeshott，1975. On Human Conduct [M]. Oxford：Clarendon Press.

Thomas Pogge，2002. Human Rights and Human Responsibilities [A]. Pablo De Grieff,
Ciarian Cronin. In Global Justice and Transnational Politics [C]. Cambridge：The MIT
Press.